轨道交通车辆电气设备

主　编　李　恺　曾隆隆

副主编　张秀平　黄　杰　黄沛霖

活页式　　校企合作　　新形态教材

西南交通大学出版社
·成　都·

内容简介

本书为校企合作开发教材，主要内容根据教育部城市轨道交通车辆技术专业教学标准中“车辆电气设备”课程要求进行编写。全书采用理实一体化模式，分为理论知识和技能训练两部分，同时配套数字化资源辅助教学。

理论部分主要介绍城市轨道交通车辆直流电机、交流牵引电机、变压器、直线牵引电机、断路器、电磁阀、继电器、接触器、受流器、高速断路器、司机控制器等设备工作原理及检查与维护。技能训练主要针对书中电气设备进行拆装训练、测试实验、故障分析及处理等内容，如直/交流电机的拆装、受电弓的日常检修作业、高速断路器的装调实验等。

本书可作为城市轨道交通车辆等相关专业教材，也适用于城市轨道交通部门职工培训，以及从事城市轨道交通部门的管理人员、工程技术人员和运用维修人员学习参考。

图书在版编目（CIP）数据

轨道交通车辆电气设备 / 李恺，曾隆隆主编. -- 成都：西南交通大学出版社，2023.11
ISBN 978-7-5643-9596-4

Ⅰ. ①轨… Ⅱ. ①李… ②曾… Ⅲ. ①城市铁路 – 铁路车辆 – 电气设备 – 高等职业教育 – 教材 Ⅳ. ①U239.5

中国国家版本馆 CIP 数据核字（2023）第 226473 号

Guidao Jiaotong Cheliang Dianqi Shebei

轨道交通车辆电气设备

主　编 / 李　恺　曾隆隆

责任编辑 / 何明飞
封面设计 / GT 工作室

西南交通大学出版社出版发行
（四川省成都市金牛区二环路北一段 111 号西南交通大学创新大厦 21 楼　610031）
营销部电话：028-87600564　028-87600533
网址：http://www.xnjdcbs.com
印刷：四川玖艺呈现印刷有限公司

成品尺寸　185 mm × 260 mm
印张　17.75　　字数　400 千
版次　2023 年 11 月第 1 版　　印次　2023 年 11 月第 1 次

书号　ISBN 978-7-5643-9596-4
定价　52.00 元

课件咨询电话：028-81435775
图书如有印装质量问题　本社负责退换

PERFACE 前言

城市轨道交通具有快捷、准时、舒适、运量大、污染小等优点，是公认的解决大城市交通拥堵问题的最佳选择。截至 2022 年 12 月 31 日，我国已有 55 座城市（不含港、澳、台）开通城市轨道交通的城市 55 个、已运营线路 10287.45 km。这表明城市轨道交通正在成为城市现代化建设进程中重要的公益性基础设施项目。城市轨道交通的迅速发展，城市轨道交通车辆驾驶、检修和装备制造一线急需专业理论扎实、操作能力强的高端技能型人才。根据 2021 年教育部颁布的城市轨道交通车辆技术专业教学标准，“城市轨道交通车辆电气设备”课程被确定为城市轨道交通车辆技术专业核心课程。本课程将原有的“城市轨道交通车辆牵引电机”“城市轨道交通车辆电器”两门课程进行了整合。为了适应教学标准的要求，反映城市轨道交通车辆行业最新技术，满足本专业技术技能人才培养要求，广州铁路职业技术学院组织了由骨干教师和行业专家组成的编写团队，进行了教材及配套教学资源的开发。本教材具有以下特点：

（1）工作任务驱动。以现场真实的工作任务为教学载体，以完成某项工作任务为目标，引导学生自主学习，掌握相关的知识与技能，同时培养学生良好的职业操作规范，以及敬业爱岗、团结协作等综合素质和能力。

（2）教学资源配套丰富。本书是“互联网＋”创新教材，除纸质教材外，还嵌入了习题、实训视频、实训工单等资源，将教材、课堂、教学资源有机融合，实现线上与线下混合式教学。

（3）校企合作开发教材。本书的开发得到了广州地铁运营集团车辆中心的大力支持，为本书提供了数据资源，部分企业工程师参加了编写工作。

本书由广州铁路职业技术学院李恺、广州地铁集团有限公司曾隆隆担任主编。具体编写分工为：广州铁路职业技术学院张秀平编写项目一、项目二；邱晓欢编写项目三；高邓波编写项目四；黄杰编写项目五；李恺编写项目六、项目七、项目九；广州地铁集团有限公司曾隆隆负责编写项目八、项目十；黄沛霖编写项目十一。

本书在编写过程中引用了部分国内外同类专业教材，并得到了广州、深圳、佛山等地铁公司技术人员的帮助，在此表示衷心感谢。

由于城市轨道交通正处于快速发展期，技术装备日新月异，各城市的城市轨道交通车辆也各有特点，收集的资料很难达到全面和最新，加之编者水平有限，不足之处在所难免，恳请读者批评指正。

编　者

2023 年 6 月

LIST OF QR CODES 二维码目录

CONTENTS 目录

项目一

直流电机的检修与维护

直流电动机是将直流电能转换为机械能的一种电器，在轨道交通车辆领域中，主要作为驱动装置的动力源使用，如车门的开关门动作电机、电力机车牵引电机 ZD115 等。直流电动机因其优良的调速特性得到了广泛应用。通过本项目的学习学生可以掌握直流电机的基本工作原理及其运用维护知识，了解企业电机检修流程及其所必备的素养；通过训练使学生能够掌握基本的直流电机故障处理方法，为逐步成为铁路工匠做好准备。

任务一　直流电机认知及运行

学习目标

【知识目标】

1. 掌握直流电机的基本结构、额定值。
2. 掌握直流电机的基本工作原理。

【技能目标】

1. 能小组合作完成小型直流电机拆装。
2. 能小组合作进行小型直流电机的检修并完成实训报告。

【素养目标】

1. 培养学生爱护设备、规范操作、安全生产的职业意识。
2. 培养学生爱岗敬业、团结协作的职业责任感。

相关知识

一、直流电机的结构

直流电机是电能和机械能相互转换的旋转电机之一。将机械能转换为直流电能的是直流发电机；将直流电能转换为机械能的是直流电动机。

与交流电机相比较，直流电机结构复杂、运行维护困难、成本高。但是，直流电动机具有宽广的调速范围，较强的过载能力和较大的启动转矩等突出优点，仍广泛应用于对启动和调速要求较高的生产机械中，如电力机车、内燃机车、工矿机车、城市电车、电梯、轧钢机等的拖动电机。由于电力电子技术的迅猛发展，作为直流电源的直流发电机已逐步被晶闸管整流装置所替代。

（一）直流电机的基本结构

直流电机由静止的定子和旋转的转子两大部分组成，在定子和转子之间有一定大小的间隙（称气隙），如图 1-1-1 所示。

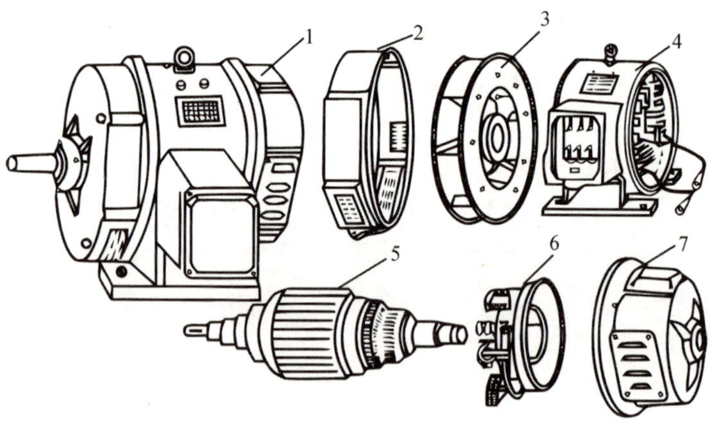

1—直流电机总成；2—后端盖；3—通风器；4—定子总成；
5—转子（电枢）总成；6—电刷装置；7—前端盖。

图 1-1-1　直流电机结构

1. 定　子

直流电机定子的作用是产生磁场和作为电机的机械支撑，主要由机座、主磁极、换向极和电刷装置等组成。

1）机　座

机座兼起机械支撑和导磁磁路两个作用。它既作为安装电机所有零件的外壳，又是联系各磁极的导磁铁轭。机座通常为铸钢件，也有采用钢板焊接而成的。对于换向要求较高的电机，可采用叠片结构的机座。

2）主磁极

主磁极如图 1-1-2 所示，由主极铁心和主极线圈两部分组成。主极铁心一般用 1～1.5 mm 厚的薄钢板冲片叠压后再用铆钉铆紧成一个整体。小型电机的主极线圈用绝缘铜线（或铝线）绕制而成，大中型电机主极线圈用扁铜线绕制，并进行绝缘处理，然后套在主极铁心外面。整个主磁极用螺钉固定在机座内壁。

3）换向极

换向极又称为附加极，它装在两个主极之间，用来改善直流电机的换向。换向极由换向极铁心和换向极线圈构成。换向极铁心大多用整块钢加工而成。但在整流电源供电的功率较大电机中，为了更好地改善电机换向，换向极铁心也采用叠片结构。换向极线圈与主极线圈一样也是用圆铜线或扁铜线绕制而成，经绝缘处理后套在换向极铁心上，最后用螺钉将换向极固定在机座内壁。

4）电刷装置

电刷装置的作用是通过电刷与换向器表面的滑动接触，把转动的电枢绕组与外电路相连。电刷装置一般由电刷、刷握、刷杆、刷杆座等部分组成，如图 1-1-3 所示。电刷一般用石墨粉压制而成。电刷放在刷握内，用弹簧压紧在换向器上，刷握固定在刷杆上，刷杆装在刷杆座上，成为一个整体部件。

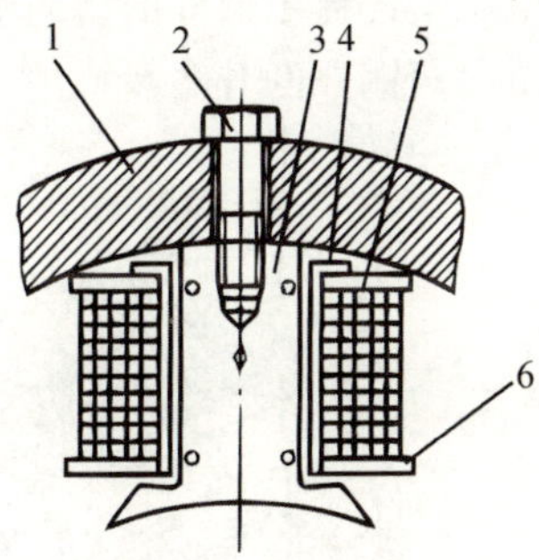

1—机座；2—主极螺钉；3—主极铁心；4—框架；5—主极绕组；6—绝缘垫衬。

图 1-1-2　主磁极

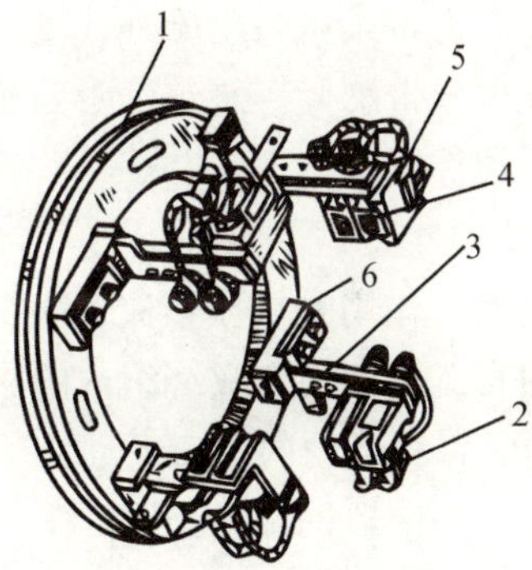

1—刷杆座；2—弹簧；3—刷杆；4—电刷；5—刷握；6—绝缘件。

图 1-1-3　电刷装置

2. 转　子

转子又称电枢，主要由转轴、电枢铁心、电枢绕组和换向器等组成。

1）转　轴

转轴的作用是用来传递转矩，一般用合金钢锻压而成。

2）电枢铁心

电枢铁心是电机磁路的一部分，也是承受电磁力作用的部件。当电枢在磁场中旋转时，在电枢铁心中将产生涡流和磁滞损耗。为了减小这些损耗的影响，电枢铁心通常用 0.5 mm 厚的电工钢片叠压而成，电枢铁心固定在转子支架或转轴上。电枢铁心冲片如图 1-1-4 所示，沿铁心外圈均匀地分布有槽，在槽内嵌放电枢绕组。

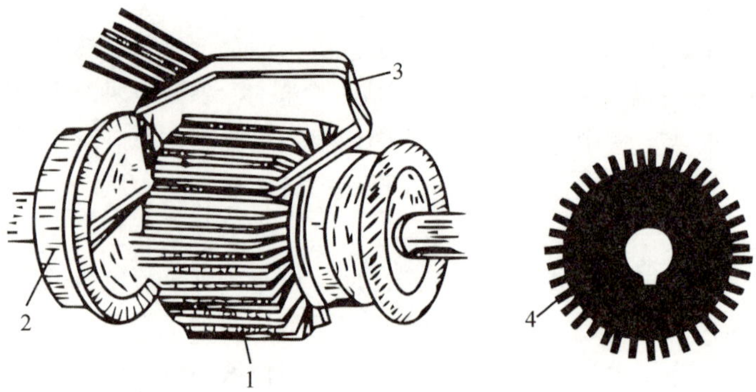

1—电枢铁心；2—换向器；3—绕组元件；4—铁心冲片。

图 1-1-4 电枢铁心冲片和铁心

3）电枢绕组

电枢绕组的作用是产生感应电动势和通过电流产生电磁转矩，实现机电能量转换。它是直流电机的主要电路部分。电枢绕组通常都用圆形或矩形截面的导线绕制而成，再按一定规律嵌放在电枢槽内，上下层之间以及电枢绕组与铁心之间都要妥善地绝缘。为了防止离心力将绕组甩出槽外，槽口处需用槽楔将绕组压紧，伸出槽外的绕组端接部分用无纬玻璃丝带绑紧。绕组端头则按一定规律嵌放在换向器铜片的升高片槽内，并用锡焊或氩弧焊焊牢。

4）换向器

换向器的作用是机械整流，即在直流电动机中，它将外加的直流电流逆变成绕组内的交流电流；在直流发电机中，它将绕组内的交流电动势整流成电刷两端的直流电动势。换向器的结构如图 1-1-5 所示。换向器由许多换向片组成，换向片间用云母片绝缘。换向片凸起的一端称升高片，用以与电枢绕组端头相连，换向片下部做成燕尾形，利用换向器套筒、V 形压圈及螺旋压圈将换向片、云母片紧固成一个整体。在换向片与换向器套筒、压圈之间用 V 形云母环绝缘，最后将换向器压装在转轴上。

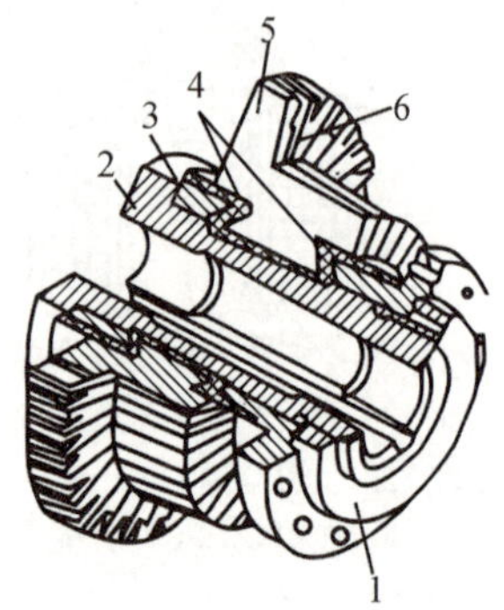

1—螺旋压圈；2—换向器套筒；3—V 形压圈；4—V 形云母环；5—换向铜片；6—云母片。

图 1-1-5 换向器

（二）直流电机的额定值

每一台电机都有一块铭牌，上面标注各种额定数据，简要介绍这台电机的型号、规格、性能，是用户合理选择和正确使用电机的依据。

根据国家标准要求设计和试验所得的一组反映电机性能的主要数据，称为电机的额定值。

1. 额定功率 P_N

额定功率指电机按规定的工作方式运行时，所能提供的输出功率。发电机的额定功率是指接线端子处的输出功率；电动机的额定功率是指电动机转轴的有效机械功率，单位为千瓦（kW）。额定功率、额定电压和额定电流的关系为

发电机

$$P_N = U_N I_N \tag{1-1-1}$$

电动机

$$P_N = U_N I_N \eta_N \tag{1-1-2}$$

2. 额定电压 U_N

额定电压指在额定输出时电机接线端子间的电压，单位为伏特（V）。

3. 额定电流 I_N

额定电流指电机按照规定的工作方式运行时，电机绕组允许流过的最大安全电流，单位为安培（A）。

4. 额定转速 n_N

额定转速指电机在额定电压、额定电流和额定输出功率时，电机的旋转速度，单位为转/分（r/min）。

此外，还有工作方式、励磁方式、额定励磁电压、额定温升、额定效率 η_N 等。

额定值是选用或使用电机的主要依据，一般希望电机按额定值运行。但实际上，电机运行时的各种数据可能与额定值不同，它们由负载的大小来决定。若电机的电流正好等于额定值，称为满载运行；若电机的电流超过额定值，称为过载运行；若电机电流比额定值小得多，称为轻载运行。长期过载运行将使电机过热，降低电机寿命甚至损坏；长期轻载运行使电机的容量不能充分利用。两种情况都将降低电机的效率，都是不经济的，故在选择电机时，应根据负载的要求，尽可能使电机运行在额定值附近。

二、直流电机的工作原理

直流电机是直流发电机和直流电动机的总称。直流电机具有可逆性，既可作直流发电机使用，也可作直流电动机使用。作直流发电机使用时，将机械能转换成直流电能输出；作直流电动机使用时，则将直流电能转换成机械能输出。

（一）直流电机的模型结构

图 1-1-6 所示为一台直流电机简单模型。N、S 为定子上固定不动的两个主磁极，主磁极可以采用永久磁铁，也可以采用电磁铁，在电磁铁的励磁线圈上通以方向不变的直流电流，便形成具有一定极性的磁极。

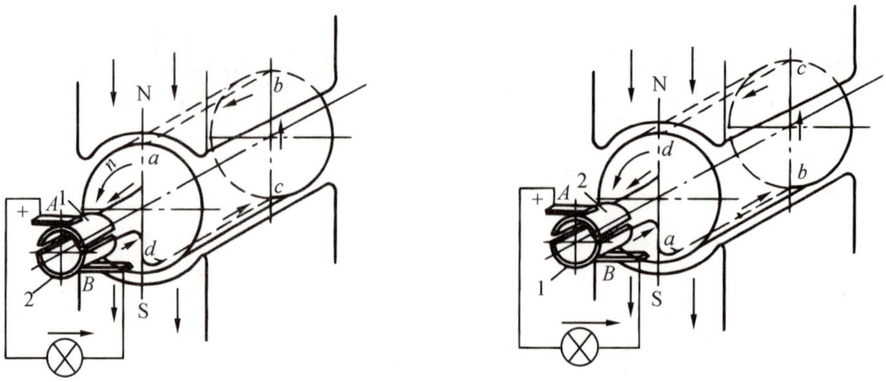

（a）　　　　　　　　　　（b）

图 1-1-6　直流电机简单模型

在两个主磁极 N、S 之间装有一个可以转动的、由铁磁材料制成的圆柱体，圆柱体表面嵌有一线圈 *abcd*（称为电枢绕组），线圈首末两端分别连接到两个弧形铜片（称为换向片）上。换向片之间用绝缘材料构成一整体，称为换向器，它固定在转轴上（但与转轴绝缘），随转轴一起转动，整个转动部分称为电枢。为了接通电枢内电路和外电路，在定子上装有两个固定不动的电刷 *A* 和 *B*，并压在换向器上，与其滑动接触。

（二）直流发电机的工作原理

直流发电机的工作原理

1. 感应电动势的产生

当直流发电机的电枢被原动机拖动，并以恒速 *v* 逆时针方向旋转时，如图 1-1-6（a）所示，线圈两个有效边 *ab* 和 *cd* 将切割磁力线，而感应产生电动势 *e*。电动势方向用右手定则确定，导体 *ab* 位于 N 极下，导体 *cd* 位于 S 极下，产生电动势方向分别为 *b*→*a*，*d*→*c*。若接通外电路，电流从换向片 1→*A*→负载→*B*→换向片 2。电流从电刷 *A* 流出，具有正极性，用“+”表示；从电刷 *B* 流入，具有负极性，用“–”表示。

当电枢转过 90° 时，线圈有效边 *ab* 和 *cd* 转到 N、S 极之间的几何中心线上，此处磁通密度（简称磁密）为零，故这一瞬时感应电动势为零。

当电枢转过 180° 时，导体 *ab* 和 *cd* 及换向片 1、2 位置互换，如图 1-1-6（b）所示。导体 *ab* 位于 S 极下，导体 cd 位于 N 极下，线圈两个有效边产生的感应电动势方向分别为 *a*→*b*，*c*→*d*，电动势方向恰与开始瞬时相反。外电路中流过的电流从换向片 2→*A*→负载→*B*→换向片 1。由此可见，电刷 *A*（*B*）始终与转到 N（S）极下的有效边所连接的换向片接触，故电刷极性始终不变，*A* 为“+”，*B* 为“–”。

由以上分析可知，线圈内部为一交变电动势，但电刷引出的电动势方向始终不变，为一单方向的直流电动势。

2. 电动势的波形

根据电磁感应定律，每根导体产生的感应电动势 *e* 为

$$e = B_x L v \quad (\text{V}) \tag{1-1-3}$$

式中　B_x——导体所在位置的磁通密度，T；

L——导体切割磁力线的有效长度，m；

v——导体切割磁力线的线速度，m/s。

要想知道电动势的波形，先得找出磁密的波形，前已设电枢以恒速 v 旋转，即 v 为常数，L 在电机中不变，则 $e \propto B_x$，即导体电动势随时间的变化规律与气隙磁密的分布规律相同。设想将电枢从外圆某一点沿轴切开，把圆周拉成一直线作为横坐标，纵坐标表示磁密，而绘出的 B_x 分布曲线如图 1-1-7 所示，为一梯形波。由于 $e \propto B_x$，电动势波形与磁密波形可用同一曲线表示，只需换一坐标名称即可得到线圈内部交变电动势波形，如图 1-1-7 所示。

通过电刷和换向器的作用，及时地将线圈内的交变电动势转换成电刷两端单方向的直流电动势，如图 1-1-8 所示，但它是一个大小在零和最大值之间变化的脉振电动势。

对于图 1-1-6 所示的直流电机简单模型图，由于电枢上只嵌放了一个线圈，所以感应电动势数值小，波动大。为了减小电动势的脉动，实际电机中，电枢上放置许多线圈组成电枢绕组，这些线圈均匀分布在电枢表面，并按一定规律连接起来。图 1-1-9 表示一台两极直流电机，电枢上嵌有在空间互差 90° 的两个线圈产生的电动势波形，由图可见，其脉动程度大大减小了。实践证明，若每极下线圈边数大于 8，电动势脉动的幅值将小于 1%，基本为一直流电动势，如图 1-1-10 所示。

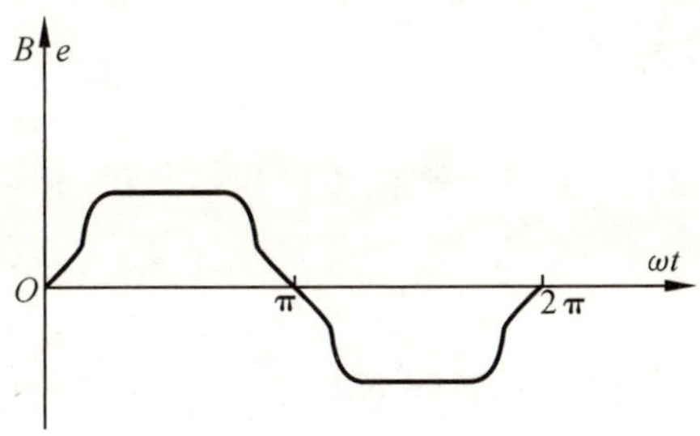

图 1-1-7　线圈内磁密及电动势波形

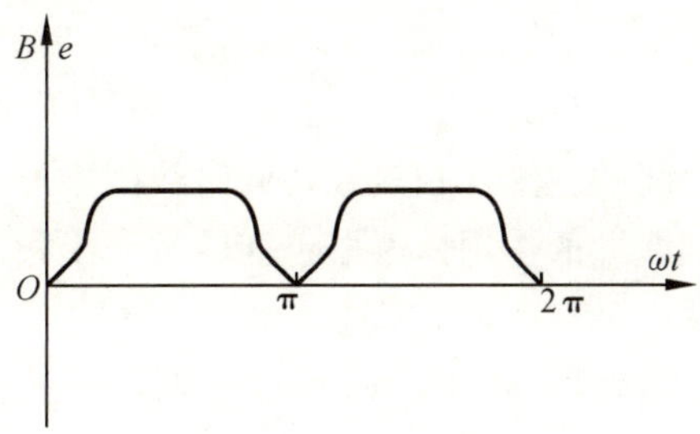

图 1-1-8　电刷两端的磁密及电动势波形

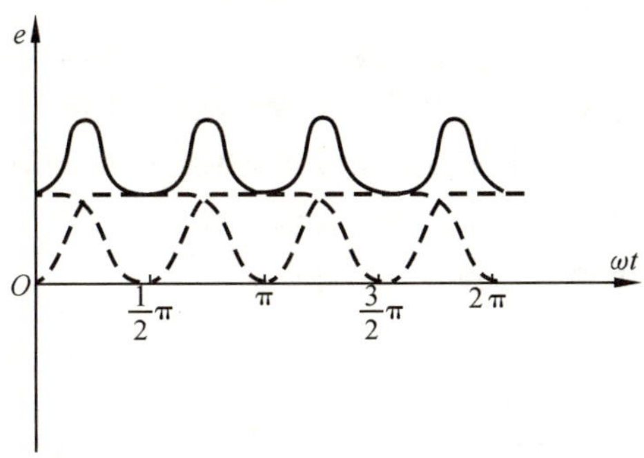

图 1-1-9　两个线圈换向后的电动势波形

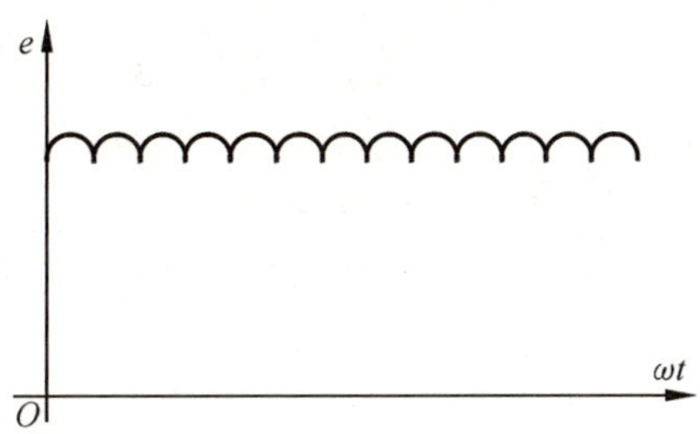

图 1-1-10　多个线圈电刷两端的电动势波形

3. 直流发电机产生的电磁转矩

当直流发电机电刷两端获得直流电动势后，若接上负载，便有一电流流过线圈，电流 i 与电动势 e 的方向相同。同时，载流导体在磁场中必然产生一电磁力 f，其方向用左手定则确定。电磁力对转轴形成一电磁转矩 T，T 与电枢旋转的方向相反，起到了阻碍作用，故称为阻转矩。直流电机要维持发电状态，原动机就必须输入机械能克服电磁转矩 T，正是这种不断的克服，实现了将机械能转换成为电能。

直流电动机的工作原理

（三）直流电动机的工作原理

图 1-1-11 所示为两极直流电动机工作原理。直流电动机结构与直流发电机相同，不同的是电刷 A、B 外接一直流电源。图示瞬时电流的流向为 $+\rightarrow A\rightarrow$ 换向片 $1\rightarrow a\rightarrow b\rightarrow c\rightarrow d\rightarrow$ 换向片 $2\rightarrow B\rightarrow -$。根据电磁力定律，载流导体 ab、cd 都将受到电磁力 f 的作用，其大小为

$$f = B_x L i \quad \text{(N)} \tag{1-1-4}$$

式中 i——导体中流过的电流，A。

导体所受电磁力的方向用左手定则确定，在此瞬时，ab 位于 N 极下，受力方向从右向左，cd 位于 S 极下，受力方向从左向右，电磁力对转轴便形成一电磁转矩 T。在 T 的作用下，电枢便逆时针旋转起来。

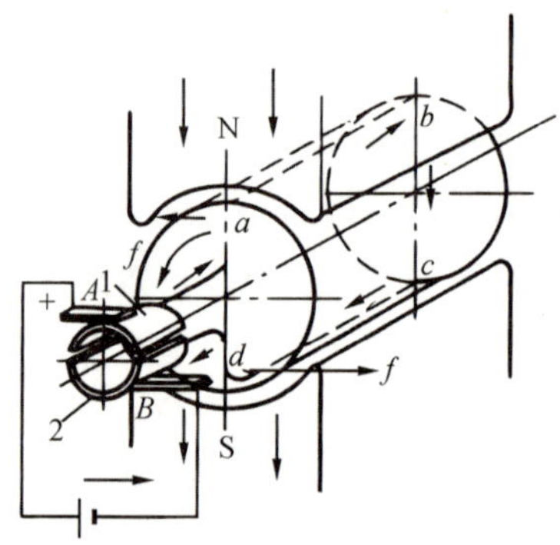

图 1-1-11 直流电动机工作原理

当电枢转过 90°，电刷不与换向片接触，而与换向片间的绝缘片相接触，此时线圈中没有电流流过，$i = 0$，故电磁转矩 $T = 0$。但由于机械惯性的作用，电枢仍能转过一个角度，电刷 A、B 又将分别与换向片 2、1 接触。线圈中又有电流 i 流过，此时，导体 ab、cd 中电流改变了方向，为 $b\rightarrow a$，$d\rightarrow c$，且导体 ab 转到 S 极下，ab 所受的电磁力 f 方向从左向右，cd 转到 N 极下，cd 所受的电磁力 f 方向从右向左。因此，线圈仍然受到逆时针方向电磁转矩的作用，电枢始终保持同一方向旋转。

在直流电动机中，电刷两端虽然加的是直流电源，但在电刷和换向器的作用下，线圈内部却变成了交流电，从而产生了单方向的电磁转矩，驱动电机持续旋转。同时，旋转的线圈中也将感应产生电动势 e，其方向与线圈中电流方向相反，故称为反电动势。直流电动机若要维持继续旋转，外加电压就必须高于反电动势，才能不断地克服反电动势而流入电流，正是这种不断克服，实现了将电能转换成为机械能。

由此可见，直流电机具有可逆性，即一台直流电机既可作发电机运行，也可作电动机运行。当输入机械转矩将机械能转换成电能时，电机作发电机运行；当输入直流电流产生电磁转矩，将电能转换成机械能时，电机作电动机运行。例如，电力机车在牵引工况时，牵引电机作电动机运行，产生牵引力；在制动工况时，牵引电机作发电机运行，将机车和列车的动能转换成电能，产生制动力对机车进行电气制动。

技能训练

直流电机的拆装与检修

1. 安全教育

2. 实训准备

实训所需设备见表 1-1-1

表 1-1-1　实训设备

序号	设备名称	规格	数量
1	直流电机		1 台
2	测量仪表		1 套
3	检修工具		1 套
4	配件和耗材		若干

3. 实训任务

（1）按实训指导书要求正确进行直流电机的拆装。

（2）正确使用工具对直流电机进行检修。

（3）对组装后的电机进行通电试验。

（4）完成实训记录表与实训报告。

思考题

1. 直流电机有哪些主要部件？各起什么作用？

2. 直流电机主极励磁绕组中电流是直流，主磁通方向不变，为什么电枢铁心采用电工钢片叠成？主极铁心采用钢板叠成？电机定子铁耗中有无磁滞和涡流损失？

3. 直流发电机采用换向器将电枢元件中的交流感应电动势整流成直流电压输出，在直流电动机中，所加的电枢已是直流电压，为什么还要有换向器？

4. 用什么方法可改变直流发电机输出电压的方向？用什么方法可改变直流电动机的转向？

5. 试分析直流电动机和直流发电机的工作原理。

任务评价

任务完成后根据表 1-1-2 所列项目由个人、小组长和教师分别进行考核评价，并填入考核分数。

表 1-1-2　任务考核评价表

评价项目	子项目	个人评价（占 30%）	组长评价（占 20%）	教师评价（占 50%）
专业能力（50 分）	解答理论问题（25 分）			
	解决实际问题（25 分）			
方法能力（20 分）	获取理论与实践相关资讯（10 分）			
	完成任务后的自我总结评价（10 分）			
社会能力（30 分）	与同学和谐相处、协作完成任务（10 分）			
	遵守纪律、一丝不苟、爱岗敬业（10 分）			
	遵守安全规程（10 分）			
小计				
签名				

任务二　直流电机的特性

学习目标

【知识目标】

1. 掌握直流电机的励磁方式、空载磁场、电枢磁场和电枢反应。
2. 掌握直流电机的感应电动势和电磁转矩。
3. 掌握直流电机的基本方程和工作特性。

【技能目标】

1. 能小组合作完成直流电机工作特性测试。
2. 能小组合作进行直流电机的机械特性测试并完成实训报告。

【素养目标】

1. 培养理论联系实际的工作意识。
2. 培养“不怕苦、不怕累”、爱岗敬业、精益求精的工匠精神。
3. 培养学生爱岗敬业、团结协作的职业责任感。

相关知识

一、直流电机的磁场

从直流电机基本工作原理的分析可知，发电机将机械能转换为电能，电动机将电能转换为机械能，其必要条件之一是必须具有气隙磁通。因此，必须在直流电机主磁极的励磁绕组中通过励磁电流来产生磁势，以产生气隙磁通。使电枢绕组切割气隙磁通而产生感应电动势；或者由电枢电流与气隙磁通相互作用而产生电磁转矩，从而实现机电能量的转换。

（一）直流电机的励磁方式

直流电机的励磁方式是指直流电机励磁绕组和电枢绕组之间的连接方式。不同励磁方式的直流电机，其特性有很大差异，因此，励磁方式是选择直流电机的重要依据。直流电机的励磁方式可分为他励、并励、串励、复励四类，如图 1-2-1 所示。

1. 他励电机

励磁绕组和电枢绕组各自分开，励磁绕组由独立的直流电源供电，如图 1-2-1（a）所示。励磁电流 I_f 的大小只取决于励磁电源的电压和励磁回路的电阻，而与电机的电枢电压大小及负载无关。用永久磁铁作主磁极的电机可当作他励电机。

2. 并励电机

励磁绕组和电枢绕组相并联，如图 1-2-1（b）所示。励磁电流一般为额定电流的 5%，要产生足够大的磁通，需要有较多的匝数，所以并励绕组匝数多，导线较细。

3. 串励电机

励磁绕组与电枢绕组相串联，如图 1-2-1（c）所示。励磁电流与电枢电流相同，数值较大，因此，串励绕组匝数很少，导线较粗。

4. 复励电机

电机至少有两个励磁绕组，其中之一是串励绕组，其他为并励（或他励）绕组，如图 1-2-1（d）所示。通常并励绕组起主要作用，串励绕组起辅助作用。若串励绕组和并励绕组所产生的磁势方向相同，称为积复励；若串励绕组和并励绕组所产生的磁势方向相反，称为差复励。并励绕组匝数多，导线细；串励绕组匝数少，导线粗，外观上有明显的区别。

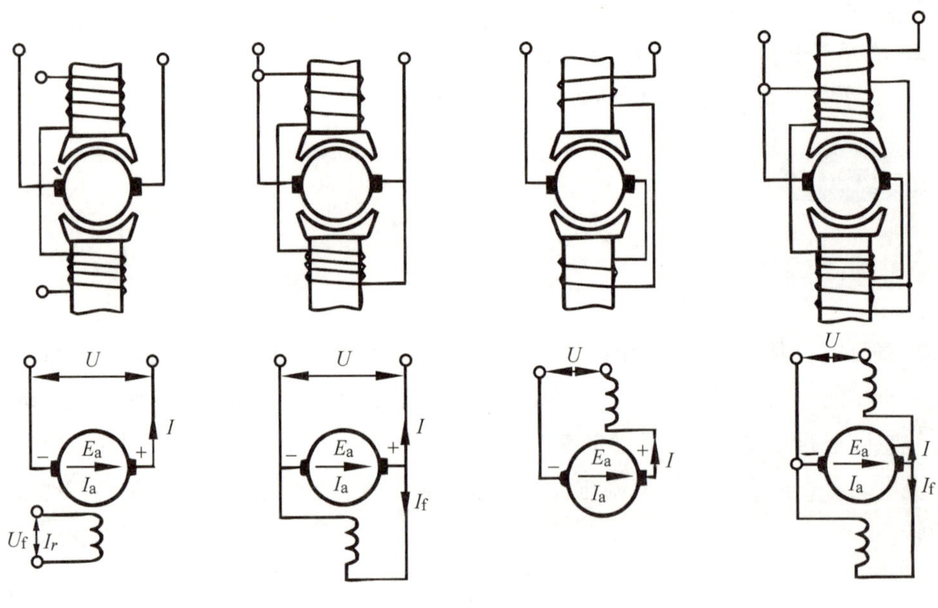

（a）他励　　（b）并励　　（c）串励　　（d）复励

图 1-2-1　直流电机的励磁方式

直流电机各类绕组接线后，其引出线的端头要加以标记，根据 IEC 国际标准规定的各绕组线端符号见表 1-2-1。

表 1-2-1　直流电机各绕组线端符号

绕组名称	换向极绕组	电枢绕组	补偿绕组	串励绕组	并励绕组	他励绕组
线端符号	A_1、A_2	B_1、B_2	C_1、C_2	D_1、D_2	E_1、E_2	F_1、F_2

（二）直流电机的空载磁场

直流电机空载时，电枢电流为零，只有励磁绕组中存在电流。因此，空载时电机的气隙磁场完全由励磁绕组的电流所产生。

1. 空载磁场的分布

励磁绕组中通入励磁电流 I_f 后，各主磁极依次为 N 极和 S 极，由于电机磁路对称，不论极数多少，每对极下的磁通分布是相同的，因此，可以讨论一对极下的情况。图 1-2-2 所示为直流电机的空载磁场，主磁通 Φ 由 N 极出来，经空气隙和电枢齿槽，便分左右两路经过电枢轭、电枢齿槽和空气隙进入相邻的 S 极，然后从定子磁轭回到 N 极而自成闭路。主磁通 Φ 同时匝链着励磁绕组和电枢绕组，是实现能量转换的关键。从图中还可看出，在 N 极和 S 极之间，还存在着一小部分磁通，它们不进入电枢铁心，不与电枢绕组匝链，称为主极漏磁通 $\Phi_{\sigma1}$。主磁通磁路的空气隙较小，磁阻较小；漏磁通磁路的空气隙较大，磁阻较大，所以，在同样的磁势作用下，漏磁通要比主磁通小得多。一般电机的主极漏磁通约为主磁通的 15% ~ 20%。

2. 电机的磁化曲线

电机的磁化曲线是指电机主磁通 Φ 与励磁磁势 F_f 的关系曲线，即 $\Phi = f(I_f)$，如图 1-2-3 所示。

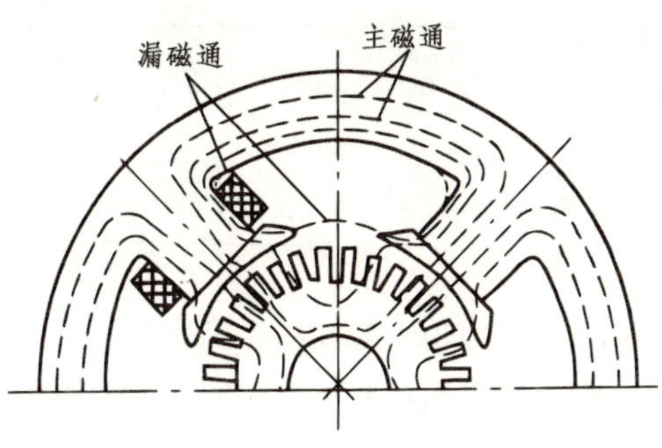

图 1-2-2　直流电机的磁路和磁分布

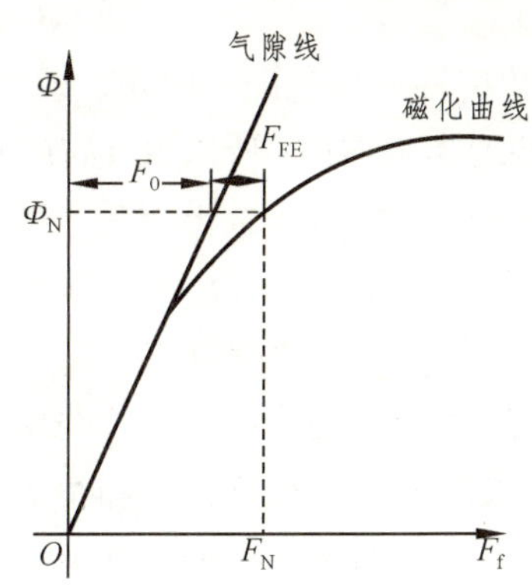

图 1-2-3　电机的磁化曲线

电机运行时，要求每一个磁极下应具有一定的磁通量，这就要求有一定的励磁磁势 $F_f = I_f N_f$，而在实际电机中，励磁绕组匝数 N_f = 常数，则 $F_f \propto I_f$，即励磁磁势与励磁电流成正比，故磁化曲线又可表示 $\Phi = f(I_f)$。又因电机中主磁通 Φ 所经过的路径绝大部分由铁磁材料构成，铁磁材料磁化时具有饱和现象，磁导率不为常数，磁阻是非线性的，所以，$\Phi = f(I_f)$ 曲线与铁磁材料的 B-H 曲线相似。

磁化曲线起始一段是直线，因为在 Φ 不大时，铁磁材料的磁路未饱和，磁阻数值很小，磁通与磁势成正比，即 $\Phi \propto F_f$（或 $\Phi \propto I_f$）。当 Φ 逐渐增加时，磁路逐渐饱和，磁阻增加，则使 Φ 通过这部分磁阻所需的磁势 F_f（或 I_f）也随之增加，曲线逐渐弯曲变平。当磁路饱和以后，磁阻很大，为了增加很少一点磁通 Φ，就必须增加很大的磁势 F_f，即增加很大的励磁电流。因此，为了最经济地利用材料，设计电机时，一般使额定工作点位于曲线开始弯曲的所谓“膝点”的附近。

3. 气隙磁密分布曲线

在电机中，电枢导体切割气隙磁通而产生感应电动势。$e = B_x Lv$，当转速恒定时 $e \propto B_x$。因此，在研究电机时，不但要知道每极磁通 Φ 的大小，还需要知道主极下气隙中每一点磁密 B_x 的大小，即气隙磁密的分布情况。

根据磁路欧姆定律，气隙某处磁通或磁密的大小，取决于该处的磁势和磁路磁阻的大小。忽略铁心材料磁阻，可认为磁势全部消耗在气隙中，直流电机的主极气隙是不均匀的，极下部分气隙大小相等且数值很小，因此在极下部分磁密的大小相等且数值较大。靠近极尖处气隙逐渐增加，磁密明显减小，在两极之间的几何中心线上，磁密等于零。若不考虑电枢表面齿和槽的影响，在一个极距范围内，电枢各点垂直分量的磁密分布为近似梯形，如图 1-2-4 所示。主极磁场在主极轴线两侧对称分布，因此主极磁场的轴线为主极轴线。

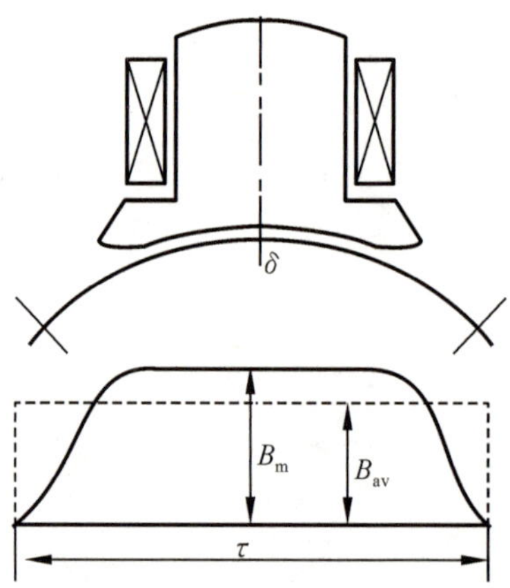

图 1-2-4　气隙磁密的分布

磁密 B_x 曲线所包围的面积，即为主极磁通 Φ。由于磁通 Φ 是有方向的，所以 B_x 也有正、负，一般定为 S 极下磁密为正，N 极下磁密为负。

（三）电枢磁场

直流电机负载运行时，电枢绕组中通过电流，所产生的磁场称为电枢磁场。

电枢磁场沿电枢表面的分布情况，与电枢电流的分布情况有关。在直流电机中，电枢电流方向的分界线是电刷，在电刷轴线两侧对称分布，所以电枢磁场的分布情况与电刷的位置有关。

电刷的正常位置，应在主极轴线下的换向片上，这时与电刷相连接的电枢元件位于几何中心线上或附近。在分析电枢磁场示意图时，常省去换向器，把电刷画成与线圈的导体直接相连，所以在正常情况下，电刷直接画在几何中心线上。

下面分析电刷在几何中心线上和偏离几何中心线两种情况下的电枢磁场分布。

1. 电刷在几何中心线上

此时，电枢电流的方向以电刷为分界线，相邻两电刷间的电枢圆周上的导体电流方向都相同，而每一电刷两侧的导体电流方向相反。因此，只要电刷不动，不论电枢是静止或者旋转，电枢表面电流分布总是不变的，所以电枢电流产生的电枢磁场在空间总是静止的。图 1-2-5 所示为两极电机的电枢电流方向和电枢磁场分布情况。

电枢磁通的方向与电枢导体电流方向符合右手螺旋定则，这时电枢可以看成是一个电磁铁，它的 N 极和 S 极位于电刷轴线上，因此电枢磁场的轴线为电刷轴线。与主极磁场轴线在空间垂直的称为交轴电枢磁场。主极磁场轴线称为 d 轴，电枢磁场轴线称为 q 轴。

电枢磁势在空间分布情况，可应用全电流定律进行分析。将图 1-2-5 展开成图 1-2-6（a），图 1-2-6（a）表示电枢电流和磁通的分布。由图可见，电枢支路的中点对应在主极轴线上，电枢磁通环绕支路中点向两边对称分布。以支路中点为基准，任取一磁通管，通过磁通管所形成的回路磁势 F，等于此回路中所包含的全电流。因此，对应主极中心点，回路磁势为零；而通过电刷轴线的回路磁势最大。假定电枢表面导体均匀而又连续分布，则电枢磁势的分布为一三角形，如图 1-2-6（b）所示。

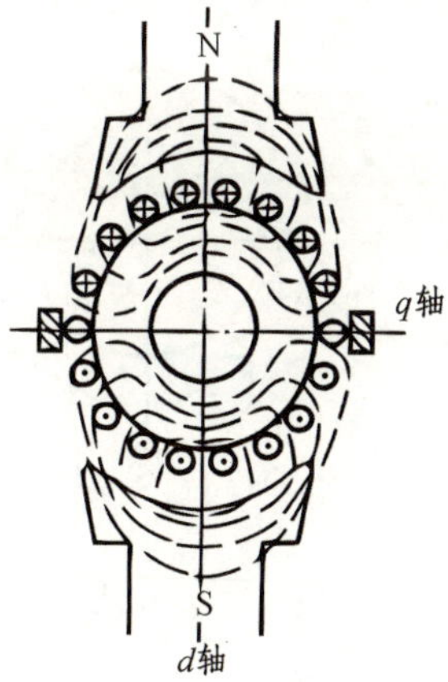

图 1-2-5　两极电机的电枢磁场

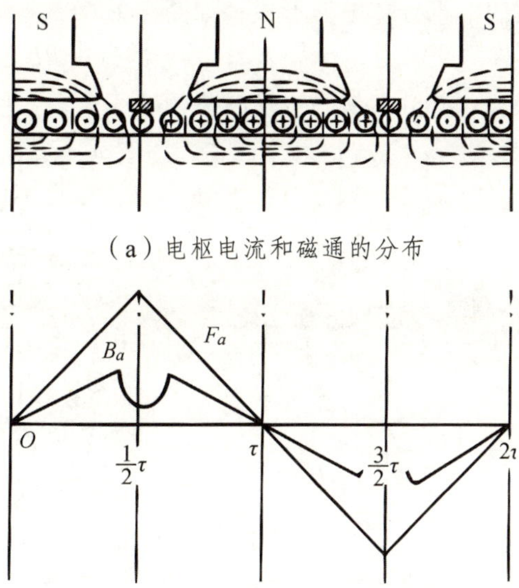

（a）电枢电流和磁通的分布

（b）电枢磁势和磁密的分布曲线

图 1-2-6　电枢磁势和磁密分布

三角形分布的电枢磁势将产生怎样的磁密分布呢？由图 1-2-6（a）可见，每一电枢磁通都经过电枢铁心、气隙和主极铁心形成闭合回路，由于铁磁物质的磁阻相对空气磁阻数值很小，所以，上述闭合磁路中的磁势全部降在两个气隙上。因此，电枢磁势产生磁场的磁通密度为

$$B_a = u_0 \frac{F_a}{\delta} \tag{1-2-1}$$

式中　u_0——空气的磁导率；

δ——有效气隙长度。

在磁极下面，气隙的长度基本不变，可以认为 B_a 随 F_a 的增加而增加；但在极间区域，由于空气隙变得很大，虽然 F_a 继续增加，但 B_a 反而减少，所以 B_a 的分布曲线为马鞍形，如图 1-2-6（b）所示。

综上所述，当电刷在几何中心线上时，电枢磁场有以下特点：

（1）在空间静止不动。

（2）电枢磁场轴线与主极磁场轴线垂直，为交轴电枢磁场。

（3）电枢磁密 B_a 在空间分布呈马鞍形。

2. 电刷偏离几何中心线

电刷偏离几何中心线的原因是电刷安装位置不准确，图 1-2-7（a）所示为电刷偏离几何中心线一个角度时的情况，相当于电刷在电枢表面移动一段距离 b。由于电枢导体中电流的分布仍以电刷为界，故电枢磁势的轴线也将随之移动，此时电枢磁场轴线和主极磁场中心线不再是垂直关系。为研究方便，将电枢磁势分为两部分：一部分由 $\tau-2b$ 范围内的电枢导体电流形成，如图 1-2-7（b）所示，这部分磁势与主极磁势轴线在空间垂直，称为交轴电枢磁势 F_{aq}；另一部分由 $2b$ 范围内的电枢导体电流形成，如图 1-2-7（c）所示，这部分磁势与主极磁势的轴线重合，称为直轴电枢磁势 F_{ad}。

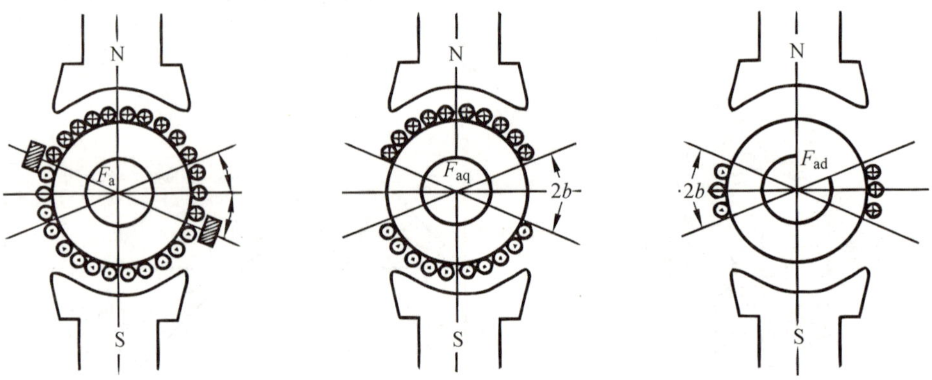

（a）电枢磁势 F_a　　（b）磁势的交轴分量 F_{aq}　　（c）磁势的直轴分量 F_{ad}

图 1-2-7　电刷不在几何中心线上时的电枢磁场

由上述分析可知，电枢磁势和电刷位置的关系是：电刷在几何中心线上时，只有交轴电枢磁势；电刷不在几何中心线上时，除交轴电枢磁势外，还有直轴电枢磁势。

（四）电枢反应

电机负载运行时，电枢磁场对主极磁场的影响称为电枢反应。交轴电枢磁势对主极磁场的影响称为交轴电枢反应；直轴电枢磁势对主极磁场的影响称为直轴电枢反应。

1. 交轴电枢反应

在一般情况下，电刷总是位于几何中心线上，电枢磁势全部为交轴电枢磁势，只有交轴电枢反应，此时电机的磁场由主极磁势建立的磁场和电枢磁势建立的磁场叠加而成。

图 1-2-8（b）中 B_0 表示电机空载时主磁场沿电枢表面的分布曲线（梯形），图 1-2-8（c）中 B_a 表示电机负载时由交轴电枢磁势单独建立的电枢磁场沿电枢表面的分布曲线（马鞍形）。当电机磁路不饱和时，磁路磁阻为常值，将 B_0 和 B_a 相加，即可得到负载后合成磁场沿电枢表面分布曲线 B_δ，如图 1-2-8（c）中实线所示。实际上电机的磁路往往是饱和的，由于合成磁通在增加的那一半极面中饱和程度的增加，使该部分的磁阻增大，磁密减少，如图 1-2-8（c）中虚线所示。

综上所述，交轴电枢反应的影响如下：

（1）气隙磁场发生畸变。每个主极下的磁场，一半被削弱，另一半被加强，使气隙磁密分布曲线由平顶形变成尖顶形。

（2）气隙磁场畸变后，会使电枢绕组一条支路中各串联线圈间电动势分布不均匀。如图 1-2-9 所示，在极尖处的磁密大大增加，线圈处在这个部位时，感应电动势很大，使所接两个换向片间电压很大，可能超过换向片间的安全电压，产生火花或电弧，使电机损坏。

（3）每极磁通减少和气隙平均磁密下降。在磁路不饱和时，因主磁场被削弱的数量等于被加强的数量，所以气隙磁通量和平均气隙磁密没有变化。实际上，由于磁路饱和的影响，一半极面下磁通增加的量小于另一半极面下磁通减少的量，因此负载时的每极磁通量比空载时每极磁通量有所减少，则平均磁密有所下降。即交轴电枢磁场对主极磁场起去磁作用，这种去磁作用是通过磁路饱和作用而产生的。

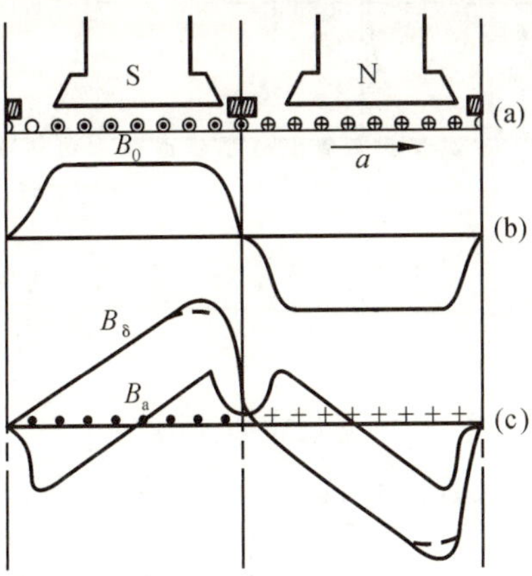

图 1-2-8　直流电机负载时的合成磁场

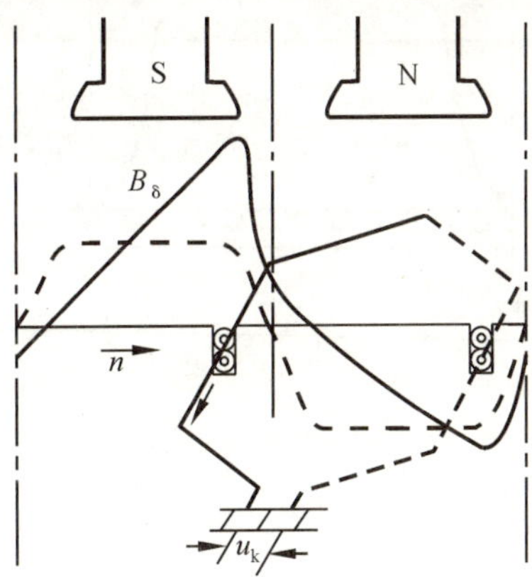

图 1-2-9　电枢反应使片间电压增大

2. 直轴电枢反应

电刷不在几何中心线时，电枢磁势中包含有交轴和直轴电枢磁势两个分量，将同时出现交轴电枢反应和直轴电枢反应。直轴电枢磁势 F_{ad} 与主极轴线重合，若 F_{ad} 与主极磁势方向相同，起增磁作用，增磁作用将引起电机换向恶化。若 F_{ad} 与主极磁势方向相反，起去磁作用，去磁作用使电机的每极磁通量下降，导致电枢电动势显著降低。

二、直流电机的感应电动势和电磁转矩

（一）直流电机的感应电动势

直流电机的感应电动势是指电机正负电刷间的电动势。当电机的气隙中有磁场存在，且电枢旋转使电枢导体切割磁力线时，在电枢绕组中会产生感应电动势。感应电动势的大小，不仅取决于磁通量的大小和转速的高低，还与绕组的导体数和连接方法有关。从电刷看进去，电枢绕组由 $2a$ 条并联支路组成，电刷间电动势即为一支路电动势，而支路电动势等于支路中各串联导体的感应电动势之和。不同的绕组形式，其连接方式不同，支路数和串联导体数均不同，则感应电动势大小也不同。

设电枢绕组线圈数为 S，一个线圈的匝数为 N_a，则电枢导体总数 N 为

$$N = 2SN_a \tag{1-2-2}$$

每一支路中的串联导体数为 $\dfrac{N}{2a}$。

电机空载运行时，气隙磁密分布如图 1-2-10 所示。由图中可见，电枢表面各点的磁密不相等，则各导体中感应电动势的数值也不相等，使电枢电动势公式的推导变得复杂，为此引入磁密和导体感应电动势的平均值 B_{av} 和 e_{av} 进行分析。

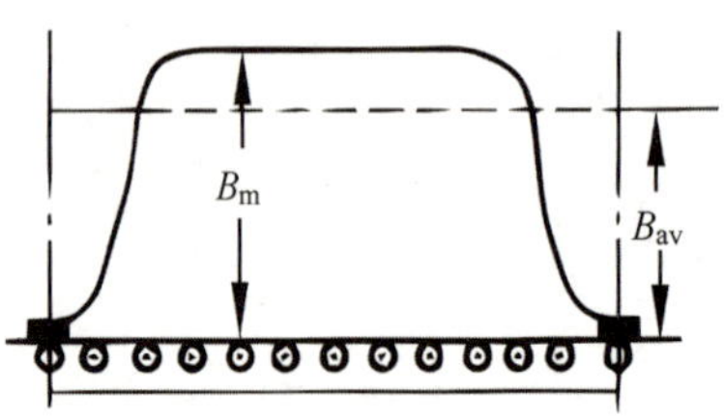

（a）电刷在几何中心线时

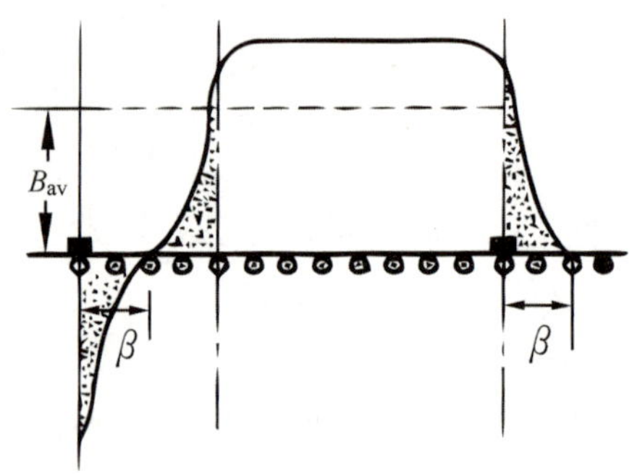

（b）电刷移过 β 角度时

图 1-2-10　支路内各导体在气隙磁场中的位置

主极极距为 τ，导体在磁场中轴向有效长度为 L，每极磁通为 Φ，则平均气隙磁密为

$$B_{av} = \frac{\Phi}{L\tau} \tag{1-2-3}$$

导体的平均电动势为

$$e_{av} = B_{av} L v$$

式中 v——电枢表面线速度，若电机转速为 n，电枢直径为 D_a，主极数为 $2p$，电枢表面周长 $\pi D_a = 2p\tau$，则

$$v = \frac{2p\tau n}{60}$$

因此，支路电动势即电机的感应电动势为

$$E_q = \frac{N}{2a} e_{av} = \frac{N}{2a} \cdot \frac{\phi}{\tau L} \cdot L \cdot \frac{2p\tau n}{60} = \frac{pN}{60a} \cdot \Phi \cdot n = C_e \Phi n \quad (1\text{-}2\text{-}4)$$

式中 Φ——每极磁通量，Wb；

n——电机转速，r/min；

C_e——电机电动势常数，$C_e = \dfrac{pN}{60a}$。

对于给定的电机，p、N、a 均为定值，因此，C_e 是一个常数。

从以上分析可知：

（1）直流电机的感应电动势，是指电枢表面圆周上固定位置（电刷间）的电枢线圈中感应电动势之和，仅与电刷间磁通的大小、电枢转速及电机的结构有关。对于已给定的电机，C_e 为常数，则感应电动势 E_a 的大小随着磁通和转速的变化而不同。

（2）感应电动势的大小，仅和磁通的大小有关，而和磁密的分布无关。分布形状改变，使每一导体的感应电动势大小发生变化，只要保持总磁通量不变，电刷间的电动势不变。计算空载或负载电动势时，要分别代入空载或负载时的磁通值。当励磁绕组中无电流时，气隙磁场由主极剩磁产生，将剩磁磁通量代入公式可求出电机的剩磁电动势。

（3）公式是在整距绕组时导出的，若为短距绕组，在线圈的两边都处在同一磁极下的瞬间，两线圈边中感应电动势方向相反，互相抵消，使感应电动势减少。在直流电机中，不允许节距短得过多，可不考虑对电动势的影响。

（4）如电刷偏离几何中心线时，则电刷间所包含的总磁通量有所减少，如图 1-2-10（b）所示，使感应电动势相应减少。

（二）直流电机的电磁转矩

电枢绕组通过电流时，在磁场中将受到电磁力的作用，电磁力在电枢轴上产生的转矩称电磁转矩。电磁转矩的大小，可根据电磁力定律求得。

电枢绕组的支路电流为 i_a 时，作用在任一根导体上的平均电磁力 f_{av} 为

$$f_{av} = B_{av} \cdot L \cdot i_a \quad (1\text{-}2\text{-}5)$$

导体产生的电磁转矩为

$$T_{av} = f_{av} \frac{D_q}{2} \quad (1\text{-}2\text{-}6)$$

由于每极下导体的电流方向相同，故同一极下各导体产生的电磁转矩方向相同，相邻极下的磁场和导体电流方向同时相反，转矩方向保持不变，如图 1-2-11 所示。

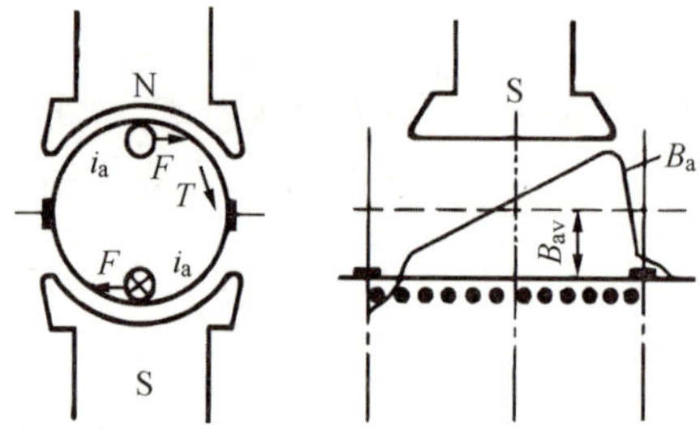

图 1-2-11　直流电机的电磁转矩

因此，电磁转矩 T 应为电枢表面所有导体产生的 f_{av} 之和，即

$$T = f_{av}\frac{D_a}{2}N = B_{av}\cdot L\cdot i_a\cdot\frac{D_a}{2}\cdot N$$
$$= \frac{\Phi}{\tau L}\cdot L\cdot\frac{I_q}{2a}\cdot\frac{p\tau}{\pi}\cdot N = \frac{pN}{2\pi a}\cdot\Phi\cdot I_a = C_T\Phi I_a \qquad (1\text{-}2\text{-}7)$$

式中　I_a——电枢电流，$I_a = 2ai_a$，A；

C_T——电机转矩常数，$C_T = \frac{pN}{2\pi a}$

对于已制成的电机，p、N、a 均为定值，所以，C_T 也是一个常数。

感应电动势 $E_a = C_e\Phi n$ 和电磁转矩 $T = C_T\Phi I_a$ 是直流电机两个重要公式。对同一台直流电机，电动势常数 C_e 和转矩常数 C_T 有一定的关系。

因为

$$C_e = \frac{pN}{60a}，\quad C_T = \frac{pN}{2\pi a}$$

所以

$$C_T = \frac{60}{2\pi}\cdot\frac{pN}{2a} \approx 9.55C_e \qquad (1\text{-}2\text{-}8)$$

三、直流电机的基本方程

从直流电机可逆原理可知，无论是发电机还是电动机，在实现能量转换过程中，都伴有感应电动势、电流、电磁转矩产生。电机稳态运行时，即电机的负载、励磁电流以及转速达到稳定值时，各种电压、转矩和功率之间存在的平衡关系，称为电机的平衡方程式。这些平衡关系分别符合电学、力学及能量守恒定律。

（一）电动势平衡方程式

无论是发电机还是电动机，当电枢旋转时，电枢绕组切割磁力线都产生感应电动势，其大小为 $E_a = C_e\Phi n$，方向可用右手定则判定。在发电机里，电枢绕组接负载后，感应电动势驱动电流流动，所以电枢电流与感应电动势同方向，如图 1-2-12 所示；在电动机里，电枢绕组经电刷接外电源，外加电压是驱动电流流动的原因，所以电枢电流与电源电压同方向，此时，感应电动势与电枢电流方向相反，称为反电动势，如图 1-2-13 所示。

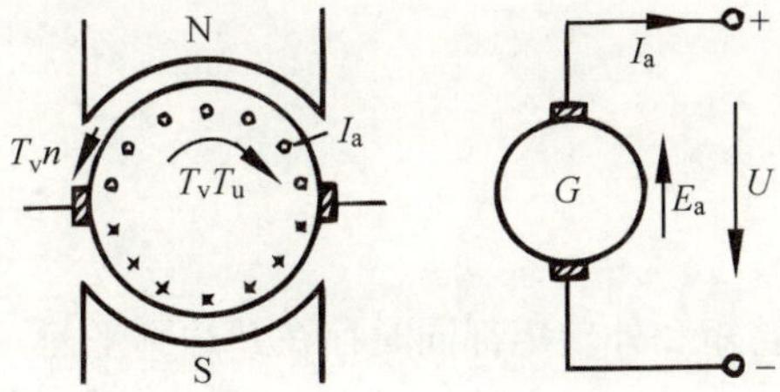

图 1-2-12 直流发电机的电动势、转矩平衡关系

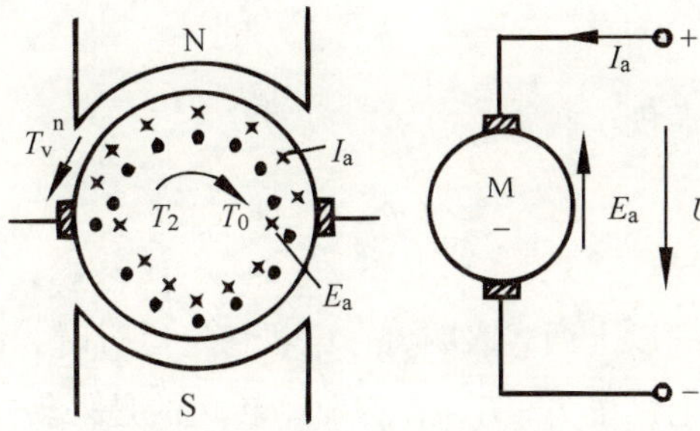

图 1-2-13 直流电动机的电动势、转矩平衡关系

设 U 为直流电机的端电压，取 U、E_a、I_a 的实际方向作为正方向，可得电枢回路的电动势平衡方程式为

发电机

$$U = E_a - I_a R_a \tag{1-2-9}$$

电动机

$$U = E_a + I_a R_a \tag{1-2-10}$$

式中 R_a——电枢回路总电阻，包括电枢回路中各串联绕组的电阻和电刷与换向器之间的接触电阻。

式（1-2-9）和式（1-2-10）适用于各种励磁方式的直流电机，在计算时，要注意各种励磁方式中 R_a 所包含的内容不完全相同。

以上两式表明，直流发电机和直流电动机在运行时都存在电枢电动势 E_a 和端电压 U。在发电机中，$E_a > U$，电枢电流 I_a 的方向与 E_a 的方向一致；在电动机中，$U > E_a$，电枢电流 I_a 的方向与 U 的方向一致，E_a 表现为反电动势。

（二）转矩平衡方程

无论是发电机还是电动机，当电枢绕组有电流流过时，电枢电流和磁场相互作用都产生电磁转矩，其大小为 $T = C_T \Phi I_a$，方向可用左手定则判定。在发电机（见图 1-2-12）里，外加转矩 T_1，为驱动转矩使电枢旋转，电磁转矩 T 与转向相反为阻力转矩，同时还存在电机的空载阻力转矩 T_0。在电动机（见图 1-2-13）里，电磁转矩 T 使电枢转动为驱动转矩，与电动机转向相同，此时轴上的负载转矩 T_2 和 T_0 均为阻力转矩。

电机的转速恒定时，加在电机轴上的驱动转矩应与阻力转矩相等，所得转矩平衡方程式为

发电机

$$T_1 = T + T_0 \tag{1-2-11}$$

电动机

$$T = T_2 + T_0 \tag{1-2-12}$$

以上两式表明，在电机稳定运行时，电磁转矩和外转矩都同时存在并达到平衡。在发电机里 $T_1 > T$，作为驱动转矩的是外转矩 T_1，电机的转向取决于 T_1 的方向，电磁转矩 T 是阻力转矩，起平衡外转矩的作用；在电动机里 $T > T_2$，作为驱动转矩的是电磁转矩 T，电机的转向取决于 T 的方向，电磁转矩带动负载转动而达到平衡。

（三）功率平衡方程

电机是实现机电能量转换的装置，因而功率关系是电机运行中最基本的关系。电机运行过程中，存在输入功率、输出功率和各种损耗，它们之间应满足能量守恒定律。若将电机进行能量转换过程中的各种损耗抽出，则可用一耦合磁场来表述电机，如图 1-2-14 所示。图中机械系统为原动机或机械负载，电系统为电源或电负载，由耦合磁场产生 T 和 E_a，以实现能量的转换。P_{Cu}、P_s、P_{Fe}、P_Ω 分别表示电机的各种损耗。机械系统的机械功率等于转矩乘以旋转角速度；电系统的电功率等于电压乘以电流；经磁场转换的功率称为电磁功率。

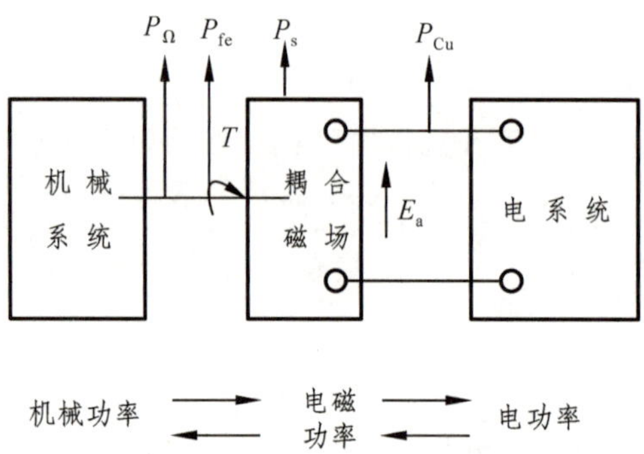

图 1-2-14　电机中的能量平衡

1. 电机的损耗

1）铜耗 P_{Cu}

铜损耗是由于电机的各种绕组中流过电流而产生的电阻损耗，铜耗随负载而变化，又称为可变损耗。

2）铁耗 P_{Fe}

铁耗是由于铁心中的磁滞、涡流而产生的损耗。

3）机械损耗 P_Ω

机械损耗是由于各种机械摩擦、通风而产生的损耗。

铁耗和机械损耗在电机空载时就存在，其大小与电机负载无关，合称空载损耗（又称不变损耗），用 P_0 表示，即

$$P_0 = P_{Fe} + P_\Omega \tag{1-2-13}$$

4）附加损耗 P_s

产生附加损耗的原因很多，诸如：电枢反应使气隙磁场畸变而引起铁耗增加；电枢表面电流分布不均而引起铜耗的增加；均压电流造成损耗等。P_s 中一部分空载时已存在，另一部分随负载而变化。附加损耗一般不易计算，而估计为电机输出功率的 0.5% ~ 1%。

综上所述，电机的总损耗 $\sum P$ 为

$$\sum P = P_{Cu} + P_{Fe} + P_\Omega + P_s \tag{1-2-14}$$

2. 电磁功率

在电机中，把通过电磁作用传递的功率称为电磁功率，用 P_M 表示。从图 1-2-14 可以看出电磁功率的意义和计算方法。

对发电机而言，输入机械功率 $P_1 = T\Omega$，克服空载损耗后，其余部分转变为电磁功率，即

$$P_M = P_1 - P_0 \tag{1-2-15}$$

转换而来的电功率不能全部输出，必须克服电机的铜耗 P_{Cu} 后才能供给负载，输出给负载的电功率 $P_2 = UI$，即

$$P_2 = P_M - P_{Cu} = UI \tag{1-2-16}$$

对电动机而言，输入的电功率为 $P_1 = UI$，此功率不能全部转换为机械功率，必须克服电机本身的铜耗 P_{Cu} 后才能进行电磁转换，即

$$P_M = P_1 - P_{Cu} \tag{1-2-17}$$

转换而来的机械功率不能全部输出，必须克服电机的空载损耗 P_0 后才能输出，其轴上的输出机械功率 $P_2 = T_2\Omega$，即

$$P_2 = P_M - P_0 = T_2\Omega \tag{1-2-18}$$

电磁功率既可看成机械功率，又可看成电功率。从机械功率的角度看，P_M 是电磁转矩 T 和旋转角速度 Ω 的乘积，即

$$P_M = T\Omega \tag{1-2-19}$$

从电功率的角度看，P_M 是电枢电动势 E_a 和电枢电流 I_a 的乘积，即

$$P_M = E_a I_a \tag{1-2-20}$$

根据能量守恒定律，两者相等，即

$$P_{\mathrm{M}} = T\Omega = E_{\mathrm{a}} I_{\mathrm{a}} \tag{1-2-21}$$

因此，无论是发电机还是电动机，电磁功率均指电机能够利用电磁感应原理进行能量转换的这部分功率。它既可以表示为机械功率的形式，也可以表示为电功率的形式。由于电磁功率具有这样的物理意义，所以在实际计算中，经常把它作为从机械量计算电量或从电量计算机械量的桥梁。

3. 功率平衡方程式

电机的输入功率为 P_1，输出功率为 P_2，总损耗为 $\sum P$ 时，根据能量守恒定律，可得功率平衡方程式：

$$P_1 = P_2 + \sum P \tag{1-2-22}$$

（四）电机的效率

电机输出功率 P_2 与输入功率 P_1 之比的百分数，称为电机的效率 η，即

$$\eta = \frac{P_2}{P_1} \times 100\% = \frac{P_1 - \sum P}{P} \times 100\% = \frac{P_2}{P_2 + \sum P} \times 100\% \tag{1-2-23}$$

直流电机的基本方程式把电机中电、磁、机械等物理量联系起来，是分析直流电机运行特性的基础。

四、直流电动机的工作特性

牵引电动机输出的机械转矩和转速是说明电动机工作特性的两个重要物理量，电动机的效率是衡量电机在实现能量转换过程中损耗大小的量。当电压和励磁电流恒定时，牵引电动机的工作特性是指电动机的转速 n、转矩 T、效率 η 与输出功率 P_2 之间的关系曲线，即 $n = f(P_2)$，$T = f(P_2)$，$\eta = f(P_2)$。在实际运行中，测量电枢电流 I_{a}，比测量 P_2 容易，且 I_{a} 随着 P_2 的增加而增加，所以工作特性也可表示为电枢电流的函数，即 n、T、$\eta = f(I_{\mathrm{a}})$。牵引电动机的机械特性是指电动机转速和电磁转矩之间的关系曲线 $n = f(T)$。

励磁方式不同的电动机具有不同的特性。直流电动机可分为他励、并励、串励和复励等四种。他励电动机特性和并励电动机相同，因此只需分析并励、串励和复励三种电动机的特性。

（一）转速特性 $n = f(I_{\mathrm{a}})$

直流电动机的转速对电枢电流的变化关系可根据直流电动机电动势平衡方程式求得，即

$$U_{\mathrm{N}} = E_{\mathrm{a}} + I_{\mathrm{a}} R_{\mathrm{a}} = C_{\mathrm{e}} \Phi n + I_{\mathrm{a}} R_{\mathrm{a}} \tag{1-2-24}$$

式中　U_N——加在电动机上的端电压，V；

I_a——电枢电流，A；

R_a——电枢回路电阻，Ω；

Φ——每极磁通量，Wb；

C_e——电机常数，对于已制成的电机 C_e = 常数，其值为

$$C_e = \frac{pN}{60a \times 10^6}$$

式中　p——磁极对数；

N——电枢绕组的总导体数，

a——电枢绕组的并联支路对数。

由式（1-2-24）可解得

$$n = \frac{U_N - I_a R_a}{C_e \Phi} \tag{1-2-5}$$

从式（1-2-5）可以看出，当 U 和励磁电流 I_f 都为常值时，影响电动机转速的因素有两个：一是电枢回路电阻压降 $I_a R_a$ 的变化；二是磁通 Φ 的变化。各种励磁方式电动机的转速特性如图 1-2-15 所示。

并励电动机，空载时 $P_2 = 0$，$I_a \approx 0$，此时转速为空载转速 $n_0 = \dfrac{U_N}{C_e \Phi}$。随着 I_a 的增加，电阻压降增加，使转速趋于下降；电枢反应的去磁作用使磁通略微减少，又使转速趋于上升。由于两种因素对转速的影响部分地互相抵消，所以电动机转速变化很小。转速特性可能是略微下垂，也可能是略微上翘。实用中，为保证电动机稳定运行，常使并励电动机具有略微下降的转速特性（图 1-2-15 中的曲线 1）。

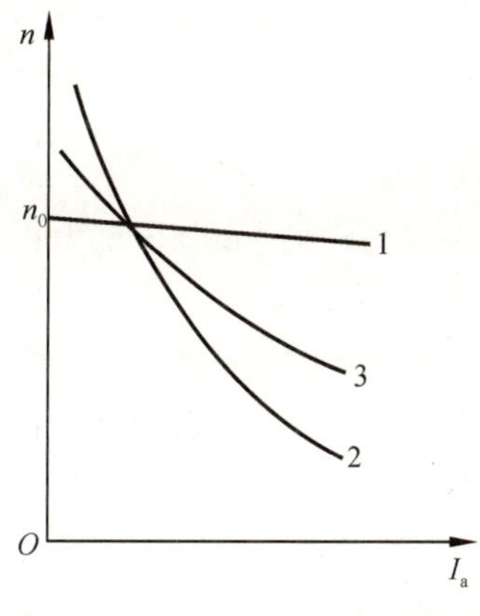

1—并（他）励；2—串励；3—积复励。

图 1-2-15　直流牵引电动机的转速特性

空载转速 n_0 与额定转速 n_N 之差，用额定转速 n_N 的百分数表示，称为电动机的转速变化率 Δn，即

$$\Delta n = \frac{n_0 - U_N}{n_N} \times 100\% \tag{1-2-26}$$

并励电动机在负载变化时转速变化很小，其转速变化率只有 2% ~ 8%，所以基本上是一种恒速电动机。

串励电动机当 I_a 增加时，一方面 $I_a R_a$ 增大，另一方面由于 $I_f = I_a$，使磁通 Φ 也增大。

这两方面的作用都可使转速降低，因此转速随电枢电流的增加而迅速下降（图 1-2-15 中的曲线 2）。如果负载很轻，I_a 和 Φ 都很小，电机转速很高。空载时 $\Phi \approx 0$，理论上电动机的转速将趋于无穷大，实际上可达（5 ~ 6）n_0。这样高的转速会使转子损坏，因此串励电动机不允许在空载或很轻的负载下运行，也不允许使用皮带、链条传动，以免皮带或链条滑脱时，成为空载。由于串励电动机不允许空载运行，其转速变化率的定义为

$$\Delta n = \frac{n_{1/4} - n_N}{n_N} \times 100\% \tag{1-2-27}$$

式中　$n_{1/4}$——$P_2 = \frac{1}{4} P_N$ 时电动机的转速。

复励电动机具有并励和串励两套绕组，通常接成积复励。两套绕组的磁势比例不同，可得到不同的特性。在设计时，可以灵活安排它的两种励磁成分，使其特性介于并励和串励电动机特性之间（图 1-2-15 中的曲线 3）。

（二）转矩特性 $T = f(I_a)$

转矩特性的关系可由转矩平衡方程式推出，当忽略空载转矩后，电动机输出的转矩等于电磁转矩，故转矩特性可以直接由电磁转矩公式求出，即

$$T = C_T \Phi I_a \tag{1-2-28}$$

式中　C_T——转矩常数，$C_T = \frac{pN}{2\pi a}$。

各种励磁方式电动机的转矩特性，如图 1-2-16 所示。

并励电动机，磁通不随电枢电流变化，转矩与电枢电流成正比，$T = f(I_a)$ 为一直线（图 1-2-16 中的曲线 1）。实际上，由于电枢反应的去磁作用，使电动机的转矩在电枢电流较大时，稍有下降。对于串励电动机，在轻载时磁路不饱和，可以认为少 $\Phi \propto I_a$，则 $T = C_T \Phi I_a \propto I_a^2$，所以 $T = C_T \Phi I_a$ 是一条抛物线（图 1-2-16 中的曲线 2）。当负载增加时，随着电枢电流的增大，磁路逐渐饱和，磁通基本不变，$T = C_T \Phi I_a$ 是一条直线。积复励电动机转矩特性介于并励和串励之间（图 1-2-16 中的曲线 3）。

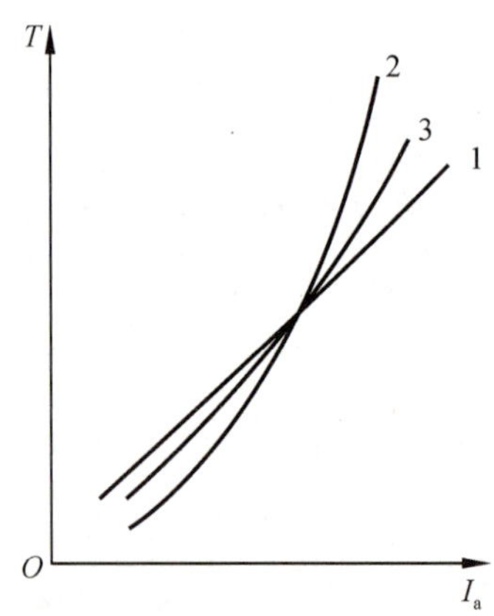

1—并（他）励；2—串励；3—积复励。

图 1-2-16　直流牵引电动机的转矩特性

（三）效率特性 $\eta = f(I_a)$

在学习直流电机基本知识时已知，电动机实现能量转换过程中，会引起损耗，按负载变化对损耗的影响，可将损耗分为两类。

第一类为铜耗 P_{Cu} 和机械损耗 P_s。它们都随电流变化而变化，且与电流的平方成正比，这类损耗称为变值损耗，用 KI^2 表示。

第二类为铁耗 P_{Fe} 和机械损耗 P_Ω。其总和几乎与负载变化无关，这类损耗称为定值损耗，用 K 表示。

因此，电机总损耗可表示为 $\sum P = K'I^2 + K$，则电机的效率为

$$\eta = \frac{UI-(KI+K)}{UI} \tag{1-2-29}$$

当电压恒定时，按式（1-2-29）绘成曲线，就可得到电机的效率特性，如图 1-2-17 所示。

效率特性曲线的形状取决于定值损耗和变值损耗之间的比例关系。由图 1-2-17 可见，效率特性曲线上有一个最大值 η_{max}（曲线 A 点处），它出现在 $\frac{d\eta}{dI}=0$ 处。对式（1-2-29）微分，并令 $\frac{d\eta}{dI}=0$，即

$$\frac{d\eta}{dI} = \frac{UI(U-2KI)-U(UI-K'I^2-K)}{U^2I^2} = 0$$

化简后得　　　　$K'I^2 = K$

可见当 $K'I^2 = K$ 时，即变值损耗等于定值损耗时，电机有最高效率。因此，在设计电机时可用控制变值损耗和定值损耗比例关系的方法，使电机在额定电流时或经常工作的电流附近具有最高效率，使电机在一定的负载变化范围内，能获得最优越、最合理的效率。

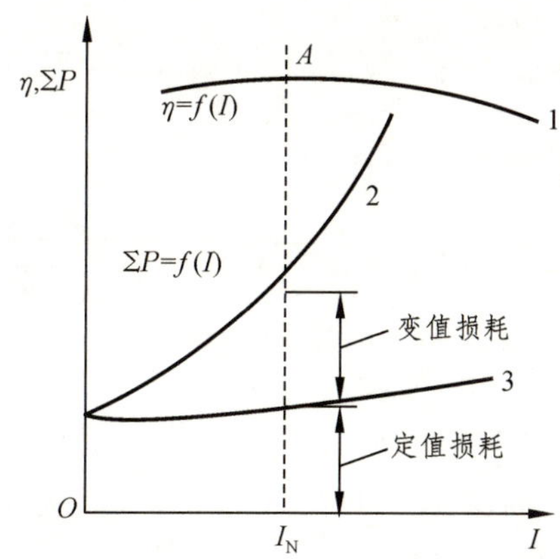

1—$\eta = f(I)$ 曲线；2—$\sum P = f(I)$ 曲线；3—定值损耗曲线。

图 1-2-17　牵引电动机的效率特性

（四）机械特性 $n=f(I_a)$

机械特性表征了电动机中最重要的两个物理量——转速和电磁转矩之间的关系，其在电力拖动中具有重要意义，是决定电动机能否稳定运行及分析比较各种电动机性能的依据。

因为电磁转矩 T 和电枢电流 I_a 有比例关系（$T=C_T\phi I_a$），机械特性具有与转速特性相似的曲线形状（见图 1-2-15）。他励和并励电动机，速度变化范围较小，称为硬特性；串励电动机，速度变化范围大，称为软特性。

（五）机车的牵引特性 $F_K=f(v_K)$

机车牵引力 F_K 与机车速度 v_K 之间的关系称为机车牵引特性，它可从牵引电动机的转速特性和转矩特性求得。

机车运行速度可用下式表示：

$$v_K=\frac{60\pi D_K n}{10^3\mu}\approx\frac{D_K n}{5.3\mu}\quad(\text{km/h})\tag{1-2-30}$$

式中　D_K——机车动轮直径，m；

n——牵引电动机转速，r/min；

μ——齿轮传动比。

对任一机车来说，动轮直径 D_K 和齿轮传动比 μ 都为常数，因此，机车速度 v_K 正比于电动机转速 n，要求得机车速度特性，只要在牵引电动机的转速特性上，改变转速 n 的比例尺即可得到。

机车牵引力可用下式表示：

$$F_K=\frac{2T\mu\eta_c}{D_K}\tag{1-2-31}$$

式中　T——牵引电动机转矩，kN · m；

η_c——齿轮传动效率。

由式（1-2-31）可知，依据牵引电动机转矩特性 $T=f(I_a)$，改变 T 的比例尺 $\left(\text{即乘以}\frac{2\mu\eta_c}{D_K}\right)$，便可得到机车牵引力特性。

机车牵引特性 $F_K=f(v_K)$ 可以由 $F_K=f(I_a)$ 和 $v_K=f(I_a)$ 两曲线求得。对应于同一负载电流值，可得出相应的轮周线速度和牵引力值，在 F_K-v_K 坐标中可以绘出一个点，将各负载电流值下作出的对应点连接起来，就可作出机车牵引特性 $F_K=f(v_K)$ 曲线。因为 v_K 正比于牵引电动机的转速 n，F_K 正比于牵引电动机的转矩 T，所以机车的牵引特性曲线与牵引电动机的机械特性曲线有相同的形状。

技能训练

直流电机工作特性测试

1. 安全教育

2. 实训准备

实训所需设备见表 1-2-2。

表 1-2-2　实训设备

序号	设备名称	规格	数量
1	直流电机		1 台
2	测量仪表		1 套
3	检修工具		1 套
4	配件和耗材		若干

3. 实训任务

（1）按实训指导书要求正确连接直流电机特性测试。

（2）正确使用仪表测试直流电机工作特性。

（3）测试直流电机进行机械特性。

（4）完成实训记录表与实训报告。

思考题

1. 主磁通的磁路由哪些部分组成？电机的磁化曲线是怎样形成的？有些什么特点？

2. 何谓电枢反应？电枢反应的性质与哪些因素有关？电枢反应对气隙磁场有何影响？

3. 试解释直流电机的主磁场、电枢磁场及合成磁场沿电枢圆周空气隙分布曲线。

4. 如何判断直流电机运行在发电机状态还是电动机状态？它们的电磁转矩、转向、电枢电动势、电枢电流的方向有何关系？

5. 一台直流并励电动机，将其单叠绕组改为单波绕组，试问对电磁转矩有何影响？

6. 直流电机作为发电机或电动机运行时，电动势平衡方程有何不同？在两种不同的运行方式下，感应电动势起着怎样不同的作用？

7. 直流电机作为发电机或电动机运行时，转矩平衡方程有何不同？在两种不同的运行方式下，电磁转矩起着怎样不同的作用？

8. 一直流电动机拖动一直流发电机，当发电机电枢电流增加时，电动机的电枢电流将如何变化？为什么？

9. 负载时直流电机中有哪些损耗？各是由什么原因引起的？这些损耗对电机有什么影响？

10. 画出并励和串励电动机的工作特性曲线，并分析曲线形成的原因。

任务评价

任务完成后根据表 1-2-3 所列项目由个人、小组长和教师分别进行考核评价，并填入考核分数。

表 1-2-3　任务考核评价表

评价项目	子项目	个人评价（占 30%）	组长评价（占 20%）	教师评价（占 50%）
专业能力（50 分）	解答理论问题（25 分）			
	解决实际问题（25 分）			
方法能力（20 分）	获取理论与实践相关资讯（10 分）			
	完成任务后的自我总结评价（10 分）			
社会能力（30 分）	与同学和谐相处、协作完成任务（10 分）			
	遵守纪律、一丝不苟、爱岗敬业（10 分）			
	遵守安全规程（10 分）			
小计				
签名				

任务三　直流电机的运用

学习目标

【知识目标】

1. 掌握直流电动机传动与悬挂的方式。
2. 掌握直流电机的启动、反转、调速和制动的方法。
3. 掌握直流电机的磁场削弱的应用。

【技能目标】

1. 能小组合作完成直流电机运行控制电路的连接。
2. 能小组合作进行直流电机运行控制的测试并完成实训报告。

【素养目标】

1. 树立实事求是的科学态度。
2. 培养分析、解决实际问题的能力。
3. 培养学生爱护设备、规范操作、安全生产的职业意识。

相关知识

一、牵引电动机的传动与悬挂

牵引电动机是驱动机车车辆动轮轴的主电动机，因此，在设计参数选择和结构形式上不同于普通电动机，而成为电动机的一个单独类型。为了满足运输生产的需要，必须对机车牵引性能提出一定要求，如能产生足够大的牵引力，能方便和广泛地调节速度，有较强的过载能力，具备先进的经济技术指标等。对机车牵引性能的要求，在很大程度上讲就是对牵引电动机性能的要求。

（一）牵引电动机的传动和悬挂方式

牵引电动机的安装方式和一般常见的电机不同，不是用地脚螺钉固定在基础上，而是用悬挂的方式安装在机车上，并通过齿轮传动装置驱动机车轮对使机车行驶。因此，必须考虑机车结构特点和运行要求，合理地选择传动方式和悬挂方式。同时，传动和悬挂方式也对牵引电动机的总体结构和外形尺寸起着制约作用。

牵引电动机的传动方式通常可分为个别传动和组合传动两种。

1. 个别传动

个别传动是目前国内外应用最广的传动方式。所谓个别传动是指一台牵引电动机只驱动一个轮对，它是借助电机轴上的小齿轮驱动轮对轴上的大齿轮来实现机车牵引运行的。个别传动有抱轴式悬挂、架承式悬挂两种悬挂方式。

1）抱轴式悬挂

抱轴式悬挂是指牵引电动机一侧通过滑动轴承抱在机车动轮轴上，另一侧通过弹性缓冲装置悬挂在机车转向架的横梁上，如图 1-3-1 所示。这种悬挂的牵引电动机，其约一半的质量是直接压在机车动轮轴上，称为簧下质量；另一半通过转向架经轴箱弹簧压在轮轴上，称为簧上质量：故这种悬挂方式有时也称为半悬挂。

抱轴式悬挂结构简单、检修方便、成本较低。但由于这种悬挂方式牵引电动机约一半质量直接压在机车动轮轴上，呈刚性连接，使车轮与钢轨之间的动力作用直接传到牵引电动机，影响牵引电动机的正常工作。此外，齿轮传动比由于受电机轴和轮轴之间中心距离的限制，使电机尺寸不能任意选择，限制了机车功率和速度的提高，一般适用于速度不超过 120 km/h 的客、货两用机车。

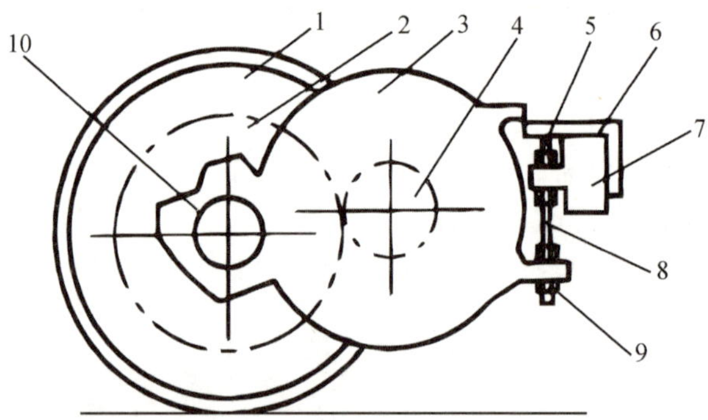

1—机车动轮；2—大齿轮；3—牵引电动机；4—小齿轮；5—橡胶件；
6—安全托板；7—枕梁；8—拉杆；9—橡胶件；10—轮轴。

图 1-3-1　抱轴式悬挂示意

2）架承式悬挂

对于构造速度较高的客运机车和电动车辆，抱轴式悬挂方式已不能适应运行要求，通常要采用架承式悬挂。所谓架承式悬挂就是将牵引电动机完全固定在转向架上，这样，牵引电动机的全部质量都成为转向架减振弹簧以上的质量，即成为簧上质量。因此，线路动力作用对牵引电动机工作的不良影响将大为减少，克服了抱轴式悬挂的缺点。但这种悬挂方式由于牵引电动机是簧上部分，在行车过程中，牵引电动机的转轴中心线与机车动轮轴中心线会产生较大的相对移动。为此，必须改变传动结构，在牵引电动机转轴和机车动轮轴之间装置弹性的或联轴节式的传动构件。通常不再将小齿轮（主动齿轮）直接装在电机转轴上，而是通过两个滚柱轴承装在齿轮箱上，并与装在机车动轮轴上的大齿轮相啮合。这时，牵引电动机的转轴和小齿轮之间必须采用联轴节传动。

（1）采用球面齿式联轴节的架承式悬挂。

采用球面齿式联轴节的架承式悬挂，如图 1-3-2 所示。这种传动方式在我国地铁电动车辆上应用较多。由图可见，牵引电动机全部悬挂在机车转向架上。它是在牵引电动机机座一侧的上方有两个悬臂，下方有一个支承，均用螺钉固定在转向架上，呈三点半边悬挂。牵引电动机转轴传动端与球面齿式联轴节相连，即电机转轴上安装球面齿轮，该球面齿轮带动联轴节内齿圈，内齿圈又带动小齿轮轴上的球面齿轮，再带动小齿轮（装在齿轮箱内），最后带动大齿轮以驱动机车行驶。这种传动方式的优点不仅解决了机车运行中牵引电动机转轴相对于机车动轮轴有位移而影响传动的问题，同时由于小齿轮不直接装在电机转轴上，故小齿轮和它的轴可以做成一个整体，从而减少小齿轮的齿数以提高机车的速度和减轻电动机的质量。这种传动方式的缺点是由于联轴节占用了空间，使电机轴向尺寸缩短，故不适用于大功率干线机车中的牵引电动机。

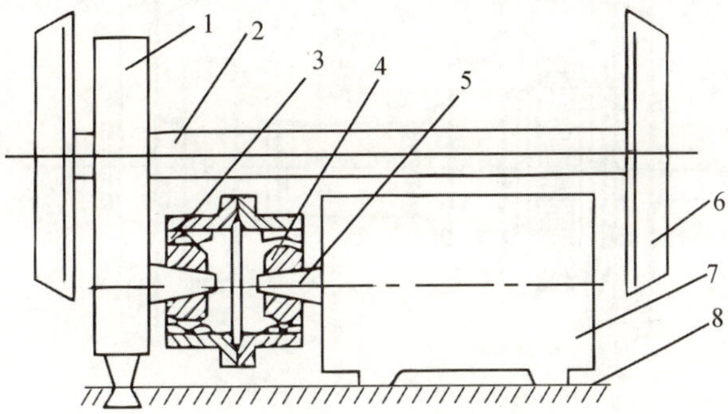

1—齿轮箱；2—动轮轴；3—内齿圈；4—球面齿轮；5—电机轴；
6—动轮；7—电动机；8—转向架。

图 1-3-2　球面齿式联轴节的架承式悬挂

（2）采用空心轴传动的架承式悬挂。

大功率牵引电动机可采用空心轴传动方式。空心轴传动可分为电枢空心轴和动轮空心轴两类。

采用电枢空心轴传动的架承式悬挂如图 1-3-3 所示。这种传动方式是将电动机的转轴做成空心的，该空心轴通过球面齿式联轴节与动轮轴相连，传动轴穿过空心轴的内腔，将转矩传给小齿轮（装在齿轮箱内）。由于利用了电机空心轴内腔的空间，节省了联轴节所占据的电机轴向空间，故电机可充分利用轴向长度尺寸，能提高牵引电动机的功率。

电枢空心轴传动方式适用于车速不超过 160 km/h 的准高速客运机车。

采用轮轴空心轴传动的架承式悬挂如图 1-3-4 所示。这种传动方式由套在轮轴外的空心轴及其两端的六连杆万向节组成。牵引电动机是全悬挂，安装在转向架横向中心线上，小齿轮热套在电机转轴上，大齿轮通过滚动轴承装在空心轴的轴套上。电动机产生的转矩传递到大齿轮上后，由万向节Ⅰ通过空心轴和万向节Ⅱ传递给车轮Ⅱ，再经车轴传给车轮Ⅰ，驱动机车行驶。

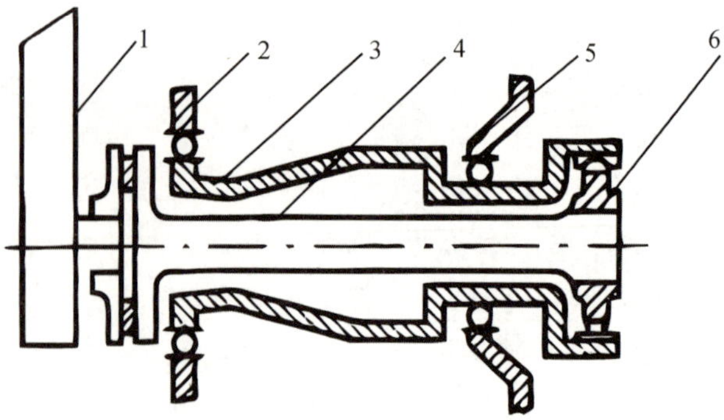

1—传动齿轮箱；2，5—电机端盖；3—电枢空心轴；
4—传动轴；6—球面齿式联轴节。

图 1-3-3　电枢空心轴传动的架承式悬挂

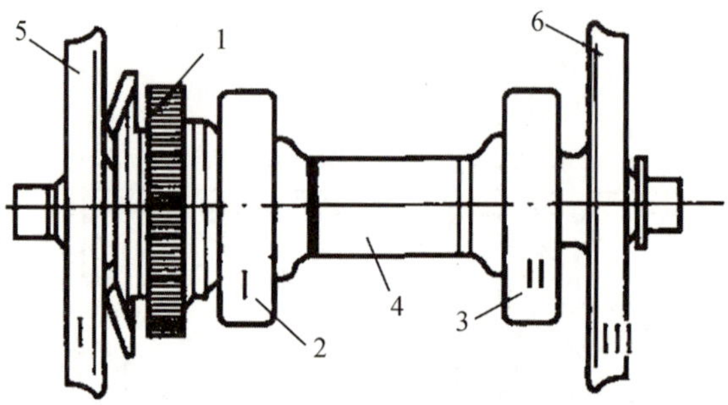

1—大齿轮；2，3—六联杆万向节；
4—空心轴；5，6—动轮。

图 1-3-4　轮轴空心轴传动的架承式悬挂

这种传动装置结构复杂，但传递功率大，工作可靠。由于传动齿轮箱支承在转向架构架上，簧下质量显著减轻。轮轴空心轴传动方式适用于车速在 220 ~ 250 km/h 的高速客运列车。

个别传动的主要优点是当一台牵引电动机发生故障时，可以单独切除，不会影响其他电机工作，而且充分利用了机车下部空间，因此得到广泛应用。但是，由于各轮轴间没有直接的机械联系，个别轮对容易空转，从而使机车的黏着牵引力降低。

2. 组合传动

组合传动就是每个转向架上只安装一台牵引电动机（这种转向架称为单电机转向架），通过变速齿轮装置驱动该转向架的每一根动轮轴，如图 1-3-5 所示。组合传动装置的结构比个别传动装置复杂。干线电力机车随着铁路运输重载高速的不断发展，要求充分利用机车每一个轮对的黏着系数，以实现大的黏着牵引力，在这种情况下，倾向采用组合传动。组合传动还有利于降低牵引电动机单位功率的质量。因为组合传动相当于把几个轮对上的较小功率的牵引电动机合并为一台大功率的电机，电机功率越大，其质量指标（即每千瓦功率的质量）越低，在相同容量下，电机的造价也将降低。此外，采用组合传动还可以将传动齿轮进行不同的搭配来改变传动比，这样就可实现同一台机车既可成为高速客运机车，又可作为牵引力大的低速货运机车，使机车和牵引电动机具有通用性。

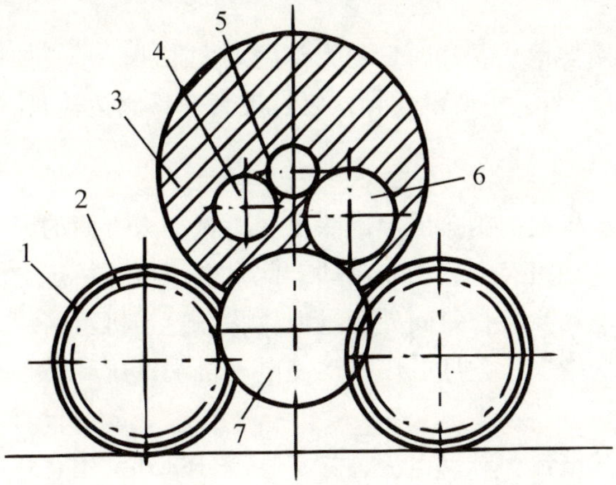

1—车轮；2—大齿轮；3—电动机；4，6—变速齿轮；
5—电机轴上小齿轮；7—中间齿轮。

图 1-3-5　单电机两轴转向架组合传动

（二）牵引电动机的主要特点

直流和脉流牵引电动机的工作原理和普通直流电动机是一致的，其基本结构也相似。但是，牵引电动机的工作条件与直流电动机相比则有很大区别，因此牵引电动机在设计、结构、材料、绝缘、工艺等方面都要特别慎重。牵引电动机工作的主要特点如下：

1. 使用环境恶劣

牵引电动机安装在车体下面，直接受到雨、雪、潮气的影响，机车运行中掀起的尘土也容易侵入电机内部。此外，由于季节和负载的变化，还经常受到温度和湿度变化的影响。因此，电机绝缘容易受潮、受污，对其性能和寿命产生极为不良的影响。所以，牵引电动机的绝缘材料和绝缘结构应具有较好的防潮、防尘性能及良好的通风、散热条件。

2. 外形尺寸受限制

牵引电动机悬挂在车体下面，其安装空间受到很大限制，轴向尺寸受轨距限制，径向尺寸受动轮直径的限制。为了获得尽可能大的功率，要求牵引电动机结构必须紧凑，并采用较高等级的绝缘材料和性能较好的导电、导磁材料。

3. 动力作用大

机车运行通过钢轨不平顺处（如钢轨接缝、道岔等）时，因撞击而产生的动力作用会传递给牵引电动机，使牵引电动机承受很大的冲击和振动。试验表明，当机车速度达到 120 km/h 时，抱轴式悬挂的牵引电动机，垂直加速度可达 $15g$，横向加速度可达 $7g$，电枢表面的动力加速度可达 25g。这样大的动力作用常常引发牵引电动机磁极螺栓松动、线圈连线断裂、零部件损坏等故障。同时，由于电刷的振动影响了电刷和换向器的正常接触，导致换向恶化。

当牵引电动机采用架承式悬挂时，动力作用大大减小，垂直加速度为 0.5g，横向加速度为 0.35g，这充分说明采用架承式悬挂对发展高速铁路运输具有重要的意义。

4. 换向困难

直、脉流牵引电动机换向困难的原因除了受机械动力方面的影响外，还有电气方面的原因。例如：牵引电动机经常启动、制动，此时电流可达额定电流的两倍；当机车在长大坡道上运行时，电动机将长时间处于过电流状态；当机车高速运行时，采用深的磁场削弱使气隙磁场畸变增大；电网电压波动使电动机端电压升高等，这些都将造成牵引电动机换向困难。

脉流牵引电动机的电流为脉动电流，除了直流分量外，还有一定的交流分量，电磁交流分量的存在将使电机换向更为困难，致使换向火花增大甚至环火。因此，在设计直、脉流牵引电动机时，必须对换向问题给予特别注意。

5. 负载分配不均匀

牵引电动机和普通电动机的另一不同之处是，在同一机车上的数台牵引电动机，不论在电的方面还是在机械方面都是连接在一起的。在电的方面，各电机之间是并联连接；在机械方面，各电机通过动轮与钢轨间的黏着作用而互相耦合在一起。因此，由于同一台机车上牵引电动机特性有差异，各动轮直径不等或个别轮对发生“空转”“滑行”等原因，都有可能造成各电机的负载分配不均，有的电机处于过载运行，有的电机处于欠载运行，从而使机车牵引力不能充分发挥。

（三）牵引电动机必须满足的要求

为了保证牵引电动机在上述条件下可靠工作，并且能适应机车运行的需要，牵引电动机必须满足下列要求：

（1）应有足够大的启动牵引力和较强的过载能力。

（2）具有良好的调速性能。保证机车在不同的行驶条件下，有宽广的速度调节范围，并在速度变化范围内，能充分发挥牵引电动机的功率。在正反两个方向运行时，其特性尽可能相同。

（3）换向可靠。在大电流、高电压、高转速及磁场削弱条件下运行时，换向火花不应超过规定的火花等级。

（4）牵引电动机各个部件应具有足够的机械强度，以保证电机在最恶劣的运行条件下可靠工作。

（5）牵引电动机的绝缘必须具有很高的电气强度，并具有良好的防潮和耐热性能，以保证电机有足够的过载能力，并在其寿命期限内可靠工作。

（6）牵引电动机的结构应充分适应机车运行和检修的需要。如电机的传动与悬挂应使机车与钢轨间的动力作用尽量减小；对灰尘、潮气及雨雪的侵入有良好的防护；便于检修和更换电刷等。

（7）必须尽可能地降低牵引电动机单位功率的质量，使电磁材料和结构材料得到充分利用。

二、直流电机的启动、反转、调速和制动

（一）直流牵引电动机的启动

电动机由静止状态达到正常运转状态的过程称为启动。直流电动机在启动过程中不仅转速发生变化，而且转矩、电流等也发生变化。

当忽略电枢绕组电感时，电枢电流入 I_a 为

$$I_a = \frac{U - E_a}{R_a} \tag{1-3-1}$$

在启动开始瞬间，由于转速 $n = 0$，故电枢感应电动势 $E_a = 0$，此时的电流称启动电流，用 I_{st} 表示：

$$I_{st} = \frac{U}{R_a} \tag{1-3-2}$$

由于电枢绕组电阻 R_a 很小，如果直接加额定电压启动，启动电流 I_{st} 很大，可达到额定电流的十几倍。这样大的启动电流将带来以下不良影响：① 使电动机换向恶化，产生严重的火花，导致电刷和换向器表面烧损；② 产生很大的电磁转矩，使传动机构和生产机械受到强烈冲击而损坏；③ 使电网电压波动，影响供电的稳定性。为此，在启动时必须设法限制启动电流 I_{st}。

由式（1-3-1）可知，为限制启动电流，可降低电动机外加电源电压或增大电枢回路的电阻，这是通常采用的两种启动方法。

1. 降低电源电压启动（降压启动）

在启动瞬间，给电动机加较低的直流电压，随着电动机转速的升高，电枢电动势 E_a 逐渐增加，同时端电压 U 也人为地不断增加，U 与 E_a 的差值使启动过程中电枢电流保持在允许范围内，直到电动机端电压上升到额定值，电动机启动完毕。采用降低电源电压方法启动并励电动机时必须注意：启动时必须加上额定励磁电压，使磁通一开始就有额定值，否则电动机启动电流虽然比较大，但启动转矩却较小，电动机仍无法启动。

降压启动的优点是在启动过程中无电阻损耗，并可达到平稳升速，但需要专用电源设备，多用于要求经常启动的大中型直流电动机。在采用直流电动机作为牵引动力的机车上，电源由专门的发电机或变压器供给，通过调节发电机的励磁和变压器的抽头很容易改变其输出电压。因此，降压启动广泛应用于电力机车和内燃机车中。

2. 电枢回路串电阻启动（变阻启动）

直流电动机在电枢回路串入适当的启动电阻 R_{st}，按照把启动电流 I_{st} 限制在 $1.5\sim2.5\,I_N$ 来选择启动电阻的大小。在启动过程中，随着转速 n 的升高，电枢电动势 E_a 也升高，电枢电流相应地减小。为了保持一定的转矩，应逐渐将启动电阻切除，直到启动电阻全部切除，电动机启动完毕，达到额定转速稳定运行。

变阻启动能有效地限制启动电流，所需启动设备简单、广泛应用于各种中小型直流牵引电动机，如工矿机车、城市电车上多采用变阻启动。但变阻启动过程中能量消耗大，不适用于经常启动的大中型直流牵引电动机。

（二）改变直流牵引电动机转向的方法

直流电动机的旋转方向取决于电磁转矩方向，而电磁转矩 $T=C_T\Phi I_a$ 的方向取决于磁通 Φ 与电枢电流 I_a 相互作用的方向，故实际上改变电动机转向的方法有两种：一是改变磁通（即励磁电流）的方向，二是改变电枢电流的方向。若同时改变磁通方向及电枢电流的方向，则直流电动机转向维持不变。牵引电动机常采用励磁绕组反接法，如图 1-3-6 所示。

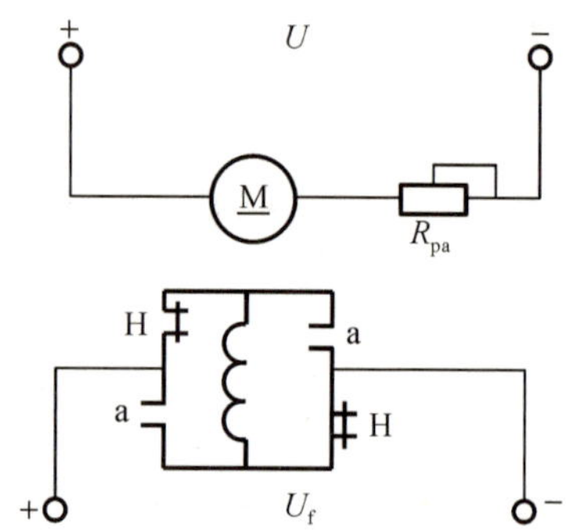

图 1-3-6　励磁绕组反接

由图 1-3-6 可见，利用电器触头 H、a 的闭合与断开将励磁绕组进行反接，改变励磁绕组中电流的方向，即改变了磁通的方向，以达到改变直流牵引电动机转向的目的。

（三）直流牵引电动机的调速

在电动机机械负载不变的条件下，用人为方法调节电动机转速叫作调速。

由图 1-3-6 可列出电动机转速为

$$n=\frac{U-I_a(R_a+R_{pa})}{C_e\Phi} \tag{1-3-3}$$

式中　R_{pa}——电枢回路串接的电阻。

由式（1-3-3）可知，影响电动机转速的三个因素是电源电压 U、电枢回路串接的电阻 R_{pa}、气隙主磁通 Φ。只要改变以上三个因素中任何一个，都能达到调节电动机转速的目的。

1. 电枢回路串接电阻调速

图 1-3-7 所示为串励电动机电枢串接电阻时的机械特性。在某一负载下，电阻越大，转速越低。

这种调速方法的优点是只需增设电阻和切换开关，设备简单，控制方便。缺点是能耗较大，经济性差，速度调节是有级的，调速平滑性差。

2. 改变电源电压调速

图 1-3-8 所示为串励电动机电压降低时的机械特性。在某一负载下，电压越低，转速也越低。为保证电机安全运行，电压只能以额定电压为上限下调，也称降压调速。

这种调速方法的优点是电源电压如能平滑调节，就可实现无级调速；调速中无附加能量损耗。缺点是需要专用的调压电源，成本较高；转速只能调低，不能调高。

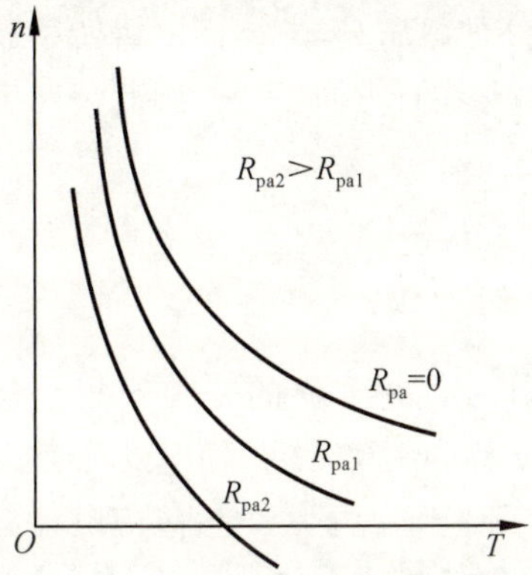

图 1-3-7 串励电动机电枢串接电阻时的机械特性

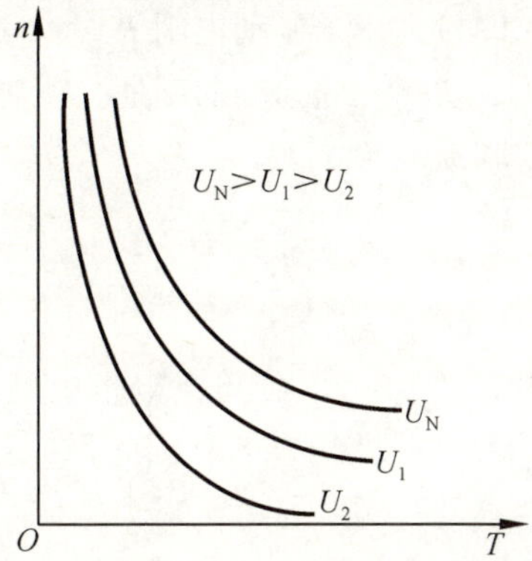

图 1-3-8 串励电动机电压降低时的机械特性

3. 改变主磁通调速

图 1-3-9 所示为串励电动机磁通减弱时的机械特性。在某一负载下磁通越弱，转速越高。一般电机的额定磁通已设计得使铁心接近饱和，因此，改变磁通只能在额定磁通下减弱磁通，所以又称为削弱磁场调速。削弱磁场需要在励磁绕组的两端并联电阻，一般电动机励磁功率只有电机容量的 1% ~ 5%，因此用于削弱磁场的并联电阻容量也很小。

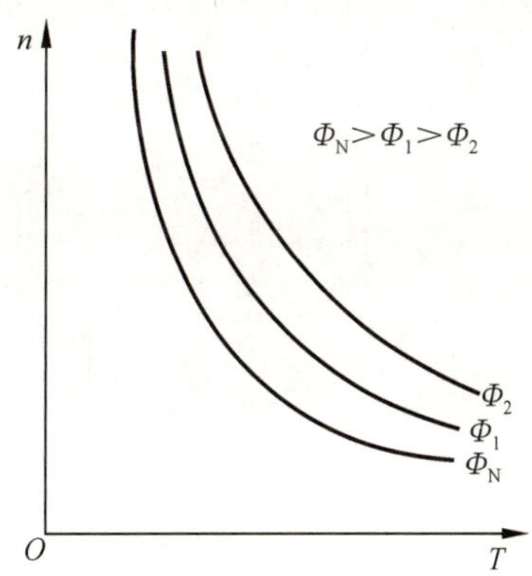

图 1-3-9 串励电动机磁通减弱时的机械特性

这种调速方法设备简单、控制方便、功率损耗小，可以提高电机的转速，是直流牵引电动机常用的调速方法之一。

直流牵引电动机，为扩大调速范围，常把几种方法配合使用。如地铁电动车组，常采用电枢串接电阻和弱磁调速；电力机车和内燃机车，常采用改变电压和弱磁调速。

（四）直流牵引电动机的制动

机车运行过程中，有时需要尽快使牵引电动机停转或从高速运行转换到低速运行；下坡时，需要限制牵引电动机的转速，以控制机车的速度。这就需要在牵引电动机轴上加一个与转向相反的转矩（称制动转矩）来实现，称为牵引电动机的制动。制动转矩是由机械制动闸产生的摩擦转矩，称为机械制动；制动转矩是牵引电动机本身产生的电磁转矩，称为电气制动。直流牵引电动机的电气制动可分为能耗制动和再生制动两种。

1. 能耗制动

图 1-3-10 所示为串励牵引电动机采用能耗制动的电路。电气制动时，励磁绕组由单独的励磁电源供电，并保持励磁电流方向不变（磁通方向不变），将电枢绕组从电源上断开并立即接到一个制动电阻 R_L 上。这时电枢绕组外加电压 $U=0$，而电机转子靠惯性继续旋转，切割方向未变的磁通，所感应的电动势仍存在且方向不变，因此，产生的电枢电流（制动电流）为

$$I_a=\frac{U-E_a}{R_a+R_L}=\frac{-E_a}{R_a+R_L}=\frac{-C\Phi n}{R_a+R_L} \tag{1-3-4}$$

由式（1-3-4）可知，电枢电流 I_a 改变了方向，而磁通 Φ 的方向未变，电磁转矩 $T=C_T\Phi I_a$ 则改变了方向。因此，T 与 n 的方向相反，称为制动转矩，使电机转速很快下降。

在制动过程中，电机靠惯性继续旋转，在磁场不变情况下，产生感应电动势方向不变并输出电流，变成一台他励发电机，把机车的动能转换成电能，消耗在制动电阻上，故称为能耗制动。

调节制动电阻 R_L 或调节励磁电流改变磁通的大小，都可以改变制动电流的大小，以调节制动转矩的大小。另外，电机的转速越高，制动转矩越大，制动的效果越好；而低速时，制动转矩相应变小，需要配用机械制动，使电机迅速停转。

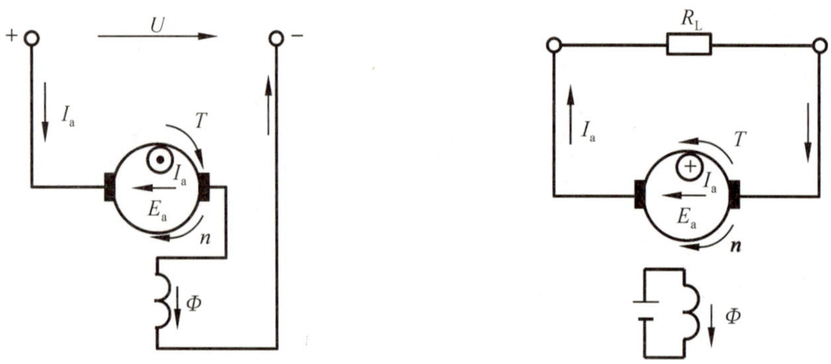

（a）电动机状态　　（b）制动状态

图 1-3-10　能耗制动时电路原理接线

电力机车上多采用串励牵引电动机，在电气制动时，由于串励发电机特性不稳定，需要将励磁绕组改为他励。

能耗制动所需设备简单，成本低，操作方便。不足之处是列车的动能转换为电能后消耗在制动电阻上，变成热能耗散到大气中，没有被利用；不易迅速制停，因为当电机转速 n 较小时，E_a 较小，I_a 也较小，使制动转矩相应减小。此时，应采用减小制动电阻 R_L 来增大电枢电流 I_a，以提高低速区的制动转矩。

2. 回馈制动

电机作电动机运行时，电源电压 U 大于反电动势 E_a，电枢电流方向与 U 同方向，电磁转矩方向与转向相同。若保持磁通方向不变，当转速升高到一定数值后，感应电动势 E_a 大于电源电压 U，电枢电流方向与 E_a 同方向，电机作发电机运行，电磁转矩与转向相反起制动作用，发电机产生的电能送回到电网。这种制动方法称为回馈制动。

电力机车下坡时，重力加速度的作用使车速增高，牵引电机感应电动势 E_a 随之增大，若 $E_a=U$，则 $I_a=0$，牵引电机就不需要从电网输入电能，电力机车由本身的位能自动滑行并继续加速。转速继续升高，将使 $E_a>U$，则 I_a 反向，牵引电机自动转换为发电机运行状态。此时，电力机车下坡的位能，通过电机转换成电能，回馈给电网。由于电枢电流 I_a 反向，电磁转矩也随之反向，起到制动作用，车速越高，制动转矩越大，如图 1-3-11 所示。转速增高到一定程度，下坡时的位能产生的动力转矩与牵引电机的制动转矩和摩擦阻转矩相平衡时，电力机车将恒速稳定运行（b 点）。

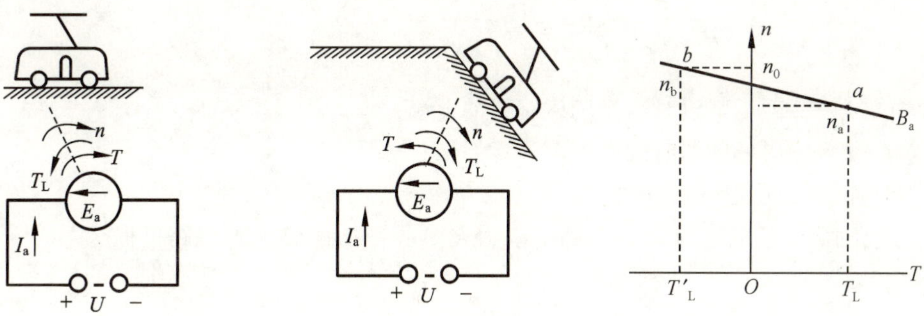

（a）平路行驶（电动机状态，$U>E_a$，$I_a>0$）　（b）下坡（发电机状态，$E_a>U$，$I_a<0$）　（c）机械特性

图 1-3-11　电力机车下坡时的回馈制动

他励和复励牵引电动机回馈制动时，需要保持励磁电流方向不变，电枢回路的接线不变。串励牵引电动机进行回馈制动时，由于串励发电机在许可范围内工作不稳定，需要将串励绕组改接为他励，由较低的电压供电以得到所需要的励磁电流。

三、直流电机的磁场削弱

机车运行特点是频繁启动和根据线路纵断面的变化，广泛调节行驶速度。直流牵引电动机具有良好的调速性能，并广泛地采用改变电压和主极磁通的调速方法。改变主极磁通的调速方法有很多，目前比较常用的一种是在电动机主极绕组两端并联一级或数级分路电阻，从而减少励磁电流和磁通。这种方法又称为磁场削弱，如图 1-3-12 所示。当分路电阻上的开关断开时，励磁绕组中电流等于电枢电流，这种状态称

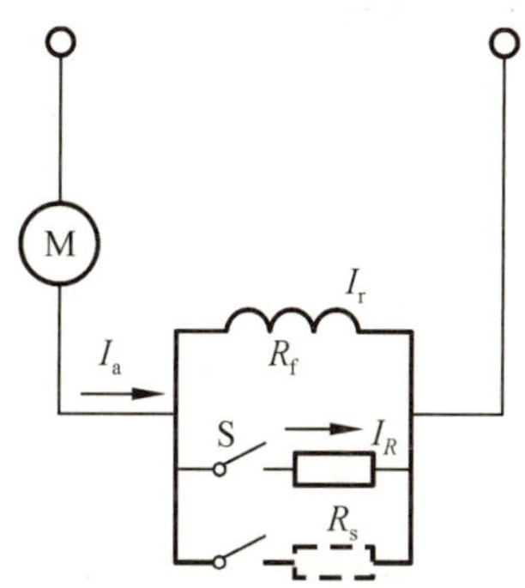

图 1-3-12　磁场削弱原理

为满磁场。如果开关闭合，电枢电流中的一部分流过分路电阻，励磁绕组中的电流小于电枢电流，电动机处于磁场削弱状态。磁场削弱的程度取决于分路电阻的大小，只要改变分路电阻值，就能获得不同的磁场削弱。

（一）磁场削弱系数

牵引电动机磁场削弱的程度可用磁场削弱系数 β 来表示，即

$$\beta=\frac{F_{\beta}}{F_{\mathrm{f}}} \tag{1-3-5}$$

式中 F_{β}——磁场削弱时励磁绕组的磁势；

F_{f}——满磁场时励磁绕组的磁势。

在磁场削弱前后，励磁绕组匝数不变，因此，式（1-3-5）可表示为

$$\beta=\frac{F_{\beta}}{F_{\mathrm{f}}}=\frac{I_{\mathrm{f}}W_{\mathrm{f}}}{I_{\mathrm{a}}W_{\mathrm{f}}}=\frac{I_{\mathrm{f}}}{I_{\mathrm{a}}} \tag{1-3-6}$$

式中 I_{f}——磁场削弱时通过励磁绕组的电流；

I_{a}——磁场削弱时的电枢电流；

W_{f}——励磁绕组匝数。

设励磁绕组电阻为 R_{f}，分路电阻为 R_{s}，据图 1-3-12 所示电路可得

$$(I_{\mathrm{a}}-I_{\mathrm{f}})R_{\mathrm{s}}=I_{\mathrm{f}}R_{\mathrm{f}}$$

即

$$I_{\mathrm{f}}=\frac{R_{\mathrm{s}}}{R_{\mathrm{f}}+R_{\mathrm{s}}}I_{\mathrm{a}}$$

代入式（1-3-6）可得

$$\beta=\frac{R_{\mathrm{s}}}{R_{\mathrm{f}}+R_{\mathrm{s}}} \tag{1-3-7}$$

对于已制成的电机，R_{f} 是常数，磁场削弱系数 β 值是由分路电阻 R_{s} 决定的，与励磁绕组的匝数无关，需要改变 β 时，只需改变分路电阻值即可。

值得注意的是，由于 R_{s} 值较小，所以当同一台机车各电机的 R_{s} 值有差异时，将造成磁场削弱时的特性差异，引起负载分配不均匀。

（二）磁场削弱时的电动机特性

当牵引电动机在某一磁场削弱级运行时，相应有一条磁场削弱特性曲线，这条特性曲线可以根据满磁场时特性曲线求得。

1. 恒电压磁场削弱时的转速特性

满磁场时，牵引电动机的转速为 n，且

$$n=\frac{U-I_aR_a}{C_e\Phi}\approx\frac{U}{C_e\Phi}$$

磁场削弱系数为β时，牵引电动机的转速为n'，电枢电流为I_a'，磁通为Φ'，则

$$n'=\frac{U-I_aR_a}{C_e\Phi'}\approx\frac{U}{C_e\Phi}$$

两式相除，得

$$\frac{n'}{n}=\frac{\Phi}{\Phi'}\tag{1-3-8}$$

如令磁场削弱时的转速n'等于满磁场时的转速n，即$n'=n$，从上式可知，此时两种情况下的磁通必须相等，即$\Phi'=\Phi$。所以，磁场削弱时的励磁电流与满磁场时的励磁电流必须相等。为了保证这一条件，磁场削弱时的电枢电流I_a'必须是满磁场电枢电流I_a的$\frac{1}{\beta}$倍，即$I_a'=\frac{1}{\beta}I_a$。

因此，只要把恒定电压满磁场时的转速特性曲线各点的横坐标（I_a）加大$\frac{1}{\beta}$倍，即可得到磁场削弱系数为β时的转速特性曲线，如图1-3-13所示。

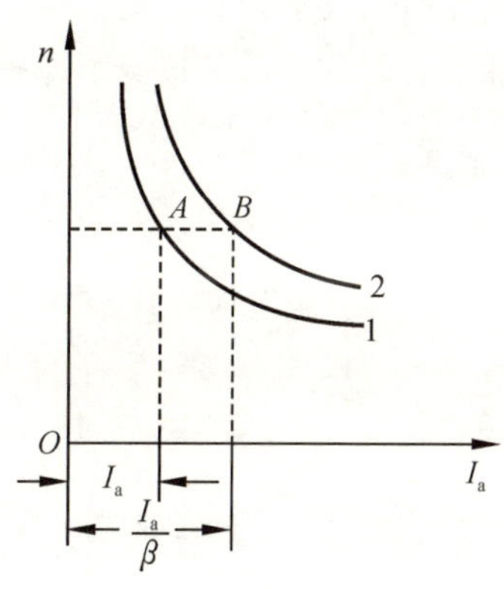

1—满磁场；2—削弱磁场。

图 1-3-13 恒电压磁场削弱时的转速特性

图1-3-13中曲线1为满磁场时的转速特性曲线，取曲线上任一点A，沿水平方向右移到离纵轴I_a/β处，便可得到点B。用相同的方法逐点平移，即可画出磁场削弱系数为β时的转速特性曲线2。

由图1-3-13可见，在相同负载电流下，磁场削弱后电动机转速比满磁场时增加了。因此，通过多级磁场削弱，可以扩大牵引电动机的调速范围，即增加了机车的调速范围。

磁场削弱可以在任意端电压下进行，但一般机车的调速通常是先调节牵引电动机的端电压。当牵引电动机的端电压已达到额定值，仍需要提高机车速度时，才采用磁场削弱作为扩大机车调速范围的辅助手段。磁场削弱程度越深，机车运行的速度越高。由于电枢磁场的影响，过分削弱磁场会使主磁场严重畸变，最大片间电压增大，这使磁场削弱深度受到一定的限制。同时，电动机转速很高，不能保证牵引电动机安全换向，甚至引起环火。因此，牵引电动机的最小磁场削弱系数受换向条件的限制。

当牵引电动机磁场削弱系数的允许极限β_{min}确定后，若采用分级削弱，还必须确定磁场削弱级数，同时确定各级的β值。其原则是，分别画出满磁场和最深磁场削弱时的特性曲线，在各级间过渡时，应使牵引电动机电流或牵引力的波动限制在一定的范围内。如ZD105型脉流牵引电动机有三个磁场削弱级，分别为70%、54%和45%。另外，为

了改善该脉流牵引电动机的换向，在励磁绕组上还并联了一个固定分路电阻，其固定磁场削弱系数 β_0 为 96%。

上述用闭合接触器接入分路电阻进行磁场削弱的方法属于有级调速，级数少而且特性不连续，在转换过程中电流和牵引力将产生突变，使机车运行不平稳。目前有些机车，应用晶闸管无级磁场削弱电路，实现了从满磁场到最深削弱磁场的连续平滑调节，不仅改善了机车的工作性能，还减少了有触点开关和分路电阻，提高了机车运行的可靠性。

2. 恒电压磁场削弱时的转矩特性

设满磁场时，牵引电动机电磁转矩为 T；磁场削弱系数为 β 时，牵引电动机电磁转矩为 T'，则

$$T = C_T \Phi I_a$$
$$T' = C_T' \Phi' I_a'$$

两式相除，得

$$\frac{T'}{T} = \frac{\Phi' I_a}{\Phi I_a} \tag{1-3-9}$$

按前述假设，磁场削弱后的主磁通与满磁场时的主磁通相等，则两者的励磁电流也相等，因此，两种情况下电枢电流的关系为

$$I_a' = \frac{1}{\beta} I_a \tag{1-3-10}$$

将式（1-3-10）代入式（1-3-9），得

$$T' = \frac{1}{\beta} = T \tag{1-3-11}$$

由式（1-3-10）和式（1-3-11）可知，只要将满磁场转矩特性曲线上任一点的纵横坐标值各乘以 $\frac{1}{\beta}$，就能得到磁场削弱系数为 β 时的转矩特性曲线上的相应点，绘出磁场削弱时的转矩特性曲线，如图 1-3-14 所示。

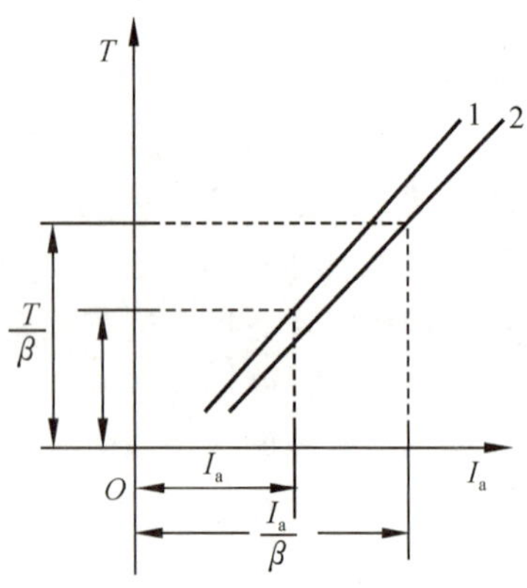

1—满磁场；2—削弱磁场。

图 1-3-14 恒电压磁场削弱时的转矩特性

（三）串励牵引电动机在恒电压下磁场削弱时的功率利用

串励牵引电动机由于其特性为软特性而具有良好的牵引性能。但是，在端电压一定时，随着电动机转速的增高，串励牵引电动机的功率将不断地减少。图 1-3-15 中曲线 1 是满磁场时的转速特性，当电动机的转速由 n_N 增加到 n' 时，电动机电流由 I_N 下降为 I'，电动机的功率

也相应减少。因此，在满磁场下工作的串励牵引电动机，当其转速在高于额定值的范围内运行时，电动机的功率并没有充分发挥。而串励牵引电动机采用磁场削弱时，如图 1-3-15 中曲线 2 和曲线 3，转速由 n_N 增至 n' 时，电动机电流下降较少，可以在接近额定电流或额定电流下运行。因此，磁场削弱能够充分发挥牵引电动机的功率。

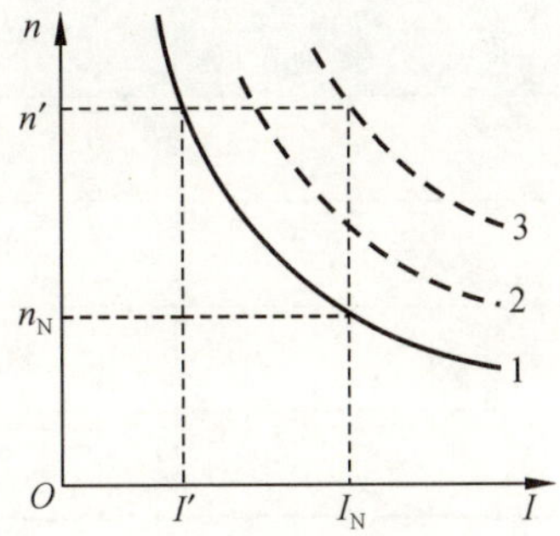

1—满磁场；2，3—削弱磁场。

图 1-3-15　牵引电动机的功率利用

1. 当机车牵引力不变时

设牵引电动机满磁场时的功率为 P，转矩为 T，转速为 n，则

$$P = Tn$$

进行磁场削弱后，牵引电动机功率为 P'，转矩为 T'，转速为 n'，则

$$P' = T'n'$$

由于磁场削弱前后机车的牵引力不变，即牵引电动机转矩不变，$T = T'$。但进行磁场削弱后，牵引电动机的转速增高，$n' > n$。所以牵引电动机的功率相应增大。磁场削弱越深，转速增加越多，功率增加也越多。

2. 机车上坡牵引并维持磁场削弱前的速度时

磁场削弱前后机车速度不变，即牵引电动机转速不变，则

$$n' = n$$

机车上坡时要维持速度不变，牵引力必须增加，此时如采用磁场削弱，则 $T' > T$，牵引电动机的功率 $P' = T'n'$ 相应增大。

因此，采用磁场削弱，不仅能发挥牵引电动机的全功率，甚至能够提高牵引电动机的利用功率。根据机车不同的运行条件，磁场削弱所得到的功率增量，对于恒压供电的串励牵引电动机来说，是由于磁场削弱后的电枢电流增大而得到的（见图 1-3-13 和图 1-3-14），这时牵引电动机可能过载运行，发热加剧。因此，最合理的办法是根据不同的运行条件，尽可能使磁场削弱后电枢电流变化不大，使串励牵引电动机的功率得到充分利用。

技能训练

直流电机运行控制

1. 安全教育

2. 实训准备

实训所需设备见表 1-3-1。

表 1-3-1 实训设备

序号	设备名称	规格	数量
1	直流电机		1 台
2	测量仪表		1 套
3	检修工具		1 套
4	配件和耗材		若干

3. 实训任务

（1）按实训指导书要求正确连接直流电机运行控制电路。

（2）测试直流电机启动控制电路和转向控制电路。

（3）测试直流电机调速控制电路和制动控制电路。

（4）完成实训记录表和实训报告。

思考题

1. 牵引电动机的传动方式有哪几种？各有何优缺点？

2. 什么叫抱轴式悬挂和架承式悬挂？各有哪些优缺点？

3. 牵引电动机工作条件的主要特点有哪些？

4. 直流电动机在启动时有哪些要求？直流电动机的启动电流取决于什么？正常工作时的电流又取决于什么？

5. 直流电动机有几种启动方法？分析各种方法的优缺点及使用范围。

6. 直流电动机有几种调速方法？电力机车常采用哪些方法调速？

7. 说明电气制动原理。直流电机电动与制动状态的根本区别是什么？

8. 直流牵引电机有几种制动方法？说明它们的异同点和使用场合。

9. 什么是磁场削弱？牵引电动机磁场削弱的方法和作用是什么？

10. 分析串励牵引电动机在恒电压下进行磁场削弱时为什么可以提高电机的功率利用。

任务评价

任务完成后根据表 1-3-2 所列项目由个人、小组长和教师分别进行考核评价，并填入考核分数。

表 1-3-2　任务考核评价表

评价项目	子项目	个人评价（占 30%）	组长评价（占 20%）	教师评价（占 50%）
专业能力（50 分）	解答理论问题（25 分）			
	解决实际问题（25 分）			
方法能力（20 分）	获取理论与实践相关资讯（10 分）			
	完成任务后的自我总结评价（10 分）			
社会能力（30 分）	与同学和谐相处、协作完成任务（10 分）			
	遵守纪律、一丝不苟、爱岗敬业（10 分）			
	遵守安全规程（10 分）			
小计				
签名				

项目二

变压器的保养与维护

变压器是机车车辆上的一个重要部件，用来把从接触网上取得的 25 kV 或者是将逆变器转换后的交流电压变换为供给牵引电机及其他电机、电器工作所适合的电压，其工作原理和普通电力变压器相同。通过学习本项目，可以掌握变压器的基本工作原理及其结构，了解变压器的日常检修工艺，掌握基本的故障处理方法，为日后步入检修工作岗位奠定基础。

学习目标

【知识目标】

1. 熟知变压器的基本组成结构。
2. 熟知变压器的基本工作原理、分析方法和运行性能。
3. 熟知 TBQ19-8668/25 型主变压器、TXP 型平波电抗器的结构及维护措施。

【技能目标】

1. 能小组合作完成小型变压器的拆装检修。
2. 能小组合作进行变压器的工作特性实验并完成实验报告。

【素养目标】

1. 培养学生爱护设备、规范操作、安全生产的职业意识。
2. 培养学生爱岗敬业、团结协作的职业责任感。
3. 培养学生具有精益求精的职业素养。

相关知识

一、变压器的基本结构、分类及铭牌

在工农业生产及社会生活的各个方面，存在着千差万别的用电设备，不同的用电设备常常需要接在各种不同等级电压的电源上，如我国电力机车接在电压为 25 kV 的接触网上。为了供电、输电、配电的需要，就必须使用一种电气设备把发电厂内交流发电机发出的交流电压变换成不同等级的电压，这种电气设备就是变压器。变压器是在法拉第电磁感应原理的基础上设计制造的一种静止的电气设备，它可以将输入的一种等级电压的交流电能变换成同频率的另一种等级电压的交流电能输出。

变压器的基本结构部件是铁心和绕组，它们组成了变压器的器身。为了改善散热条件，大、中容量变压器的器身浸入盛满变压器油的封闭油箱中，各绕组与外电路的连接则经绝缘套管引出，为了使变压器安全可靠地运行，还设有储油柜、气体继电器和安全气道等附件，如图 2-1-1 所示。

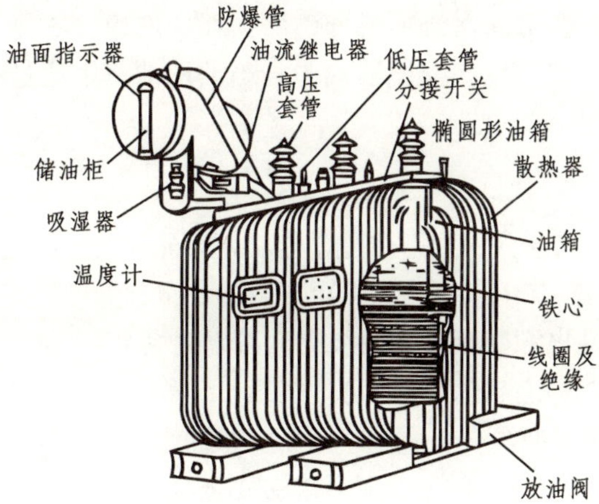

图 2-1-1　电力变压器外形

（一）变压器的基本结构

变压器由铁心、绕组、油箱及附件等部分组成。下面以油浸式电力变压器为例来分别介绍。

1. 铁　心

铁心既作为变压器的磁路，又作为变压器的机械骨架。

为了提高导磁性能、减少交变磁通在铁心中引起的损耗，变压器的铁心通常由厚度为 0.3 ~ 0.5 mm 的硅钢片叠装而成。电工硅钢片的两面均有绝缘层，起绝缘作用。大容量变压器多采用高磁导率、低损耗的冷轧硅钢片。

电力变压器的铁心一般都采用心式结构，可分为铁心柱（有绕组的部分）和铁轭（连接两个铁心柱的部分）两部分。绕组套装在铁心柱上，铁轭使铁心柱之间的磁路闭合，如图 2-1-2 所示。

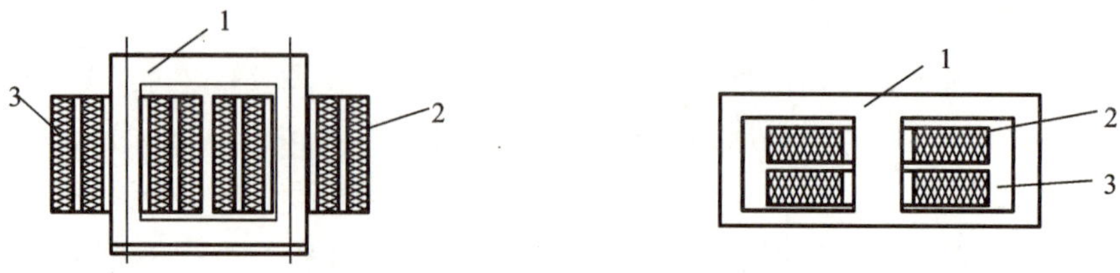

（a）心式铁心和同心绕组　　（b）壳式铁心和交叠绕组

1—铁心；2—低压绕组；3—高压绕组。

图 2-1-2　变压器的铁心与绕组形式

在铁心柱与铁轭组合成整个铁心时，多采用交叠式装配，使各层的接缝不在同一地点，这样能减少励磁电流，但缺点是装配复杂，费工费时。在一般变压器中，铁心柱截面都是内接于圆的阶梯形。只有当变压器的容量很小时才采用方形。

交流磁通在铁心中会引起涡流损耗和磁滞损耗，使铁心发热。在大容量变压器的铁心中往往设置油道。铁心浸在变压器油中，当油从油道中流过时，可将铁心中的热量带走。

2. 绕　组

绕组是变压器的电路部分，用来传输电能，一般分为高压绕组和低压绕组。接在较高电压上的绕组称为高压绕组，接在较低电压上的绕组称为低压绕组。从能量的变换传递来说，接在电源上，从电源吸收电能的绕组称为原边绕组（又称一次绕组或初级绕组）；与负载连接，给负载输送电能的绕组称副边绕组（又称二次绕组或次级绕组）。

绕组一般是用绝缘的铜线绕制而成。高压绕组的匝数多、导线横截面小；低压绕组的匝数少、导线横截面大。为了保证变压器能够安全可靠地运行以及有足够的使用寿命，对绕组的电气性能、耐热性能和机械强度都有一定的要求。

绕组是按照一定规律连接起来的若干个线圈的组合。根据高压绕组和低压绕组相互位置的不同，绕组结构形式可分为同心式和交叠式两种，如图 2-1-2 所示。

同心式绕组是将高压绕组和低压绕组同心地套装在铁心柱上。为了绝缘方便，低压绕组紧靠着铁心，高压绕组则套装在低压绕组的外面，两个绕组之间留有油道。油道有两个作用：一是作为绕组间的绝缘间隙；二是散热，使油从油道中流过冷却绕组。在单相变压器中，高、低压绕组均分为两部分，分别套装在两铁心柱上，这两部分可以串联或并联；在三相变压器中属于同一相的高、低压绕组全部套装在同一铁心柱上。同心式绕组的结构简单、制造方便，心式变压器一般都采用这种结构。

交叠式绕组是将高压绕组和低压绕组分成若干线饼，沿着铁心柱交替排列而构成，为了便于绝缘和散热，高压绕组与低压绕组之间留有油道并且在最上层和最下层靠近铁轭处安放低压绕组。交叠式绕组的机械强度好，引线方便，壳式变压器一般采用这种结构。

3. 油箱等附件

油箱就是油浸式变压器的外壳。变压器在运行中绕组和铁心会产生热量，为了迅速将热量散发到周围空气中去，可采用增加散热面积的方法。变压器油箱的结构形式主要有平板式、管式等。对容量较大的变压器，采用在油箱壁的外侧装有散热管的管式油箱来增加散热面积，当油受热膨胀时，箱内的热油上升到油箱的上部，经散热管冷却后的油下降到油箱的底部，形成自然循环，把热量散发到周围空气中。对大容量变压器，还可采用强迫冷却的方法，例如用风扇吹冷变压器等以提高散热效果。

高、低压绕组套装在铁心上总称为器身，器身放在油箱中，油箱中充以变压器油。充油的目的是：① 提高绕组的绝缘强度。因为油的绝缘性能比空气好。② 便于散热。因为通过油受热后的对流作用，可以将绕组及铁心的热量带到油箱壁，再由油箱壁散发到空气中去。对变压器油的要求是，介质强度高、着火点高、黏度小、水分和杂质含量尽可能少。

变压器冷却系统

变压器油受热后要膨胀，因此油箱不能密封。为了减小油与空气的接触面积，变压器安装有储油柜。储油柜固定在油箱顶上并用管子与油箱直接连通，储油柜的上部有加油栓，可以向变压器内补油，油箱的下部有放油活门，可以排放变压器油。储油柜使油箱内部与外界空气隔绝，减少了油氧化及吸收水分的面积。储油柜内的油面高度被控制在一定范围内，当油受热膨胀时，一部分油被挤入储油柜中使油面升高，而油遇冷收缩时，这部分油再流回油箱使油面降低。储油柜的大小应能满足变压器在各种可能的运行温度下，油面的升降总是能保持在储油柜的范围内。储油柜的一侧有油位计，可查看油面高度的变化。另外，储油柜上还装有吸湿器，它是一种空气过滤装置，外部空气经过吸湿器干燥后才能进入储油柜，从而使油箱中的油不易变质。

在油箱与储油柜之间还装有气体继电器。当变压器发生故障时，油箱内部会产生气体，气体继电器动作而发出故障信号以提示工作人员及时处理或使相应的开关自动跳闸，切除变压器的电源。

大容量变压器的油箱盖上还装有安全气道，它是一个长的钢筒，下面与油箱相通，上端装有防爆膜。当变压器内部发生严重故障产生大量气体时，油箱内部压力迅速升高而冲破安全气道上的防爆膜，喷出气体，消除压力，以免产生重大事故。

变压器绕组的接线端子由绝缘套管从油箱内引到油箱外。绝缘套管由外部的瓷套和中心的导电杆组成，它穿过变压器上部的油箱壁，其导电杆在油箱内部的一端与绕组的出线端子连接，在外部的一端与外电路连接。绝缘套管的结构因电压的高低而不同，引出的电压越高，套管的结构越复杂。当电压不高时，可采用简单的瓷制实心式套管。电压很高时，要采用高压瓷套管，套管和导电杆之间充油，外部做成多级伞形，电压越高，级数越多。

（二）变压器的分类

由于变压器的应用范围十分广泛，因此它的种类很多，但主要的有以下几种。

1. 按用途分类

1）电力变压器

电力变压器用来传输和分配电能，是所有变压器中用途最广、生产量最大的一种变压器。图 2-1-3 所示为一个简单电力系统的示意图。

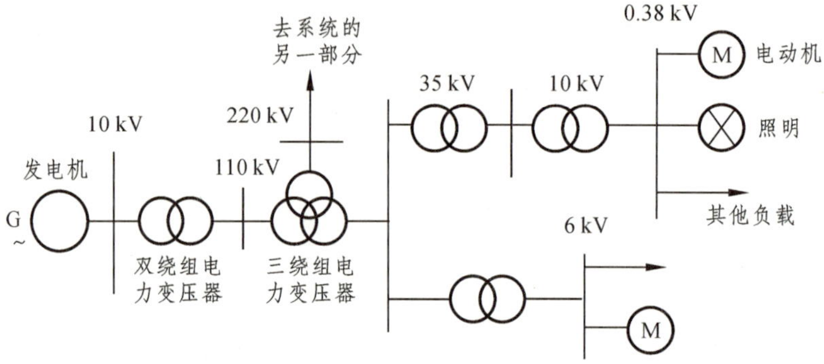

图 2-1-3　简单的电力系统

远距离输送一定的电功率，电压越低则电流越大，消耗在输电线路上的电阻损耗越大。若要减小输电线电阻以输送大电流，就要用大截面的输电线而消耗较多的导体材料。所以，为了减小输电线路上的电阻损耗和节约导体材料，目前电力系统常采用高压输电。由于受到绝缘水平的限制，发电厂的同步发电机一般输出的额定电压为 10.5 kV（发电机额定电压越高对发电机各部分的绝缘要求就越高），而一般高压输电线路的额定电压为 110 kV、220 kV、330 kV、500 kV，这就需要用升压变压器将电压升高后再送入输电线路。当电能经过高压输电线路传输到用电区后，必须用降压变压器把输电线路上的高电压降下来，才能供给一般情况下所使用的动力用电和照明用电。从图 2-1-3 可以看到，电力系统中存在许多变压器，通过这些变压器的作用产生了不同等级的电压从而能够满足不同的需要。

2）仪用变压器

仪用变压器包括电流互感器和电压互感器，在测量系统中使用。它们能够把大电流变换成小电流，或把高电压变换成低电压，从而隔离大电流或高电压以便于安全地进行测量工作。

3）自耦变压器

容量较大的异步电动机降压启动时常用自耦变压器实现降压。在变压器、异步电机等的实验过程中，经常要使用自耦变压器，它可以很方便地调节输出电压。

4）专用变压器

例如，电解用的整流变压器，焊接用的电焊变压器，以及供无线电通信用的特殊变压器，等等。

2. 按相数分类

变压器按相数分主要有两类：一是单相变压器，用于单相交流电系统；二是三相变压器，用于三相交流电系统。

3. 按结构分类

变压器按结构分类主要有心式变压器和壳式变压器两类。

心式变压器：其结构特点是绕组包围铁心，电力变压器都采用心式结构。

壳式变压器：其结构特点是铁心包围绕组，电子设备中的小变压器一般采用这种结构。这种结构的变压器机械强度高，铁心散热比较容易。

此外，还有其他的分类方法。例如，按照绕组数目来区分，有双绕组变压器、三绕组变压器等；按冷却方式来区分，有干式变压器和油浸式变压器，油浸式变压器还可进一步分为油浸自冷、油浸风冷、油浸水冷、强迫油循环风冷或水冷等形式。

虽然变压器的种类很多，但各种变压器运行时的基本物理过程，以及分析变压器运行性能的基本方法，大体上都是一样的。本章主要分析单相变压器。当负载对称时，对单相变压器的分析结论完全适用于三相变压器。因为三相对称时，三相变压器的每一相电压、电流大小都相等，分析其中任何一相，然后按单相和三相的对应关系进行换算，便可知道三相的情况。

（三）变压器的铭牌和额定值

每台变压器都有一块铭牌，上面标注着变压器的型号和额定值等。铭牌用耐候材料制成，并安装在变压器外壳上的明显位置。在使用变压器之前必须先查看铭牌。通过查看铭牌，对变压器的额定值等有了充分了解后，才能正确使用变压器。如图 2-1-4 所示是一台变压器铭牌的示意图。

电力变压器

产品型号	SC-	相数	3 相	分接	高压	
绝缘水平	LI 75 AC 35	频率	50 Hz	位置	电压/V	电流/A
产品代号	IGB.710	冷却方式	AN/AF	1—2	10 500	
额定容量	KV · A	绝缘等级	F 级	2—3	10 250	
额定电压	100 000/400 V	允许温升	100K	3—4	10 000	
连接组标	Dyn11	使用条件	户外	4—5	9 750	
出场序号		短路阻抗	%	5—6	9 500	
制造日期		总质量	kg		低压	
					电压/V	电流/A
					400	

图 2-1-4　电力变压器的铭牌

额定值是制造工厂对变压器正常工作时所作的使用规定。在设计变压器时，根据所选用的导体截面、铁心尺寸、绝缘材料以及冷却方式等条件来确定变压器正常运行时的有关数值，如它能流过多大电流、能承受多高的电压等。这些变压器在正常运行时所承担的电流和电压等数值，被规定为额定值。各个量都处在额定值时的状态被称为额定运行。额定运行可以使变压器安全、经济地工作并保证一定的使用寿命。变压器的额定值主要有：

1. 额定电压

在额定运行时规定加在原边绕组的端电压，称为原边绕组额定电压，以 U_{1N} 表示。当变压器空载时，原边绕组加以额定电压后，在副边绕组上测量到的电压，称为副边绕组额定电压，以 U_{2N} 表示。副边绕组的额定电压是指它的空载电压。在三相变压器中，额定电压都是指线电压（V）。

2. 额定电流

在额定运行时，原边绕组、副边绕组所能承担的电流，分别称为原边绕组、副边绕组的额定电流，并分别用 I_{1N} 和 I_{2N} 表示。在三相变压器中，额定电流都是指线电流（A）。

3. 额定容量

原边绕组或副边绕组额定电流与额定电压的乘积，称为额定容量，以 S_N 表示，它是在铭牌上所标注的额定运行状态下，变压器输出的视在功率（kV · A）。对于三相变压器来说，额定容量是指三相的总容量。

对于单相变压器：

$$S_N = I_{1N}U_{1N} = I_{2N}U_{2N} \tag{2-1-1}$$

对于三相变压器：

$$S_N = \sqrt{3}I_{1N}U_{1N} = \sqrt{3}I_{2N}U_{2N} \tag{2-1-2}$$

4. 额定频率

额定频率用 f_N 表示。在我国，交流电的额定频率为 $f_N = 50\ \text{Hz}$。

5. 阻抗电压

阻抗电压又称为短路电压，它表示在额定电流时变压器短路阻抗压降的大小，通常用它与额定电压 U_{1N} 的百分比来表示。

此外，额定值还包括额定状态下变压器的效率、温升等数据。在铭牌上除额定值外，还标注着变压器的制造厂名、出厂序号、制造年月、标准代号、相数、连接组标号、接线图、冷却方式等。为便于运输，有时还标注变压器的质量和外形尺寸等数据。

二、变压器的工作原理及运行分析

本小节是将有关的电磁规律应用到变压器的电路与磁路中，介绍变压器的工作原理，明确变压器的电压、电动势、电流、阻抗、磁势、磁通及磁阻相互之间必须满足的关系，确定变压器的基本方程及等效电路，分析变压器的性能。

（一）变压器的工作原理

变压器的工作原理如图 2-1-5 所示。在绕组 N_1 上外施交流电压 U_1，便有交流电流 I_1 流入，因而在铁心中激励出交变磁通，根据电磁感应定律可知，磁通 $\boldsymbol{\Phi}$ 的交变会在绕组 N_2 中感应出电动势 E_2，此时若绕组 N_2 接上负载，就会有电能输出。由于绕组的感应电动势正比于它的匝数，因此只要改变绕组 N_2 的匝数，就能改变感应电动势 E_2 的大小，这就是变压器的工作原理。

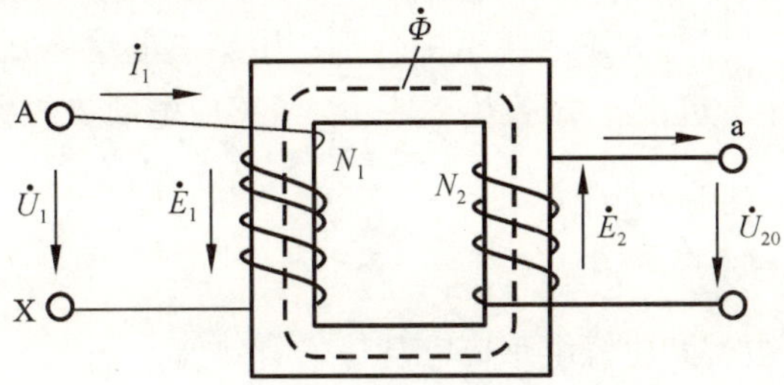

图 2-1-5　变压器的工作原理

绕组 N_1 从电源吸收电能，被称为原边绕组，有关原边绕组的各量均以下标“1”来表示，例如原边绕组的功率、电流、电阻分别为 P_1、I_1、R_1；绕组 N_2 向负载输出电能，被称为副边绕组，有关副边绕组的各量均以下标“2”来表示，如副边绕组的功率、电流、电阻分别为 P_2、I_2、R_2。如果原边绕组为高压绕组，副边绕组为低压绕组，则该变压器就是降压变压器；如果原边绕组为低压绕组，副边绕组为高压绕组，则该变压器就是升压变压器。

（二）变压器的空载运行

空载运行是指变压器的原边绕组接在电源上，副边绕组不带负载（开路，$I_2=0$）时的状态。为了便于理解变压器的电磁关系，以下按照由简到繁的顺序先从理想变压器的空载运行开始分析。所谓理想变压器是指绕组没有电阻，铁心中没有损耗，磁路不饱和且没有漏磁通的变压器。

变压器是接在交流电源上工作的，其中的电压、电流、电动势及磁通的大小和方向都随时间而变化，要研究这些量之间的关系及计算它们的数值，必须首先规定出它们的正方向。正方向的规定是人为的，习惯上将变压器中各电磁量的正方向按图 2-1-5 所示做如下规定：

（1）电位降用电压 U 表示；电位升用电动势 E 表示。

（2）原边绕组电压 U 的正方向是从原边绕组的首端 A 指向末端 X。

（3）原边绕组电流 I 的正方向是从原边绕组的首端 A 指向末端 X，即原边绕组电压的正方向和电流的正方向一致。

（4）磁通 Φ 的正方向与电流 I 的正方向之间符合右手螺旋定则。

（5）原边绕组感应电动势 E_1 的正方向和副边绕组感应电动势 E_2 的正方向与产生它们的磁通 Φ 的正方向之间也符合右手螺旋定则。

1. 理想变压器空载时的电压方程

理想变压器空载运行示意图如图 2-1-5 所示。空载时原边绕组上接电源电压 U_1（正弦交流电），原边绕组中流过电流 I_0，I_0 被称为空载电流。空载电流 I_0 产生空载磁势 I_0N_1 加在变压器的铁心磁路上。由于铁心中的磁场就是由 I_0N_1 建立的，所以又称空载磁势 I_0N_1 为励磁磁势，空载电流 I_0 又被称为励磁电流。励磁磁势 I_0N_1 在铁心中激励起按正弦变化的磁通 Φ，该磁通同时与原边、副边绕组交链，通过铁心回路闭合，称为主磁通，其幅值用 Φ_m 表示，它在原边和副边绕组中分别产生感应电动势 E_1 和 E_2。

根据电磁感应定律，可推导出原边、副边绕组感应电动势的有效值为

$$E_1 = 4.44 fN_1\Phi_m \tag{2-1-3}$$

$$E_2 = 4.44 fN_2\Phi_m \tag{2-1-4}$$

式中 E_1、E_2——原边、副边绕组感应电动势的有效值，V；

N_1、N_2——原边、副边绕组的匝数；

Φ_m——主磁通 Φ 的幅值，Wb；

f——正弦交流电的频率，Hz。

式（2-1-3）、式（2-1-4）表明了感应电动势与主磁通的关系。主磁通与励磁电流的关系由磁化曲线相联系，因而感应电动势与励磁电流之间必然存在着一定的关系。通过进一步的分析可知，理想变压器原边绕组感应电动势 E_1 与励磁电流 I_0 之间的关系可以用一个电抗来表达，即

$$E = -\mathrm{j}I_0X_m \tag{2-1-5}$$

式中的 X_m 称为变压器的励磁电抗，它是表示铁心磁化性能的一个参数，X_m 与铁心绕组的电感 L_m 相对应，因而它与原边绕组匝数 N_1 的平方和铁心磁路的磁导 Λ_m 成正比，即

$$X_m = \omega L_m = 2\pi fN_1^2\Lambda_m \tag{2-1-6}$$

根据正方向的规定和基尔霍夫定律可知，电动势 E_1 应与电压 U_1 平衡，即理想变压器空载时原边绕组电压方程为

$$U_1 = -E_1 \tag{2-1-7}$$

式（2-1-7）表明，在理想变压器中，外加的电源电压 U_1 和原边绕组中的感应电动势 E_1 在数值上是相等的，而在相位上相差 180°。因此可以得到

$$U_1 = E_1 = 4.44 fN_1\Phi_m \tag{2-1-8}$$

式（2-1-8）表明，一定幅值的外加电压 U_1，产生一定幅值的交变磁通 Φ_m，以建立

与电压平衡的感应电动势。即在频率 f 和匝数 N_1 不变的条件下，电压 U_1 正比于磁通 Φ_m；或者说，若外加电压 U_1 不变，则磁通 Φ_m 也不变。变压器运行时铁心中的磁通 Φ_m 基本不变，这是分析变压器运行情况的一个基本概念。

根据正方向的规定和基尔霍夫定律可知，副边绕组输出的空载电压 U_{20} 就等于副边绕组感应电动势 E_2，即变压器空载时副边绕组电压方程为

$$U_{20}=E_2 \tag{2-1-9}$$

2. 变压器的变压比

变压器的变压比用 K 表示，它定义为原边绕组电动势 E_1 与副边绕组电动势 E_2 之比，即

$$K=\frac{E_1}{E_2} \tag{2-1-10}$$

根据 $E_1=4.44fN_1\Phi_m$，$E_2=4.44fN_2\Phi_m$，$U_1=-E_1$，$U_{20}=E_2$ 及变压器额定电压的定义可得

$$K=\frac{E_1}{E_2}=\frac{N_1}{N_2}=\frac{U_1}{U_{20}}=\frac{U_{1N}}{U_{2N}} \tag{2-1-11}$$

式（2-1-11）表明，变压器的变压比等于原边、副边绕组的匝数之比，等于原边绕组电压与副边绕组空载电压之比，也等于原边绕组额定电压与副边绕组额定电压之比。在实际的变压器中，$K=\frac{U_{1N}}{U_{2N}}$ 只是近似的。变压比 K 是变压器的一个重要参数。

3. 实际变压器空载时的电压方程

首先分析一下实际变压器空载时感应电动势与励磁电流之间的关系。考虑到实际变压器空载运行时有铁磁损耗和磁路饱和的问题，则原边绕组感应电动势 $\dot{E}_1$ 与励磁电流 $\dot{I}_0$ 之间的关系应该用一个阻抗来表达，即

$$\dot{E}_1=-\dot{I}_0Z_m \tag{2-1-12}$$

式中的 Z_m 称为变压器的励磁阻抗，它是表示变压器铁心磁化性能和铁耗的一个综合参数。

$$Z_m=R_m+jX_m \tag{2-1-13}$$

式中的 R_m 称为变压器的励磁电阻，它是表示铁磁损耗的一个等值参数。由于变压器铁心的磁化曲线是非线性的，磁导随铁心饱和程度的提高而降低，励磁电抗 X_m 将随饱和程度的提高而减小。因而，严格地讲，励磁阻抗 Z_m 不是一个常值。但是，一般情况下由于变压器的电源电压变化不大，可以近似认为励磁阻抗 Z_m 是一个常值。

实际上变压器空载运行时，空载电流 $\dot{I}_0$ 激励的磁通分为两部分：一部分为主磁通，它同时与原边、副边绕组交链并产生感应电动势 $\dot{E}_1$ 和 $\dot{E}_2$；另一部分通过原边绕组周围

的空间形成闭路，只与原边绕组交链而不与副边绕组交链，称为原边绕组漏磁通，用$\dot{\Phi}_{s1}$表示，它在原边绕组中产生的感应电动势称为漏电抗电动势，用$\dot{E}_{1\sigma}$表示，相应的漏电抗用$X_{1\sigma}$表示，则

$$\dot{E}_{1\sigma}=-\mathrm{j}\dot{I}_0X_{1\sigma} \tag{2-1-14}$$

由于漏磁通经过空气闭路，磁路不会饱和，使得漏磁通保持与$\dot{I}_0$成正比，所以$X_{1\sigma}$是一个常数。由于漏磁通经过的路径磁阻很大，因此相应的漏电抗和漏电抗电动势是很小的。

理想变压器空载运行时，原边绕组对于电源来说近似于一个纯电感负载，所以它的空载电流比电压滞后 90°，是无功电流，用来产生主磁通。而实际变压器空载运行时，空载电流除产生主磁通和漏磁通外，还具有有功分量，以供给绕组电阻和铁心中的损耗，这时的空载电流$\dot{I}_0$比电压滞后不到 90° 而接近 90°。在一般的电力变压器中，铁心回路的磁阻很小，励磁阻抗很大，因而空载电流I_0是相当小的，只有额定电流的 6% 左右。

实际变压器的原边绕组有很小的电阻R_1，空载电流流过它要产生电压降$\dot{I}_0R_1$，它和感应电动势$\dot{E}_1$、漏电抗电动势$\dot{E}_{1\sigma}$一起为电源电压所平衡，故可得实际变压器空载时原边绕组的电压方程为

$$\begin{aligned}\dot{U}_1&=-\dot{E}_1-\dot{E}_{1\sigma}+\dot{I}_0R_1=-\dot{E}_1+\mathrm{j}\dot{I}_0X_{1\sigma}+\dot{I}_0R_1\\&=\dot{E}_1+\dot{I}_0(R_1+\mathrm{j}X_{1\sigma})=-\dot{E}_1+\dot{I}_0Z_{1\sigma}\end{aligned} \tag{2-1-15}$$

式（2-1-15）中，$Z_{1\sigma}=R_1+\mathrm{j}X_{1\sigma}$是变压器原边绕组的漏阻抗。由于$R_1$、$X_{1\sigma}$均很小，$Z_{1\sigma}$也是很小的，很小的空载电流在漏阻抗上产生的压降当然也是很小的。因此，实际变压器空载运行时可以认为

$$U_1\approx E_1=4.44fN_1\Phi_{\mathrm{m}} \tag{2-1-16}$$

式（2-1-16）再次表明，变压器运行时铁心中的磁通Φ_{m}基本上不变。

（三）变压器的负载运行

负载运行就是指变压器的原边绕组接在电源上，副边绕组接上负载后输出电流的状态。

1. 原边绕组和副边绕组电流的关系

图 2-1-6 所示为变压器负载运行时的示意。

变压器空载运行时，原边绕组流过空载电流$\dot{I}_0$，铁心磁路上只有励磁磁势$\dot{I}_0N_1$，它产生的主磁通$\dot{\Phi}_{\mathrm{m}}$分别在原边、副边绕组中感应出电动势$\dot{E}_1$和$\dot{E}_2$。当副边绕组接上负载$\dot{I}_2$后，在$\dot{E}_2$的作用下，副边绕组流过负载电流$\dot{I}_2$，并产生相应的磁势$\dot{I}_2N_2$也加在铁心磁路上。根据楞次定律，该磁势将使铁心中的主磁通$\dot{\Phi}_{\mathrm{m}}$趋于改变，因而$\dot{E}_1$也将趋于改变，从而打破了原有的平衡，使原边绕组电流发生变化。设电流由$\dot{I}_0$变为$\dot{I}_1$，则变压器负载运行时原边绕组电压方程为

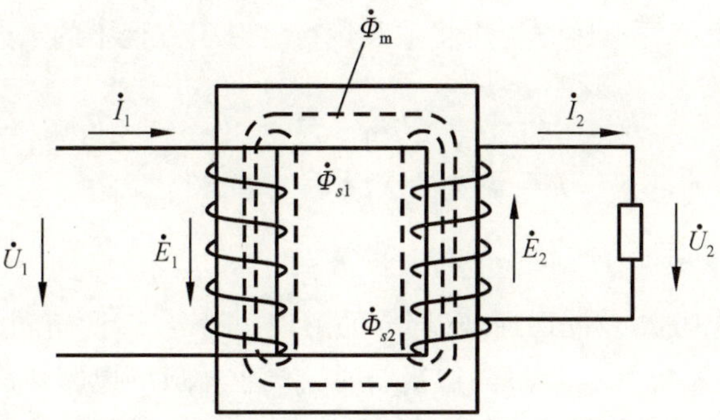

图 2-1-6　变压器的负载运行

$$\dot{U}_1 = -\dot{E}_1 + \dot{I}_0 Z_{1\sigma} \tag{2-1-17}$$

由于 $\dot{I}_0 Z_{1\sigma}$ 在数值上比 $\dot{E}_1$ 小很多，将 $\dot{I}_0 Z_{1\sigma}$ 忽略不计。当 $\dot{U}_1$ 不变时，$\dot{E}_1$ 近似不变，与 $\dot{E}_1$ 对应的磁通 $\dot{\Phi}_m$ 也近似不变，因而变压器空载时和负载时产生该磁通 $\dot{\Phi}_m$ 的磁势也应该不变，即空载时的励磁磁势与负载时的合成磁势应该相等，由此，可以得出变压器的磁势平衡方程为

$$\dot{I}_0 N_1 = \dot{I}_1 N_1 + \dot{I}_2 N_2 \tag{2-1-18}$$

式（2-1-18）表明，变压器负载时原边绕组电流产生的磁势与副边绕组电流产生的磁势的合成值等于励磁电流产生的磁势。在上式中用 N_1 除各项后可得

$$\dot{I}_1 = \dot{I}_0 + \dot{I}_1' \tag{2-1-19}$$

式（2-1-19）中 $\dot{I}_1' = -\dfrac{N_2}{N_1}\dot{I}_2$ 表示原边绕组电流的负载分量。

式（2-1-19）表明，原边绕组电流 $\dot{I}_1$ 由两部分组成：$\dot{I}_0$ 用来产生磁通 $\dot{\Phi}_m$，称它为励磁分量；$\dot{I}_1'$ 用以抵消副边绕组电流 $\dot{I}_2$ 产生的去磁作用，称它为负载分量。当变压器的负载电流 $\dot{I}_2$ 变化时，原边绕组电流 $\dot{I}_1'$ 会相应变化，以抵消副边绕组电流的影响，使铁心中的磁通基本不变。正是磁通近似不变的这种效果，使得变压器可以通过磁的联系，把输入到原边绕组的电功率传递到副边绕组电路中去。从功率平衡的角度来讲，也应该是副边绕组输出了功率，原边绕组就应该相应地输入功率。

当变压器在额定负载下运行时，励磁电流 $\dot{I}_0$ 相对于额定电流来说是很小的，故将式（2-1-19）中的 $\dot{I}_0$ 忽略后可得

$$\dot{I}_1 \approx -\frac{N_2}{N_1}\dot{I}_2 = -\frac{1}{K}\dot{I}_2 \tag{2-1-20}$$

式（2-1-20）表明，变压器的原边绕组电流 $\dot{I}_1$ 与副边绕组电流 $\dot{I}_2$ 在相位上几乎相差 180°，而有效值的大小是 $\dot{I}_2$ 为 $\dot{I}_1$ 的 K 倍。

2. 变压器负载运行时原边绕组电压方程

变压器负载运行时，除原边绕组电流与空载时的不一样外，其他电磁关系仍与空载

时相同，所以原边绕组的电压方程可将空载运行时电压方程中的$\dot{I}_0$改为$\dot{I}_1$而得到，即

$$\begin{aligned}\dot{U}_1 &= -\dot{E}_1 - \dot{E}_{1\sigma} + \dot{I}_1 R_1 = -\dot{E}_1 + \mathrm{j}\dot{I}_1 X_{1\sigma} + \dot{I}_1 R_1 \\ &= \dot{E}_1 + \dot{I}_1(R_1 + \mathrm{j}X_{1\sigma}) = -\dot{E}_1 + \dot{I}_1 Z_{1\sigma}\end{aligned} \tag{2-1-21}$$

3. 变压器负载运行时副边绕组电压方程

与原边绕组有电阻R_1及漏磁通$\dot{\boldsymbol{\Phi}}_{s1}$同样的道理，副边绕组也有电阻$R_2$及漏磁通$\dot{\boldsymbol{\Phi}}_{s2}$，如图 2-1-6 所示。负载电流$I_2$流过副边绕组时会产生相应的电阻压降$\dot{I}_2 R_2$及漏抗电动势$E_{2\sigma} = -\mathrm{j}\dot{I}_2 X_{2\sigma}$。根据正方向的规定和基尔霍夫定律可知，副边绕组电路的电压方程为

$$\begin{aligned}\dot{U}_2 &= \dot{E}_2 + \dot{E}_{2\sigma} - \dot{I}_2 R_2 = \dot{E}_2 - \mathrm{j}\dot{I}_2 X_{2\sigma} - \dot{I}_2 R_2 \\ &= \dot{E}_2 - \dot{I}_2(\mathrm{j}X_{2\sigma} + R_2) = \dot{E}_2 - \dot{I}_2 Z_{2\sigma} = \dot{I}_2 Z_{2\mathrm{L}}\end{aligned} \tag{2-1-22}$$

式中　$Z_{2\mathrm{L}}$——副边绕组电路的负载阻抗；

$Z_{2\sigma}$——副边绕组的漏阻抗。

4. 变压器的基本方程

综合前面的分析，变压器负载运行时各量的关系可以用变压器的基本方程来表达，即

$$\dot{U}_1 = -\dot{E}_1 + \dot{I}_1 Z_{1\sigma} \tag{2-1-23}$$

$$\dot{U}_2 = \dot{E}_2 - \dot{I}_2 Z_{2\sigma} \tag{2-1-24}$$

$$\frac{E_1}{E_2} = K \tag{2-1-25}$$

$$I_1 + \frac{I_2}{K} = I_0 \tag{2-1-26}$$

$$E_1 = -I_0 Z_{\mathrm{m}} \tag{2-1-27}$$

$$U_2 = I_2 Z_{2\mathrm{L}} \tag{2-1-28}$$

根据变压器的基本方程，当知道了电源电压U_1、变压器的变压比 K、漏阻抗$Z_{1\sigma}$和$Z_{2\sigma}$、励磁阻抗Z_{m}以及变压器所接的负载阻抗$Z_{2\mathrm{L}}$后，就可以求出电流等其他未知量。但是，用上述方程来直接求解还比较复杂。因此，为了简化对变压器的分析，下面介绍变压器的等效电路。

（四）变压器的等效电路

要得到变压器的等效电路，需要先进行变压器的折算。通过折算使变压器的基本方程得到简化，便可以找到与简化后的基本方程相对应的变压器的等效电路。

1. 变压器的折算

变压器的原边绕组和副边绕组之间没有电的联系，只有磁的联系。从变压器的磁势平衡方程可见，副边绕组的负载电流是通过它的磁势来影响原边绕组的电流的。变压器

的折算就是指假设用一个和原边绕组具有相同匝数 N_1 的等效副边绕组，去代替具有匝数 N_2 的实际副边绕组。折算前变压器的变压比为 $K=\dfrac{N_1}{N_2}$，折算后变压器的变压比为 $K=\dfrac{N_1}{N_1}=1$。

如果折算前实际副边绕组电流、电动势、电阻、漏抗和阻抗分别用 I_2、E_2、R_2、$X_{2\sigma}$ 和 $Z_{2\sigma}$ 表示；折算后，等效副边绕组的电流、电动势、电阻、漏抗和阻抗分别用 I_2'、E_2'、R_2'、$X_{2\sigma}'$ 和 $Z_{2\sigma}'$ 来表示，则折算前后的关系可用下列方法确定。

因折算前后副边绕组的磁势保持不变，即

$$I_2N_2=I_2'N_1$$

则

$$I_2'=\frac{I_2}{K} \tag{2-1-29}$$

因折算前后副边绕组回路上的视在功率保持不变，即

$$I_2E_2=I_2'E_2'$$
$$I_2U_2=I_2'U_2'$$

则

$$E_2'=KE_2 \tag{2-1-30}$$
$$U_2'=KU_2 \tag{2-1-31}$$

因折算前后副边绕组回路上的有功功率、无功功率保持不变，即

$$I_2^2R_2=I_2^2R_2'$$
$$I_2^2R_L=I_2^2R_L'$$
$$I_2^2X_{2\sigma}=I_2'^2X_{2\sigma}'$$
$$I_2^2X_L=I_2'^2X_L'$$

则

$$R_2'=K^2R_2 \tag{2-1-32}$$
$$R_L'=K^2R_L \tag{2-1-33}$$
$$X_{2\sigma}'=K^2X_{2\sigma} \tag{2-1-34}$$
$$X_L'=K^2X_L \tag{2-1-35}$$

应用式（2-1-29）~式（2-1-35），可以把实际副边绕组回路上的各个量折算为等效副边绕组回路上的量；也可以反过来，把等效副边绕组回路上的量折回到实际副边绕组回路上去。

变压器的折算只是分析变压器的一种方法，通过折算可以把原边绕组和副边绕组之间复杂的电磁关系转换为等效的电的关系，从而能简化变压器的基本方程，画出变压器的等效电路。

2. 变压器的等效电路

经折算后，变压器的基本方程变为

$$\dot{U}_1 = -\dot{E}_1 + \dot{I}_1 Z_{1\sigma} \tag{2-1-36}$$

$$\dot{U}_2' = \dot{E}_2' - \dot{I}_2 Z_{2\sigma}' \tag{2-1-37}$$

$$\dot{E}_1 = \dot{E}_2' \tag{2-1-38}$$

$$I_1' + I_2' = \dot{I}_0 \tag{2-1-39}$$

$$\dot{E}_1 = -\dot{I}_0 Z_{\mathrm{m}} \tag{2-1-40}$$

$$\dot{U}_2' = \dot{I}_2' Z_{2\mathrm{L}}' \tag{2-1-41}$$

根据以上经折算后的变压器的基本方程，可以找到与其对应的等效电路，如图 2-1-7 所示。

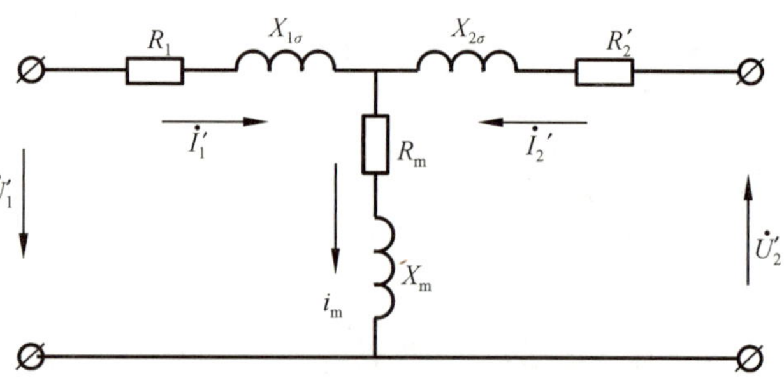

图 2-1-7　变压器等效电路

图中各参数的含义如下：

R_1 表示与变压器原边绕组的铜耗相对应的电阻。

$X_{1\sigma}$ 表示与变压器原边绕组的漏磁通相对应的漏电抗。

R_2' 表示与变压器副边绕组的铜耗相对应的经折算后的电阻。

$X_{2\sigma}'$ 表示与变压器副边绕组的漏磁通相对应的经折算后的漏电抗。

R_{m} 表示与变压器的铁损耗相对应的励磁电阻。

X_{m} 表示与变压器的主磁通相对应的励磁电抗。

所谓等效电路，就是指这个电路能够等效地反映变压器的运行情况。例如，励磁支路中流过励磁电流 $\dot{I}_0$，它用来产生主磁通，以便产生感应电动势 $\dot{E}_1 = \dot{E}_2'$；$\dot{E}_2'\dot{I}_2'$ 表示原边绕组通过电磁感应传送给副边绕组的电磁功率，它是变压器进行能量转化的枢纽；R_1 和 R_2' 上消耗的功率表示原边绕组电阻和副边绕组电阻的铜损耗；$\dot{U}_1\dot{I}_1$ 和 $\dot{U}_2'\dot{I}_2'$ 分别表示变压器的输入功率和输出功率。

（五）变压器的参数测定

在利用变压器等效电路分析其性能时，要用到变压器的参数 R_1、$X_{1\sigma}$、R_2'、$X_{2\sigma}'$、R_m 和 X_m，这些参数的大小直接影响到变压器的运行性能。变压器的参数，归根结底还是由它使用的材料、结构形状及几何尺寸决定的。设计变压器时，应考虑既要满足运行性能的要求，又要合理使用材料、提高劳动生产率以降低成本。

要得到变压器的参数，可以有两种办法：一种是根据变压器所使用的材料、结构尺寸等，通过设计计算得到，这是电机设计课程的内容；另一种是对已经制造出来的变压器，可以通过实验的方法来测定。下面就介绍测定变压器参数的方法：变压器的空载实验和短路实验。

1. 空载实验

变压器的空载实验，指将变压器的副边绕组（高压绕组）处于开路状态，让原边绕组（低压绕组）电压达到额定值，测量此时的空载电流 I_0、变压比 K、空载损耗 P_0 和励磁阻抗 Z_m。其实验线路如图 2-1-8（a）所示。

空载实验时的等效电路如图 2-1-8（b）所示，此时变压器原边绕组（低压绕组）电压、感应电动势和主磁通都达到额定值，$\dot{I}_2'=0$，$\dot{I}_1=\dot{I}_0'$。变压器的空载损耗 P_0 由两部分组成：一是空载电流 I_0 在原边绕组中产生的铜耗；二是因为磁通交变而在铁心中产生的铁耗。由于空载电流 I_0 很小，空载时的铜耗便可以略去，近似地认为 P_0 就是铁耗。

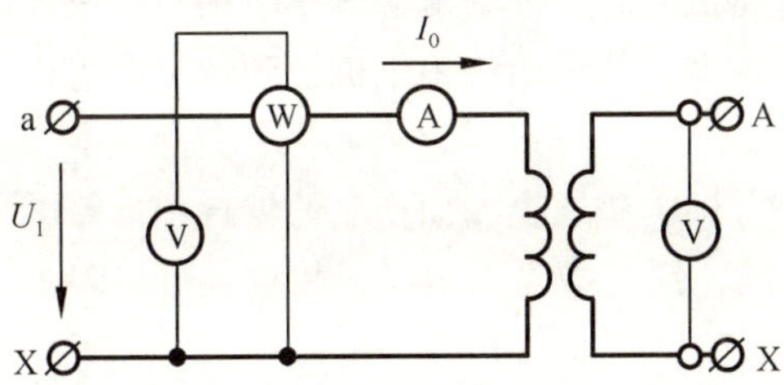

（a）线路图

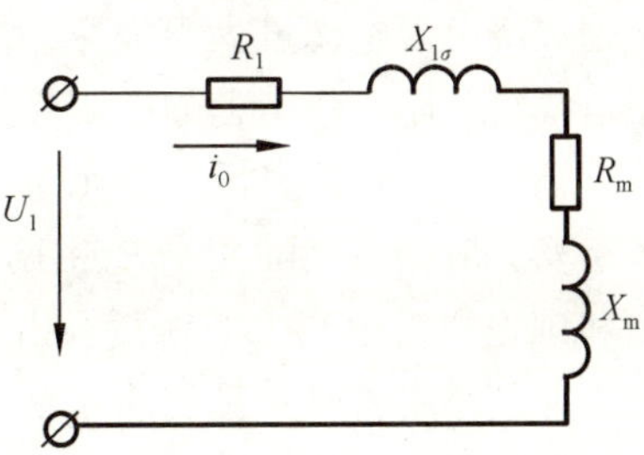

（b）等效电路

图 2-1-8　变压器空载实验

在图 2-1-8（b）中，X_m 远大于 $X_{1\sigma}$，这是由于变压器中的主磁通远大于它的漏磁通；R_m 远大于 R_1，这是由于空载时的铁耗远大于铜耗。因此可以得到变压器的励磁阻抗 Z_m、励磁电阻 R_m 及励磁电抗 X_m 分别为

$$\frac{U_1}{I_1}=Z_0=Z_{1\sigma}+Z_m\approx Z_m \tag{2-1-42}$$

$$\frac{P_0}{I_0^2}=R_0=R_1+R_m\approx R_m \tag{2-1-43}$$

$$X_0=X_{1\sigma}+X_m\approx X_m=\sqrt{Z_m^2-R_m^2} \tag{2-1-44}$$

通过空载实验，除了可以求出激磁参数外，还可求出变压器的变压比 K，即

$$K = \frac{U_{20}}{U_1} \tag{2-1-45}$$

理论上空载实验可以在低压绕组侧进行，也可以在高压绕组侧进行，但一般都在低压绕组侧的额定电压下进行，因为低压绕组侧的电压较低，比较安全。当然，这样测出来的参数都是低压绕组侧的值。要得到高压绕组侧的励磁阻抗，还必须进行折算，即高压绕组侧的励磁阻抗为 K^2Z_{m}。Z_{m} 的大小与铁心的饱和程度有关，电压超过额定值越多，铁心越饱和，Z_{m} 就越小。常用的为对应于额定电压时的 Z_{m} 值。

空载损耗 P_0 主要是铁耗，也就是由于铁心磁化所引起的磁滞损耗和涡流损耗。如果铁心质量不好，如硅钢片不合格、片间绝缘有损伤、铁心螺杆或压板的绝缘损坏、铁心接缝过大、铁心叠片不整齐、铁心磁阻过大等，会引起空载损耗和空载电流过大。我们希望变压器的励磁阻抗大，空载损耗和空载电流小。

2. 短路实验

变压器的短路实验，就是指将变压器的副边绕组（低压绕组）处于短路状态，让原边绕组（高压绕组）电流达到额定值，测量此时的短路电压 U_{K}、短路阻抗 Z_{KK}，以及铜耗 P_{K}。其实验线路图如图 2-1-9（a）所示。

由于副边绕组未接任何阻抗而直接短路，整个变压器等效电路的阻抗很小，为避免原边和副边绕组因电流过大而烧坏，在进行短路试验时，外施电源电压必须经调压器后接到原边绕组。原边绕组上的电压要从零开始增大，使原边绕组电流达到额定值为止，此时原边绕组侧的短路电压 $U_{\mathrm{K}} = (5\% \sim 10\%)U_{\mathrm{N}}$。

短路实验时测量到的功率 P_{K} 由两部分组成，即因磁通交变而产生的铁耗和短路电流在原边和副边绕组中产生的铜耗。由于 U_{K} 很低，铁心中磁通很小，故铁耗可以略去。近似地认为短路实验时测量到的功率 P_{K} 就是铜耗。

由于原边绕组侧的短路电压 $U_{\mathrm{K}} = (5\% \sim 10\%)U_{\mathrm{N}}$，它比额定电压低很多，因此铁心中磁通很小，励磁电流可以略去，则短路实验时的等效电路便如图 2-1-9（b）所示。

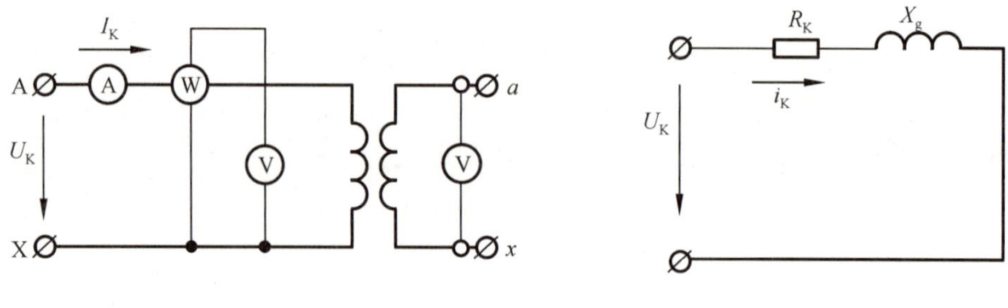

（a）线路图　　（b）等效电路

图 2-1-9　变压器短路实验

根据测量数据，可以计算出：

$$Z_K = Z_{1\sigma} + Z'_{2\sigma} = \frac{U_K}{I_K} \tag{2-1-46}$$

$$R_K = R_{1\sigma} + R'_{2\sigma} = \frac{P_K}{I_K^2} \tag{2-1-47}$$

$$X_K = X_{1\sigma} + X'_{2\sigma} = \sqrt{Z_K^2 - R_K^2} \tag{2-1-48}$$

由于 Z_K、R_K、X_K 是在变压器短路情况下所测量到的参数，因此分别称为短路阻抗、短路电阻和短路电抗。

理论上讲，在进行短路试验时，电源可以加在高压绕组侧，也可以加在低压绕组侧。由于高压绕组侧电流较小，测量比较方便，所以一般都是把高压绕组侧接电源，而令低压绕组侧短路。当然在这种情况下测量到的参数都是折算到高压绕组侧的数值。

由于绕组的电阻随温度而改变，而短路实验一般在室温下进行，故必要时应将所测得的室温电阻值换算到基准工作温度时的数值。按国家标准规定，油浸式电力变压器的短路电阻应换算到 75 °C 时的数值。

$$R_K(75\ ^\circ C) = R_K \frac{234.5 + 75}{234.5 + t} \tag{2-1-49}$$

式中　$R_K(75\ ^\circ C)$——换算到 75 °C 时的短路电阻；

t——实验时的室温。

施加额定电流做短路实验时的短路电压 U_K 又称为变压器的阻抗电压，它表示变压器在额定负载下运行时，漏阻抗压降的大小。从正常运行的角度来看，要求变压器的阻抗电压小一些。因为阻抗电压越小，则短路阻抗越小，负载变化时的漏阻抗压降变化就越小，输出电压就越稳定。阻抗电压是变压器的一个重要参数，标识在变压器的铭牌上。

（六）变压器的电压变化率、外特性、效率

1. 变压器的电压变化率

变压器的负载并不是固定不变的，负载的变化会影响变压器副边绕组端电压的变化。我们希望供电电压尽量稳定，随着负载的变化，电源电压变化越小，就说明供电电压的质量越高。一般用电压变化率来反映供电电压的稳定性，它是变压器运行的主要性能指标之一。

当变压器空载，原边绕组接至额定电压 U_{1N} 后，副边绕组的开路电压 U_{20} 等于它的额定电压 U_{2N}。负载以后，负载电流在变压器内部将产生电阻压降和漏抗压降，造成副边绕组端电压 U_2 随负载电流的变化而变化。原边绕组电压保持额定，空载与负载时，副边绕组端电压之差 $(U_{2N} - U_2)$ 与额定电压 U_{2N} 的比值，就称为变压器的电压变化率 ΔU，用公式表示为

$$\Delta U = \frac{U_{2N} - U_2}{U_{2N}} \tag{2-1-50}$$

经推导后，可知，电压变化率与变压器的短路参数、负载的大小和性质有关，其计算公式为

$$\Delta U=\beta(R_K^*\cos\varphi_2+X_K^*\sin\varphi_2) \tag{2-1-51}$$

式中 $\beta=I_2/I_{2N}$——负载电流的负载系数（又称为标幺值）；

φ_2——变压器负载的功率因数角；

$R_K^*=I_{1N}R_K/U_{1N}$——短路电阻的标幺值；

$X_K^*=I_{1N}X_K/U_{1N}$——短路电抗的标幺值。

式（2-1-51）说明，变压器的电压变化率与它的负载大小成正比；与负载的功率因数有关；在负载一定时，短路阻抗标幺值 $Z_K^*=R_K^*+jX_K^*$ 越大则电压变化率越大。

当变压器带额定负载，即 $\beta=1$，这时计算出来的 ΔU 称为变压器的额定电压变化率，通常是用它来反映变压器的供电质量，即电压是否稳定。

实际运行中，变压器带的负载大多数都是感性负载，因而变压器负载后的副边绕组端电压通常是下降的。

2. 变压器的外特性

在原边绕组电压保持额定，负载功率因数 $\cos\varphi_2$ 等于常数时，变压器副边绕组端电压 U_2 随负载电流 I_2 变化的规律 $U_2=f(I_2)$ 称为变压器的外特性，如图 2-1-10 所示。

由图可见，空载时 $I_2=0$，则 $U_2=U_{2N}$。当负载为电阻性或电感性负载时，随着 I_2 增大，U_2 逐渐降低，即变压器具有下降的外特性。在负载大小相同时，其电压下降的程度取决于负载的功率因数，负载功率因数越低 U_2 下降越大。当负载为电容性负载时，随着 I_2 增大，U_2 有可能上升，即变压器有可能具有上升的外特性。

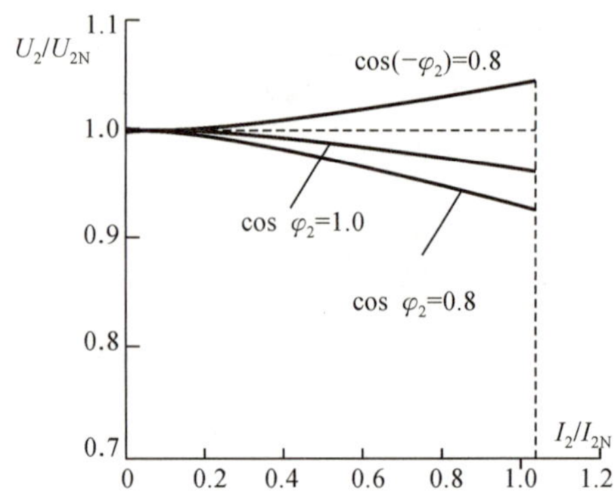

图 2-1-10 变压器的外特性

3. 变压器的效率

在能量传递过程中，变压器内部将同时产生损耗，这些损耗影响到变压器的效率。变压器的效率也是它的主要性能指标之一。从变压器的等效电路可以看出变压器的功率平衡关系。

变压器的输入功率 P_1 为

$$P_1=U_1I_1\cos\varphi_1 \tag{2-1-52}$$

输入功率中的一小部分供给铁磁损耗 P_{Fe}，其值为

$$P_{Fe}=I_0^2R_m=P_0 \tag{2-1-53}$$

铁磁损耗可以通过空载实验求得。由于变压器运行时，其主磁通基本上不变，因此

与之对应的铁磁损耗也基本上不变，故铁磁损耗又被称为变压器的不变损耗。

输入功率中的另一部分供给原边绕组和副边绕组的铜耗 P_{cu}，其值为

$$P_{cu} = I_1^2 R_1 + I_2^2 R_2 \tag{2-1-54}$$

若令 $\beta = \dfrac{I_1}{I_{1N}} = \dfrac{KI_1}{KI_{1N}} \approx \dfrac{I_2}{I_{2N}}$ 表示负载电流的负载系数（又称为标幺值），则 $I_1 = \beta I_{1N}$，$I_2 = \beta I_{2N}$，故

$$P_{cu} = \beta^2 I_{1N}^2 R_1 + \beta^2 I_{2N}^2 R_2 = \beta^2 P_K \tag{2-1-55}$$

式中，$P_K = I_{1N}^2 R_1 + I_{2N}^2 R_2$ 表示原边绕组和副边绕组在额定电流时的铜耗（即短路损耗）。由于原边绕组和副边绕组的铜耗正比于电流的平方，故称它为变压器的可变损耗。

变压器的输出功率为

$$P_2 = U_2 I_2 \cos\varphi_2 \approx \beta U_{2N} I_{2N} \cos\varphi_2 = \beta S_N \cos\varphi_2 \tag{2-1-56}$$

输入功率应该等于损耗与输出功率之和。所以，变压器的功率平衡方程为

$$P_1 = P_2 + P_{Fe} + P_{Cu} = P_2 + \sum P \tag{2-1-57}$$

式中，$\sum P = P_{Fe} + P_{Cu}$ 为变压器中的总损耗。

变压器的效率为输出功率与输入功率之比。效率的计算公式为

$$\eta = \frac{P_2}{P_1} = \frac{P_2}{P_2 + \sum P_Z} = \frac{\beta S_N \cos\varphi_2}{\beta S_N \cos\varphi_2 + P_0 + \beta^2 P_K} \tag{2-1-58}$$

对于给定的变压器，S_N、和 P_0 都是一定的。可见，当功率因数 $\cos\varphi_2$ 不变时，变压器的效率 η 将随负载 β 而变化。由此可得到变压器的效率特性 $\eta = f(\beta)$，如图 2-1-11 所示。

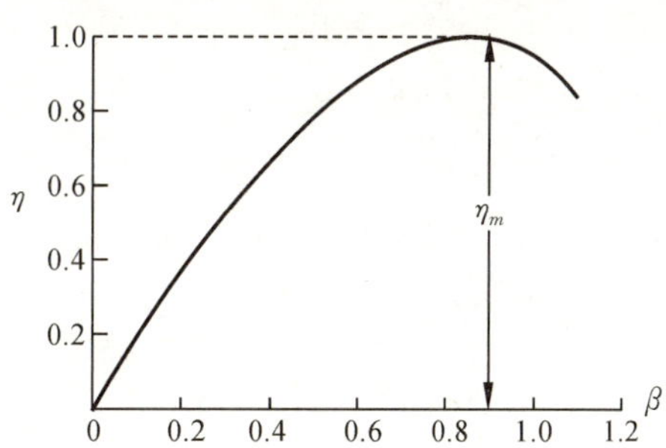

图 2-1-11　变压器的效率特性

由图可见，变压器的效率有一个最大值 η_m。可以证明，当变压器的不变损耗与可变损耗相等，即 $P_{Fe} = \beta_m^2 P_K = P_{Cu}$ 时，变压器的效率达到最大。β_m 是效率最大时的负载电流标幺值。一般电力变压器的额定效率为 $\eta_N = 0.95 \sim 0.99$。

当 $\beta < \beta_m$ 时，随着负载 β 的减小，效率 η 急剧下降；当 $\beta > \beta_m$ 时，随着负载 β 的增大，效率 η 逐步下降。所以，要提高变压器的效率，不应使变压器在较小的负载下运行；当然，也不宜使变压器在很大的负载下运行，因为负载 β 很大时，损耗 P_{Cu} 急剧增大，不仅使效率下降，而且温升增高，会使变压器过热而受到损害。一般电力变压器的 $\beta = 0.4 \sim 0.6$ 时效率最高。

三、其他类型变压器简介

（一）自耦变压器

双绕组变压器的原、副边绕组是分开绕制的，原边绕组和副边绕组虽然装在同一个铁心上，但它们之间只有磁的联系，没有电的直接联系。自耦变压器是原、副边共用一部分绕组的变压器，它只有一个绕组，低压绕组是高压绕组的一部分，如图 2-1-12 所示，图中标出了各电磁量的正方向，采用与双绕组变压器相同的惯例。这是一台降压自耦变压器，原边绕组匝数 N_1 大于副边绕组匝数 N_2。

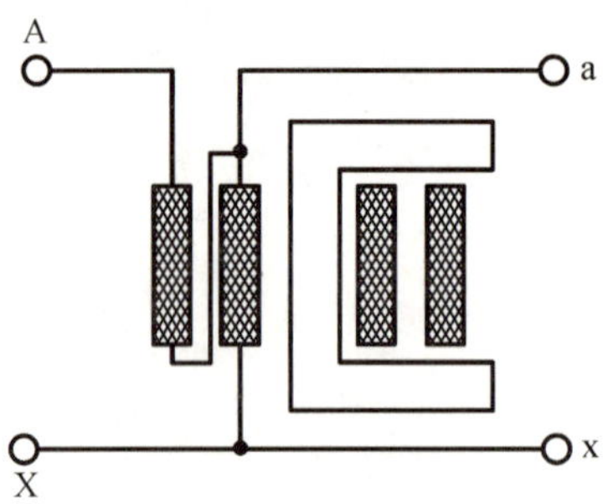

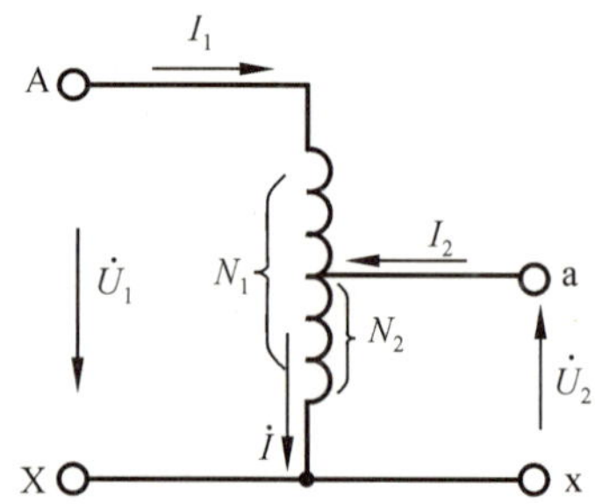

图 2-1-12　自耦变压器原理

1. 电压、电流关系

自耦变压器与双绕组变压器一样，有主磁通和漏磁通，主磁通在原绕组 N_1 和副绕组 N_2 中分别产生感应电动势 E_1 和 E_2。当原边接在额定电压 U_{1N} 上，副边空载电压为 U_{2N}，忽略漏阻抗压降，则它们的关系是

$$\frac{U_{1N}}{U_{2N}}=\frac{E_1}{E_2}=\frac{N_1}{N_2}=K_A>1 \tag{2-1-59}$$

式中　K_A——自耦变压器的变比。

同双绕组变压器一样，带负载时，由于电源电压保持额定，主磁通为常数，因此有同样的磁势平衡关系：

$$\dot{I}_0N_1=\dot{I}_1N_1+\dot{I}_2N_2 \tag{2-1-60}$$

分析负载运行时，忽略 $\dot{I}_0$，则有

$$\dot{I}_1N_1+\dot{I}_2N_2\approx 0 \tag{2-1-61}$$

因此可得原边输入电流和副边输出电流的关系为

$$\dot{I}\approx -\frac{1}{K_A}\dot{I}_2 \tag{2-1-62}$$

从自耦变压器原理图可见，副边绕组中的电流 $\dot{I}$ 为

$$\dot{I}=\dot{I}_1+\dot{I}_2\approx-\frac{1}{K_A}\dot{I}_2+\dot{I}_2=\left(1-\frac{1}{K_A}\right)\dot{I}_2 \quad (2\text{-}1\text{-}63)$$

2. 容量关系

对于自耦变压器，有两个容量必须分清楚，即变压器容量和绕组容量。所谓变压器容量也叫作通过容量，是指它的输入容量，也等于它的输出容量，在数值上为输入（或输出）的额定电压乘以额定电流，也就是前面所讲的额定容量。所谓绕组容量是指额定情况下该绕组的电压与电流的乘积。对于双绕组变压器，原边绕组的绕组容量就是变压器的输入容量，副边绕组的绕组容量就是变压器的输出容量，都等于变压器容量。但是，对于自耦变压器来说，变压器容量和绕组容量是不相等的，由图 2-1-12 可见。

自耦变压器的额定容量为

$$S_N=U_{1N}I_{1N}=U_{2N}I_{2N} \quad (2\text{-}1\text{-}64)$$

从接线图可以看出，额定运行时，绕组 Aa 的容量为

$$S_{Aa}=U_{Aa}I_{1N}=\frac{N_1-N_2}{N_1}U_{1N}I_{1N}=\left(1-\frac{1}{K_A}\right)S_N \quad (2\text{-}1\text{-}65)$$

绕组 ax 的容量为

$$S_{ax}=U_{ax}I=U_{2N}I_{2N}\left(1-\frac{1}{K_A}\right)=\left(1-\frac{1}{K_A}\right)S_N \quad (2\text{-}1\text{-}66)$$

可见，额定运行时，绕组 Aa 和绕组 ax 的容量相等并且比变压器额定容量小。实际上，原边输入电流 $\dot{I}_1$ 和副边输出电流 $\dot{I}_2$ 的相位在忽略励磁电流时是相差 180°，同时 $K_A>1$，$I_2>I_1$，原边输入电流 $\dot{I}_1$、副边输出电流 $\dot{I}_2$ 及副绕组中电流 $\dot{I}$ 的有效值的关系为

$$I_1+I=I_2 \quad (2\text{-}1\text{-}67)$$

因此，自耦变压器副边输出的容量为

$$S_2=U_2I_2=U_{ax}(I_1+I)=U_{ax}I_1+U_{ax}I=S_{传导}+S_{ax} \quad (2\text{-}1\text{-}68)$$

从式（2-1-68）可知，自耦变压器输出容量可以分为两部分：一是副边绕组容量 $U_{ax}I=S_{ax}$，这是通过 (N_1-N_2) 段绕组和 N_2 段绕组的电磁感应作用传到副边绕组再送给负载的容量。二是 $U_{ax}I_1=S_{传导}$，叫作传导容量，传导容量是由原边输入电流 I_1 直接传到负载去的。双绕组变压器没有传导容量，全部输出容量都是经过原、副绕组的电磁感应作用传递的，因而双绕组变压器的绕组容量与额定容量是相等的。

3. 主要优缺点

当原、副边的电压较接近时，采用自耦变压器，其绕组公共部分的电流是很小的，这一部分的导线可以用得细一些，小电流引起的损耗也小，效率高。

理论和实践都可以证明，当原、副边电压之比接近于1时，或说不大于2时，自耦变压器的优点是显著的，当变比大于2时，优点就不明显了。所以自耦变压器的变比一般在1.2～2.0。

自耦变压器的缺点在于：原、副边绕组电路直接连在一起，高压侧的电气故障会波及低压侧，很不安全。因此，它对内部绝缘与过电压保护的要求较高，使用时必须正确接线，且外壳必须接地，并规定安全照明变压器不允许采用自耦变压器结构形式。

自耦变压器有单相的也有三相的。与讨论双绕组电力变压器一样，对单相自耦变压器运行时电磁关系等的分析方法及结论，也适用于对称运行的三相自耦变压器的每一相。

（二）互感器

直接测量大电流或高电压是比较困难的。在交流电路中，常用特殊的变压器把高电压转换成低电压、大电流转换成小电流后再测量，这种特殊的变压器就是互感器。使用互感器可以使测量仪表与高电压隔离从而保证人身和仪表安全；可以扩大仪表量限，便于仪表的标准化。

1. 电压互感器

电压互感器实质上就是一台降压变压器，它将高电压转换成低电压以供测量，也可作为控制信号使用。电压互感器副边的额定电压一般为100 V。

电压互感器接线如图2-1-13所示。原边绕组并联接入主线路，被测电压为U_1。副边电压为U_2，副边绕组接的电压表或功率表的电压线圈的阻抗很大，实际副边绕组近似为开路。因此，电压互感器是一个近似空载运行的单相降压变压器。为了安全，铁心及副边绕组一端必须接地。

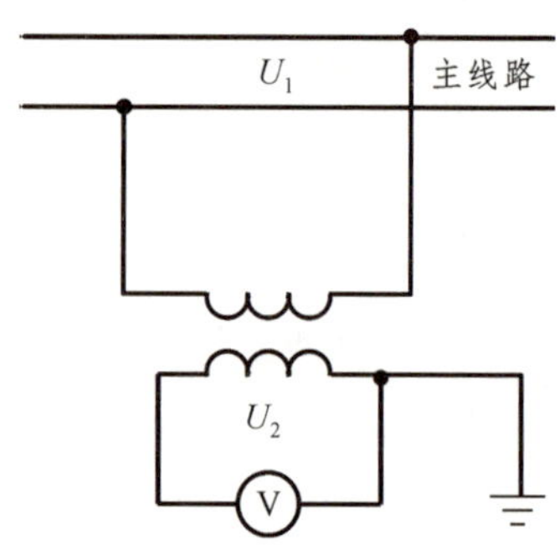

图2-1-13　电压互感器接线

采用单相变压器的分析方法来分析电压互感器可知，不计漏阻抗压降，电压互感器原边被测电压U_1与副边实际测量得到的电压U_2之间的关系为

$$U_1 = KU_2 \tag{2-1-69}$$

K是电压互感器的变压比，是个常数，$K=\dfrac{N_1}{N_2}$，N_1为原边绕组匝数，N_2为副边绕组匝数。可见，电压互感器副边电压数值乘以常数K就是原边被测电压的数值。测量的电压表按KU_2来刻度，就可直接从表上读出被测电压的数值。

实际上的电压互感器，原、副边都有漏阻抗压降，因此，原、副边电压数值之比只是近似为常数K，误差必然存在。电压互感器的误差有电压误差（数值大小的误差）和相位误差。根据误差的大小分为0.2、0.5、1.0、3.0几个等级，每个等级的允许误差可查阅有关技术标准。

使用时必须注意以下三个问题：

（1）副边不许短路。电压互感器正常运行时接近空载，如副边短路，则电流变得很大，使绕组过热而烧毁。

（2）铁心及副边绕组一端接地。

（3）副边接的阻抗值不能太小。否则原、副边电流都将增大，使原、副边漏阻抗压降增加，误差加大，降低电压互感器的精度等级。

2. 电流互感器

电流互感器实质上是一台升压变压器，它将大电流转换成小电流，送到电流表或功率表的电流线圈以供测量，也可作为控制信号使用。电流互感器副边的额定电流一般为 5 A 或 1 A。

电流互感器接线如图 2-1-14 所示。原边绕组串联接入主线路，被测电流为 I_1。副边电流为 I_2，副边绕组接内阻很小的电流表或功率表的电流线圈，实际副边近似为短路。因此，电流互感器是一个近似短路运行的单相升压变压器。为了安全，铁心及副边绕组一端必须接地。

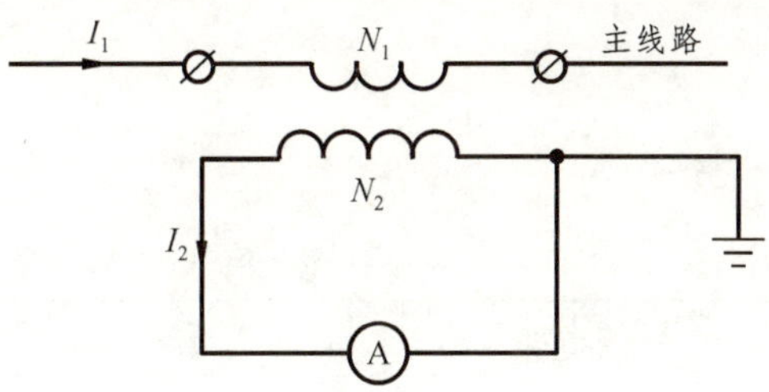

图 2-1-14　电流互感器接线图

采用单相变压器的分析方法来分析电流互感器可知，忽略励磁电流，电流互感器原边被测电流 I_1 与副边实际测量得到的电流 I_2 之间的关系为

$$I_1 = \frac{1}{K} I_2 \tag{2-1-70}$$

K 是电流互感器的变压比，是一个常数，$K = \dfrac{N_1}{N_2}$，N_1 为原边绕组匝数，N_2 为副边绕组匝数。可见，电流互感器副边电流数值上乘以常数 $\dfrac{1}{K}$ 就是原边被测电流的数值。用来测量的电流表按 $\dfrac{1}{K} I_2$ 来刻度，就可直接从表上读出被测电流的数值。

实际上的电流互感器中，励磁电流不可能为零，因此，原、副边电流数值之比只是近似为常数 $\dfrac{1}{K}$，误差必然存在。电流互感器的误差有电流误差（数值大小的误差）和相位误差。根据误差的大小，电流互感器分为以下几个等级：0.2、0.5、1.0、3.0 和 10.0，每个等级的允许误差可查阅有关技术标准。

使用时必须注意以下三个问题：

（1）副边不许开路。电流互感器正常运行时接近短路，如副边开路，则原边被测的主线路电流就成为励磁电流，它比正常工作时的励磁电流大几百倍，这样大的励磁电流会造成电流互感器的铁耗急剧上升，使它过热甚至烧毁绝缘，会造成电流互感器的副边出现很高的电压，不但击穿绝缘，而且危及操作人员和其他设备安全。

（2）铁心及副边绕组一端接地。

（3）副边回路串入的阻抗值不能超过有关技术标准的规定。这是因为，如果副边回路串入的阻抗值过大，则副边电流变小，而原边电流（主线路电流）不变，造成励磁电流增大，使误差加大，降低电流互感器的精度等级。

技能训练

单相变压器实验

1. 安全教育

2. 实训准备

实训所需设备见表 2-1-1。

表 2-1-1　实训设备

序号	设备名称	规格	数量
1	单相变压器		
2	电压表		
3	电流表		
4	工具箱		

3. 实训任务

（1）按实训指导书要求正确拆装单相变压器。

（2）正确识别并测试变压器的同名端。

（3）对组装后的变压器进行通电试验。

（4）完成实训记录表。

思考题

1. 变压器有哪些主要部件？各部件的作用是什么？
2. 为什么电力变压器的铁心与绕组通常浸在变压器油中？
3. 变压器的额定值主要有哪些？
4. 变压器折算法的依据是什么？如何把原边的量折算到副边？

5. 变压器的主磁通与漏磁通的性质和作用有什么不同？
6. 自耦变压器有何特点？
7. 电压互感器和电流互感器在使用中应注意哪些事项？

任务评价

任务完成后根据表 2-1-2 所列项目由个人、组长和教师分别进行考核评价，并填入考核分数。

表 2-1-2　任务考核评价表

评价项目	子项目	个人评价（占 30%）	组长评价（占 20%）	教师评价（占 50%）
专业能力（50 分）	解答理论问题（25 分）			
	解决实际问题（25 分）			
方法能力（20 分）	获取理论与实践相关资讯（10 分）			
	完成任务后的自我总结评价（10 分）			
社会能力（30 分）	与同学和谐相处、协作完成任务（10 分）			
	遵守纪律、一丝不苟、爱岗敬业（10 分）			
	遵守安全规程（10 分）			
小计				
签名				

项目三

交流电动机的检修与维护

轨道交通车辆上用于牵引的电机称之为牵引电机。交流牵引电机与直流电机相比，结构简单可靠、体积小、质量轻，广泛应用于轨道交通行业中。通过本项目的学习可以掌握交流电机的基本工作原理及其运用维护知识，使学生了解企业交流电机检修流程及其所必备的素养，通过训练使学生能够掌握基本的交流电机故障处理方法，为上岗操作做准备。

任务一　三相异步电动机基础

学习目标

【知识目标】

1. 熟知三相笼型异步电动机铭牌、结构。
2. 熟知三相笼型异步电动机的绕组、交流绕组的电动势和磁势。
3. 掌握三相异步电动机的工作原理和运行特性。

【技能目标】

1. 能小组合作完成小型三相异步电动机拆装检修。
2. 能小组合作进行电动机的工作特性实验并完成实验报告。

【素养目标】

1. 培养铁路员工的质量意识、安全意识及工艺流程意识。
2. 培养分析、解决实际问题的能力。
3. 培养学生“不怕苦，不怕累”、爱岗敬业、精益求精的工匠精神。

相关知识

一、异步电动机的基本结构、分类及铭牌

（一）三相异步电动机的基本结构

图 3-1-1 所示为一台三相鼠笼式异步电动机的结构。它主要是由定子和转子两大部分组成的，定子和转子中间是气隙，此外，还有端盖、轴承、机座、风扇等部件。

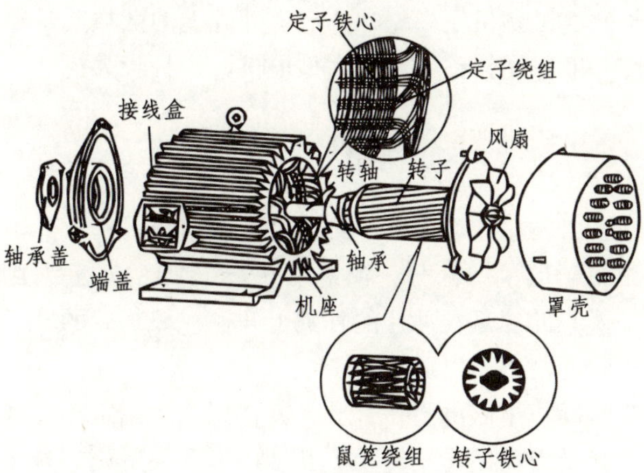

三相异步电机

图 3-1-1　三相鼠笼式异步电动机组成部件

1. 定　子

定子由定子三相绕组、定子铁心和机座组成。

定子三相绕组是电机定子部分的电路，在异步电动机的运行中起着很重要的作用，是把电能转换为机械能的关键部件。定子三相绕组的结构是对称的，一般有六个出线端 U_1、U_2、V_1、V_2、W_1、W_2 置于机座外侧的接线盒内，根据需要接成星形（Y）或三角形（△），如图 3-1-2 所示。

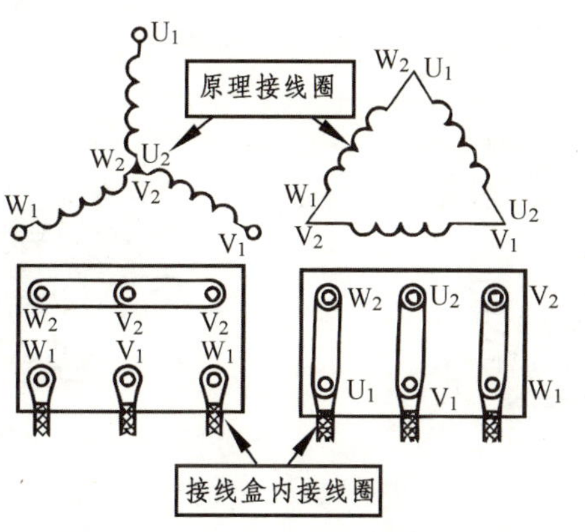

图 3-1-2　三相鼠笼式异步电动机出线端

定子铁心是异步电动机磁路的一部分。由于主磁场以同步转速相对定子旋转，为减小在铁心中引起的损耗，铁心采用 0.5 mm 厚的高导磁电工钢片叠成。电工钢片两面涂有绝缘漆以减小铁心的涡流损耗。中小型异步电机定子铁心一般采用整圆的冲片叠成，大型异步电机的定子铁心一般采用扇形冲片拼成。在每个冲片内圆均匀地开槽，使叠装后的定子铁心内圆均匀地形成许多形状相同的槽，用以嵌放定子绕组。槽的形状由电机的容量、电压及绕组的形式而定。绕组的嵌放过程在电机制造厂中称为下线。完成下线并进行浸漆处理后的铁心与绕组成为一个整体一同固定在机座内。

机座又称机壳，它的主要作用是支撑定子铁心，并通过机座的底脚将电机安装固定。全封闭式电机的定子铁心紧贴机座内壁，故机座外壳上的散热筋是电机的主要散热面。中、小型电机的机座一般采用铸铁制成；大型电机因机身较大浇注不便，常用钢板焊接成型。

2. 转　子

异步电动机的转子由转子铁心、转子绕组及转轴组成。

转子铁心也是电机磁路的一部分，也是用 0.5 mm 厚的电工钢片叠成。与定子铁心冲片不同的是，转子铁心冲片是在冲片的外圆上开槽，叠装后的转子铁心外圆柱面上均匀地形成许多形状相同的槽，用以放置转子绕组。

转子绕组是异步电动机电路的另一部分，其作用为切割定子磁场，产生感应电势和电流，并在磁场作用下受力而使转子转动。其结构可分为鼠笼式转子绕组和绕线式转子绕组两种。这两种转子各有特点。鼠笼式转子：结构简单、制造方便、经济耐用；绕线式转子：结构复杂、价格贵，但转子回路可引入外加电阻来改善启动和调速性能。

鼠笼式转子绕组结构与定子绕组大不相同。在转子铁心外圆有槽，每槽内放一根导条，在铁心两端用两个端环把所有的导条都连接起来，形成自行闭合的回路。如果去掉铁心，整个绕组的形状就像一个鼠笼，如图 3-1-3 所示。导条与端环的材料可用铜或铝。如果是用铜的，就是事先把做好的裸铜条插入铁心槽中，再用铜端环套在两端铜条的头上，并用铜焊或银焊把它们焊在一起，如图 3-1-3（a）所示。对中、小型电机一般都采用铸铝转子，是用熔化了的铝液直接浇铸在转子铁心槽内，连同端环以及风叶等一次铸成，如图 3-1-3（b）所示。

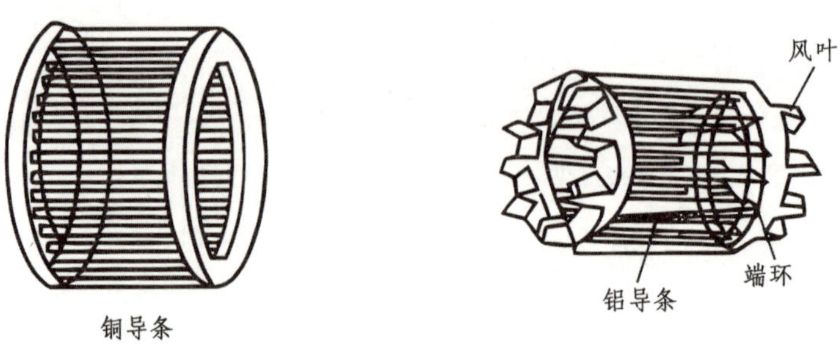

（a）铜条绕组　　（b）铸铝绕组

图 3-1-3　鼠笼转子绕组

绕线式转子绕组是用绝缘导线组成，嵌放在转子铁心槽内的三相对称绕组三相一般为星形接法，三根引出线分别接到固定在转轴上并互相绝缘的三个集电环上，再通过安装在端盖上的电刷装置与集电环接触把电流引出来。这种转子的特点是可以通过集电环和电刷在转子回路中接入附加电阻，用以改善电动机的启动性能，或调节电动机的转速。有的绕线转子异步电动机还装有一种举刷短接装置，当电动机启动完毕而又不需要调节转速时，移动手柄使电刷被举起而与集电环脱离接触，同时使三只集电环彼此短接起来，这样可以减少电刷与集电环间的磨损和摩擦损耗，提高运行可靠性。与鼠笼式转子相比，绕线转子的缺点是结构复杂、价格较贵、运行可靠性较差。因此，绕线转子异步电动机只用在要求启动电流小、启动转矩大，或需要调节转速的场合，如用来拖动频繁启动的起重设备。

转轴是整个转子部件的安装基础，又是力和机械功率的传输部件，整个转子靠轴和轴承被支撑在定子铁心内腔中。转轴一般由中碳钢或合金钢制成。

3. 气　隙

异步电机的气隙是很小的，中小型电机一般为 0.2 ~ 2 mm。气隙越大，磁阻越大，要产生同样大小的磁场，就需要较大的励磁电流。由于气隙的存在，异步电机的磁路磁阻远比变压器的大，因而异步电机的励磁电流也比变压器的大得多。变压器的励磁电流约为额定电流的 3%，异步电机的励磁电流约为额定电流的 30%。励磁电流是无功电流，因而励磁电流越大，功率因数越低。为提高异步电机的功率因数，必须减少它的励磁电流，最有效的方法是尽可能缩短气隙长度。但是，气隙过小会使装配困难，还有可能使定、转子在运行时发生摩擦或碰撞，因此，气隙的最小值由制造工艺以及运行安全可靠等因素决定。

4. 其他部件

端盖：安装在机座的两端，它的材料加工方法与机座相同，一般为铸铁件。端盖上的轴承室里安装了轴承来支撑转子，以使定子和转子得到较好的同心度，保证转子在定子内膛正常运转。端盖除了起支撑作用外，还起着保护定、转子绕组的作用。

轴承：连接转动部分与不动部分，目前都采用滚动轴承以减少摩擦。

轴承端盖：保护轴承，使轴承内的润滑油不致溢出。

风扇：冷却电动机。

（二）异步电动机的分类

异步电动机按定子相数可分为三相、单相和两相异步电动机 3 类。除 200 W 以下的电动机多做成单相异步电动机外，现代动力用电动机大多数都为三相异步电动机。两相异步电机主要用于微型控制电机。

按照转子形式，异步电机可分为鼠笼型转子和绕线型转子两大类。鼠笼转子又分为普通鼠笼转子、深槽型鼠笼转子和双鼠笼转子 3 种。三相绕线式异步电动机外形如图 3-1-4 所示，三相鼠笼式异步电动机外形如图 3-1-5 所示。

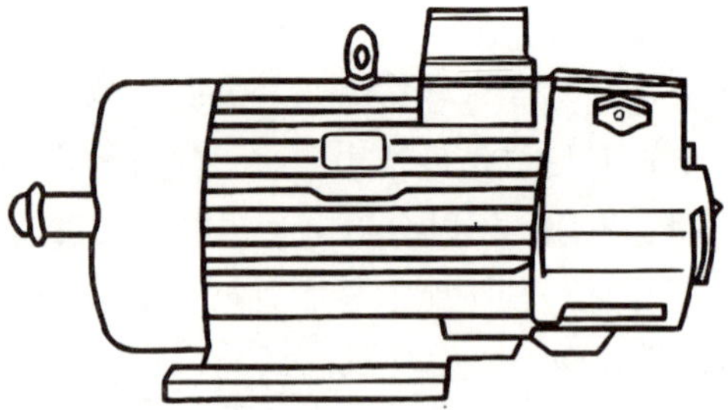

图 3-1-4　三相绕线式异步电动机外形

根据机壳不同的保护方式，异步电动机可分为开启式、防护式、封闭式和防爆式等。

防护式异步电动机具有防止外界杂物落入电机内的防护装置，一般在转轴上装有风扇，冷却空气进入电机内部冷却定子绕组端部及定子铁心后将热量带出来。J2 系列电动机就是鼠笼式转子防护式异步电动机，JR 系列电动机是绕线转子防护式异步电动机。

封闭式异步电动机的内部和外部的空气是隔开的。它的冷却是依靠装在机壳外面转轴上的风扇吹风，借机座上的散热片将电机内部发散出来的热量带走。这种电机主要用于尘土较多的场所，如机床上使用的电机。JOR 系列及 Y 系列电机就属于这种类型。

防爆式异步电动机为全封闭式，它将内部与外界的易燃、易爆性气体隔离。这种电机多用于有汽油、乙醇、天然气、煤气等气体较多的地方，如矿井或某些化工厂等处。

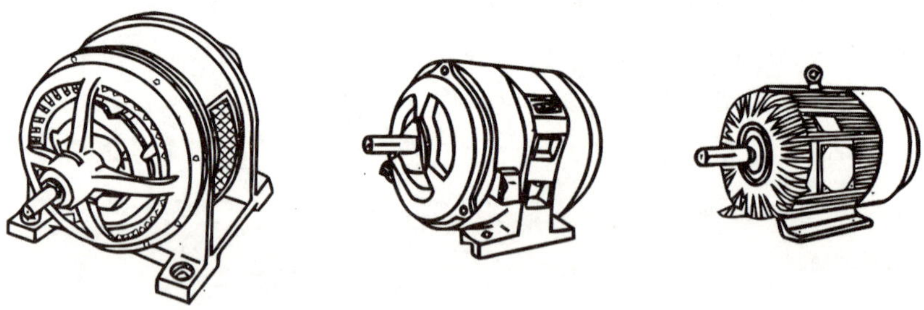

（a）开启式　　（b）防护式　　（c）封闭式

图 3-1-5　三相鼠笼式异步电动机外形

（三）异步电动机的铭牌和额定值

每台异步电动机机壳上都有刻有运行额定值的铭牌，见表 3-1-1。

表 3-1-1　三相异步电动机铭牌

<table>
<tr><td colspan="5">三相异步电动机</td></tr>
<tr><td colspan="3">型号 Y-112M-4</td><td colspan="2">编号</td></tr>
<tr><td colspan="2">4.0 kW</td><td colspan="3">8.8 A</td></tr>
<tr><td>380 V</td><td colspan="2">1 440 r/min</td><td colspan="2">LW82dB</td></tr>
<tr><td>接法△</td><td colspan="2">防护等级 IP44</td><td>50 Hz</td><td>45 kg</td></tr>
<tr><td>标准编号</td><td colspan="2">工作制 SI</td><td>B 级绝缘</td><td>年　月</td></tr>
<tr><td colspan="5">电机厂</td></tr>
</table>

电机按铭牌上所规定的条件运行时，就称为电机的额定运行状态。根据国家标准规定，异步电动机主要有如下额定值：

（1）额定功率 P_N：指电动机在制造厂（铭牌）所规定额定运行状态下运行时，轴端输出的机械功率，单位为 W 或 kW。

（2）定子额定电压 U_N：指电动机在额定状态下运行时，定子绕组应加的线电压，单位为 V 或 kW。

（3）定子额定电流 I_N：指电动机在额定电压下运行，输出额定功率时，流入定子绕组的电流，单位为 A。

对三相异步电动机，额定功率为

$$P_N = \sqrt{3} U_N I_N \eta_N \cos\varphi_N \tag{3-1-1}$$

式中　η_N——额定运行时异步电动机的效率；

$\cos\varphi_N$——额定运行时异步电动机的功率因数。

（4）额定转速 n_N：指电动机在额定状态下运行时，转子的转速，单位为 r/min。

（5）额定频率 f_N：我国工频为 50 Hz。

（6）额定功率因素 $\cos\varphi_N$：指电动机在额定负载时，定子边的功率因素。

（7）绝缘等级与温升。

除上述数据外，铭牌上有时还标明定子相数和绕组接法、额定运行时电机的效率、定额、转子额定电动势 E_{2N}（指定子绕组加额定电压、转子绕组开路时，集电环之间的线电势）和转子额定线电流 I_{2N}。

电动机的额定输出转矩可以由额定功率 P_N、额定转速 n_N 计算：

$$T_{2N} = 9\,550 \frac{P_N}{n_N} \tag{3-1-2}$$

式中，功率的单位是 kW，转速的单位是 r/min，转矩的单位 N · m。

（四）绕组接法、温升和定额

1. 绕组接法

三相异步电动机的定子绕组可接成星形或三角形，视额定电压和电源电压的配合情况而定。星形接法时额定电压为 380 V，改为三角形时就可用于 220 V 的电源上。为了满足这种改接的需要，通常把三相绕组的 6 个端头都引到接线板上，以便于采用两种不同接法，如图 3-1-6 所示。

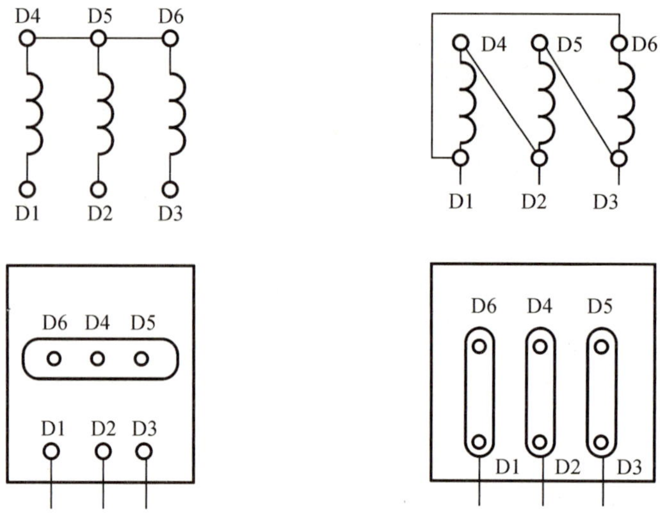

（a）星形连接　　（b）三角形连接

图 3-1-6　三相异步电动机的接线板

2. 温　升

温升指电机按规定方式运行时，绕组容许的温度升高，即绕组的温度比周围空气温度高出的数值。容许温升的高低取决于电机所使用的绝缘材料。例如，Y 系列电机一般采用 B 级绝缘，其最高容许温度为 130 °C，如周围空气温度按 40 °C 计算，并计入 10 °C 的裕量，则 B 级绝缘的容许温升为 130 °C –（40 °C + 10 °C）= 80 °C。

3. 定　额

我国电机的定额分为 3 类，即连续定额、短时定额和断续定额。连续定额是指电机按铭牌规定的数据长期连续运行。短时定额和断续定额均属于间歇运行方式，即运行一段时间后就停止运行一段时间。可见，短时定额和断续定额方式下，有一段时间电机不发热，所以，容量相同时这类电机的体积可以做得小一些，或者连续定额的电机用作短时定额或断续定额运行时，所带的负载可以超过铭牌上规定的数值。但是，短时定额和断续定额的电机不能按其容量连续运行，否则会使电机过热而损坏。

二、交流绕组

三相异步电动机的交流绕组是由许多嵌放在定子铁心槽中的线圈按照一定的规律分布、排列并连接而成的。本小节主要介绍三相异步电动机交流绕组的构成、连接方法、展开图绘制方法。

（一）交流绕组概述

交流绕组是把属于同相的导体绕成线圈，再按照一定的规律，将线圈串联或并联起来。交流绕组通常都绕成开启式，每相绕组的始端和终端都引出来，以便于接成星形或三角形。

1. 绕组的基本术语

1）线圈、线圈组、绕组

线圈也称绕组元件，是构成绕组的最基本单元，它是用绝缘导线按一定形状绕制而成的，可由一匝或多匝组成。多个线圈连成一组就称为线圈组。由多个线圈或线圈组按照一定规律连接在一起就形成了绕组，图 3-1-7 所示为常用的线圈。线圈嵌放在铁心槽内的直线部分称为有效边，它是进行电磁能量转换的部分；伸出铁心槽外的部分，仅起连接作用，不能直接转换能量，称为端部。

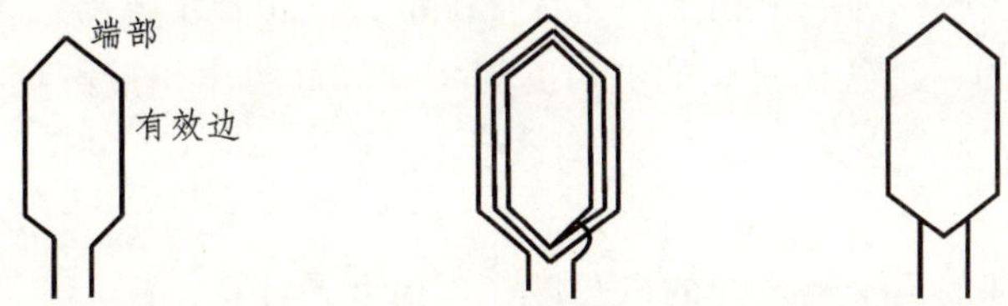

（a）　（b）　（c）

图 3-1-7　线圈示意图

2）极距 τ

极距是指交流绕组一个磁极所占有定子圆周的距离，一般用定子槽数来表示，即

$$\tau = \frac{z_1}{2p} \tag{3-1-3}$$

式中　z_1——定子铁心总槽数；

$2p$——磁极数；

τ——极距。

3）线圈节距 y_1

一个线圈的两个有效边所跨定子圆周的距离称为节距，一般也用定子槽数来表示。如某线圈的一个有效边嵌放在第 1 槽而另一个有效边放在第 6 槽，则其节距 $y_1 = 6 - 1 = 5$ 槽。从绕组产生最大磁势或电势的要求出发，节距 y_1 应接近极距，即

$$y_1 \approx \tau = \frac{z_1}{2p} \tag{3-1-4}$$

当 $y_1 = \tau$ 时，称为整距绕组；$y_1 < \tau$ 时，称为短距绕组；$y_1 > \tau$ 时，称为长距绕组。

实际应用中，常采用短距和整距绕组，长距绕组因其端部较长、用铜量较多，一般不采用。

4）机械角度和电角度

一个圆周所对应的几何角度为 360°，该几何角度就称为机械角度。而从电磁方面来看，导体每经过一对磁极 N、S，其电势就完成一个交变周期。对于 4 极电机，$p = 2$，

这时导体每旋转一周要经过两对磁极，对应的电角度为 $2\times360^\circ=720^\circ$，若电机有 p 对极，则

$$电角度=p\times机械角度 \tag{3-1-5}$$

5）每极每相槽数 q

每极每相槽数 q 是指每相绕组在每个磁极下占的槽数，可由下式计算：

$$q=\frac{z_1}{2pm} \tag{3-1-6}$$

式中　m——相数。

q 个槽所占的区域称为一个相带。通常情况下，三相异步电动机每个磁极下可按相数分为 3 个相带，因一个磁极对应的电角度为 180°，故每个相带占有电角度为 60°，称为 60° 相带。

6）槽距角 α

槽距角是指相邻的两个槽之间的电角度，可由下式计算：

$$\alpha=\frac{360^\circ\times p}{z_1} \tag{3-1-7}$$

7）极相组

极相组是指一个磁极下属于同一相的线圈按一定方式串联成的线圈组。

2. 交流绕组的基本要求

三相异步电动机交流绕组的构成主要从设计制造和运行两方面考虑。绕组的型式有多种多样，具体要求如下：

（1）在一定的导体数下，绕组的合成电势和磁势在波形上应尽可能为正弦波，在数值上尽可能大，而绕组的损耗要小，用铜量要省。

（2）对三相绕组，各相的电势和磁势要求对称而各相的电阻和电抗都相同。为此必须保证各绕组所用材料、形状、尺寸及匝数都相同且各相绕组在空间的分布应彼此相差 120°电角度。

（3）绕组的绝缘和机械强度要可靠，散热条件要好。

（4）制造、安装、检修要方便。

总之，上述对交流电机电枢绕组的要求，从原理上来看，可以归纳为对绕组感应电动势和产生磁动势的要求。对三相交流电机来说，要求三相绕组能感应出波形接近正弦、有一定数值的三相对称电动势；要求当三相绕组中流过三相对称电流时，能产生接近圆形的旋转磁动势。

三相交流绕组在槽内嵌放完毕后共有 6 个出线端引到电动机机座上的接线盒内。高压大、中型容量的异步电动机三相绕组一般采用星形接法；小容量的异步电动机三相绕组用三角形接法。

3. 三相交流绕组的分布、排列与连接要求

三相异步电动机交流绕组的作用是产生旋转磁场，要求交流绕组是对称的三相绕组，其分布、排列与连接应按下列要求进行：

（1）各相绕组在每个磁极下应均匀分布，以便磁场对称。为此先将定子槽数按极数均分，每一等分代表 180° 电角度（称为分极）；再把每极下的槽数分为 3 个区段（相带），每个相带占 60° 电角度（称为分相）。

（2）各相绕组的电源引出线应彼此相隔 120°电角度。

（3）同一相绕组的各个有效边在同性磁极下的电流方向应相同，而在异性磁极下的电流方向相反。

（4）同相线圈之间的连接应顺着电流方向进行。

4. 交流绕组的分类

按槽内层数来分，可分为单层绕组、双层绕组和单双层混合绕组；按每极每相所占的槽数，可分为整数槽绕组和分数槽绕组；按绕组的结构形状，可分为链式绕组、交叉式绕组、同心式绕组、叠绕组和波绕组等。

（二）三相单层绕组

单层绕组是指每一个槽内只有一条线圈边，整个绕组的线圈数等于定子总槽数一半的绕组。按照线圈的形状和端部连接方式的不同，单层绕组可分为链式绕组、交叉式绕组和同心式绕组等几种形式。根据前面所述对三相绕组的分布、排列和连接要求，可绘出三相单层绕组的展开图，下面举例说明 3 种常用的三相单层绕组的结构及展开图的绘制方法和步骤。

1. 链式绕组

链式绕组是由相同节距的线圈组成，其结构特点是绕组线圈一环套一环，形如长链，其每极每相槽数 q 一般为 2 槽。

例 3-1-1　国产 Y90L-4 型三相异步电动机，定子绕组为单层链式绕组，定子槽数为 24，节距 $y_1=5$ 槽，试绘出其绕组展开图。

解　（1）分极、分相。

每极所占槽数

$$\tau=\frac{z_1}{2p}=\frac{24}{2\times2}=6\ \text{槽}$$

每极每相槽数

$$q=\frac{z_1}{2pm}=\frac{24}{2\times2\times3}=2\ \text{槽}$$

分极：如图 3-1-8（a）所示，将定子全部槽数按极数均分，则每极下分有 6 槽。磁极按 S、N、S、N 排列。

分相：将每个磁极下的槽数按相数均分为 3 个相带，则每个相带占有 2 槽。因一个磁极下有 3 个相带，则每对极共有 6 个相带，将这 6 个相带按 U_1、W_2、V_1、U_2、W_1、V_2 的顺序排列，如图 3-1-8（a）所示。

（2）标出线圈有效边的电流方向。

按相邻两个磁极下线圈边中的电流方向相反的原则进行，设 S 极下线圈边的电流方向向上，则 N 极下线圈边的电流方向向下，如图 3-1-8（a）中箭头方向所示。

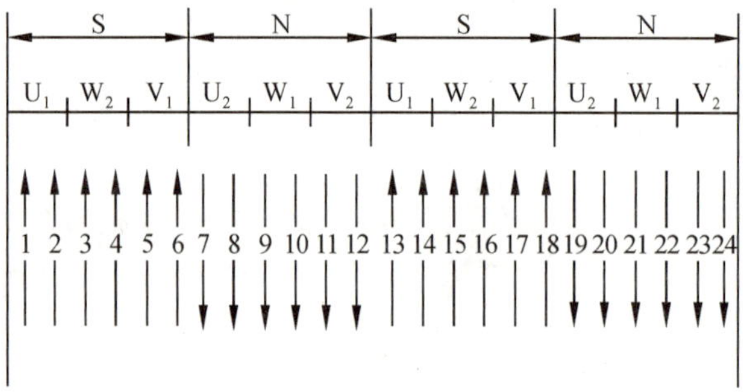

（a）分极、分相图

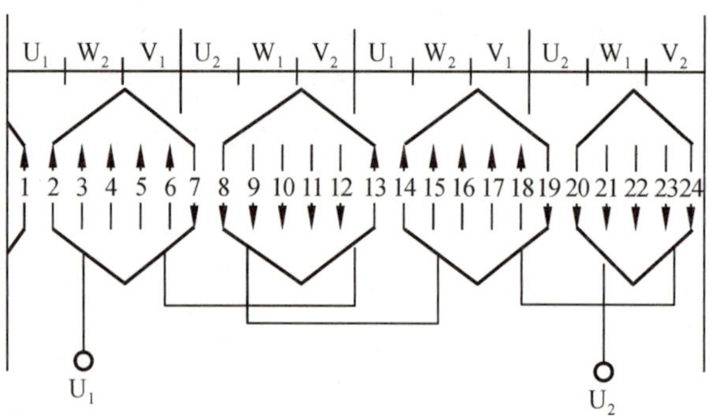

（b）U 相绕组

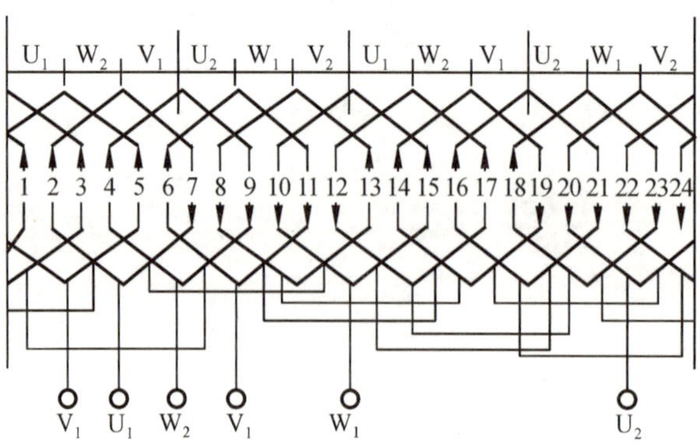

（c）三相绕组

图 3-1-8　链式绕组

（3）按绕组节距的要求把相邻异极性下同一相的槽中的线圈边连成线圈。

由图 3-1-8（a）可知，U 相绕组包含第 1、2、7、8、13、14、19、20 共 8 个槽中的线圈边。线圈边 1、2 与 7、8 分别处于 S 极与 N 极下面，它们的电流方向相反，故线圈边 1、2 中的任意一个与线圈边 7、8 中的任意一个都可组成一个线圈；同样 13、14 中任意一个与 19、20 中任一个也都可组成一个线圈。本题中，节距 $y_1=5$，故可将 U 相带下 8 个槽中的导体组成以下 4 个线圈：2—7、8—13、14—19、20—1，如图 3-1-8（b）所示。同理，V 相的 4 个线圈为 6—11、12—17、18—23、24—5；W 相的 4 个线圈为 10—15、16—21、22—3、4—9，如图 3-1-8（c）所示。

（4）确定各相绕组的出线端。

各相绕组的出线端彼此相隔 120° 电角度。由于本题电机的槽距角为

$$\alpha=\frac{360°\times p}{z_1}=\frac{360°\times 2}{24}=30°$$

则 120° 电角度相隔 $\frac{120°}{30°}=4$ 槽。

将 U 相绕组出线端的首端 U_1 定在第 2 槽，则 V 相首端 V_1 应定在第 6 槽（2＋4），W 相首端 W_1 定在第 10 槽，如图 3-1-8（c）所示。

（5）顺着电流方向把同相线圈连接起来。

将 U 相各线圈沿电流方向连接起来，便形成 U 相绕组的展开图，如图 3-1-8（b）所示。显然，上述的连接方法是各线圈的“头接头、尾接尾”，这种连接方法称为反串联。按同样的方法，可连成 V 相绕组和 W 相绕组，从而得到三相绕组的展开图，如图 3-1-8（c）所示。

国产 JO2-21-4 型、JO2-22-4 型、Y802-4 型等三相异步电动机的定子绕组都是采用这种链式绕组。

2. 同心式绕组

同心式绕组的结构特点是各相绕组均由不同节距的同心式线圈连接而成，其每极每相槽 q 一般为 4 槽。

例 3-1-2 国产 Y1OOL-2 型三相异步电动机，定子绕组为单相同心式绕组，定子槽数为 24，大线圈节距为 11 槽，小线圈节距为 9 槽，试绘出其绕组展开图。

解 （1）分极、分相。

每极所占槽数

$$\tau=\frac{z_1}{2p}=\frac{24}{2\times 1}=12\text{ 槽}$$

每极每相槽数

$$q=\frac{z_1}{2pm}=\frac{24}{2\times 1\times 3}=4\text{ 槽}$$

由计算可知，该电机每个极下共有 12 槽，整个定子可分为 6 个相带，每相带内有 4 槽。采用与例 3-1 相同的方法分极、分相，如图 3-1-9（a）所示。

（2）标出线圈有效边的电流方向。

设 S 极下线圈边的电流方向向上，则 N 极下线圈边电流方向向下，如图 3-1-9（a）中箭头方向所示。

（3）按绕组节距的要求把同一相的线圈边按电流方向连成线圈。

由于大线圈边节距 11 槽，小线圈边节距 9 槽，则对 U 相绕组来说，可将线圈边 3 与 14 组成一个大线圈，4 与 13 组成一个小线圈，大小线圈相套形成一个同心式极相组。同理，线圈边 15 与 2 组成大线圈，16 与 1 组成小线圈，形成另一个同心式极相组，如图 3-1-9（a）所示。

用同样的方法可得：V 相的 4 个线圈为 11—22、12—21、23—10、24—9；W 相的 4 个线圈为 19—6、20—5、7—18、8—17，如图 3-1-9（b）所示。

（4）确定各相绕组的出线端。

各相绕组的出线端彼此相隔 120° 电角度。由于本题电机的槽距角为

$$\alpha=\frac{360°\times p}{z_2}=\frac{360°\times 1}{24}=15°$$

则 120° 电角度相隔 $\frac{120°}{15°}=8$ 槽。

将 U 相绕组出线端的首端 U_1 定在第 3 槽，则 V 相首端 V_1 在第 11 槽，W 相首端 W_1 在第 19 槽，如图 3-1-9（b）所示。

（5）顺着电流方向把同相线圈连接起来。

按照“头接头、尾接尾”的方法，将 U 相各线圈沿电流方向连接起来，便形成 U 相绕组的展开图，如图 3-1-9（a）所示。同理，可连成 V 相绕组和 W 相绕组，从而得到三相绕组的展开图，如图 3-1-9（b）所示。

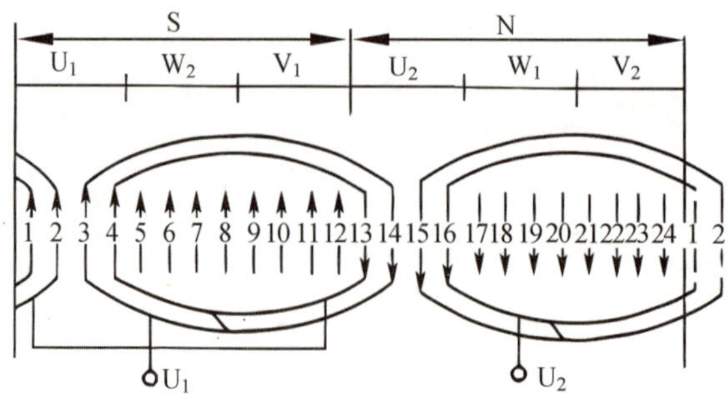

（a）U 相绕组

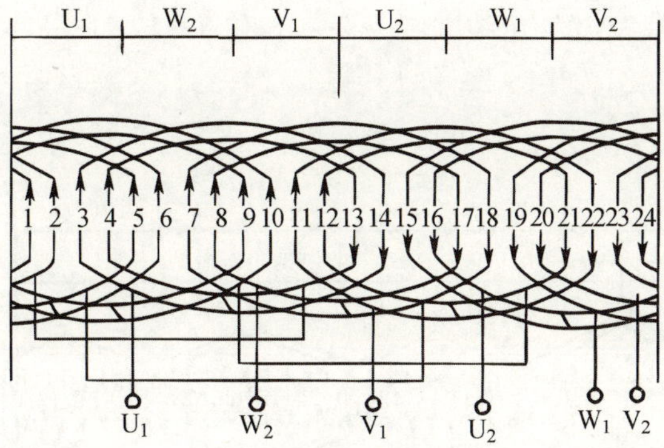

（b）三相绕组

图 3-1-9　同心式绕组

国产 JO2-12-2 型、JO2-31-2 型、Y112M-2 型等三相异步电动机的定子绕组都是采用这种同心式绕组。

3. 交叉式绕组

交叉式绕组主要用于每极每相槽数 q 为 3 槽的四极或两极小型三相异步电动机中。这种绕组可看成是链式绕组和同心式绕组的一个综合。它采用不等距的线圈，比同心式绕组的端部短，且便于布置。

例 3-1-3　国产 Y132S-4 型三相异步电动机，定子绕组为单层交叉式，定子槽数为 36，大线圈节距为 8 槽，小线圈节距为 7 槽，试绘出其绕组展开图。

解　（1）分极、分相。

每极所占槽数

$$\tau = \frac{z_1}{2p} = \frac{36}{2\times2} = 9\text{ 槽}$$

每极每相槽数

$$q = \frac{z_1}{2pm} = \frac{36}{2\times2\times3} = 3\text{ 槽}$$

采用与例 3-1 相同的方法分极、分相，如图 3-1-10（a）所示。

（2）标出线圈有效边的电流方向。

设 S 极下线圈边的电流方向向上，则 N 极下线圈边电流方向向下，如图 3-1-10（a）中箭头方向所示。

（3）按绕组节距的要求把同一相的线圈边按电流方向连成线圈。

由于大线圈边节距 8 槽，小线圈边节距 7 槽，则对 U 相绕组来说，可将线圈边 2 与 10 和 3 与 11 组成一个双联（两个线圈联在一起）的大线圈组，12 与 19 组成一个小线圈组；同理，线圈边 20 与 28 和 21 与 29 组成另一个大线圈组，30 与 1 组成另一个小线圈组，如图 3-1-10（a）所示。

用同样的方法可得，V 相 4 个线圈组为 8—16 和 9—17、18—25、26—34 和 27—35、36—7；W 相的 4 个线圈组为 14—22 和 15—23、24—31、32—4 和 33—5、6—13，如图 3-1-10（b）所示。

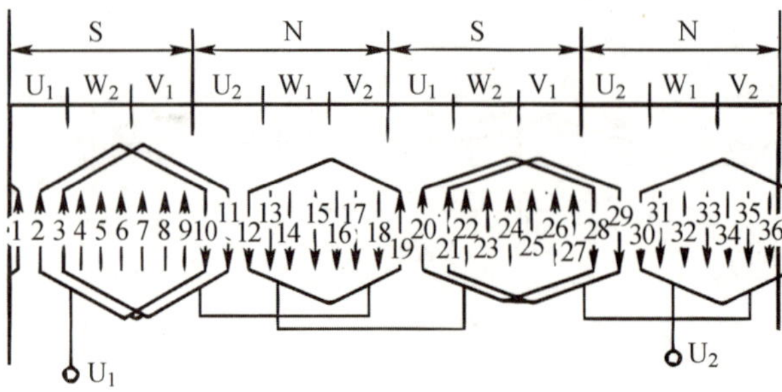

（a）U 相绕组

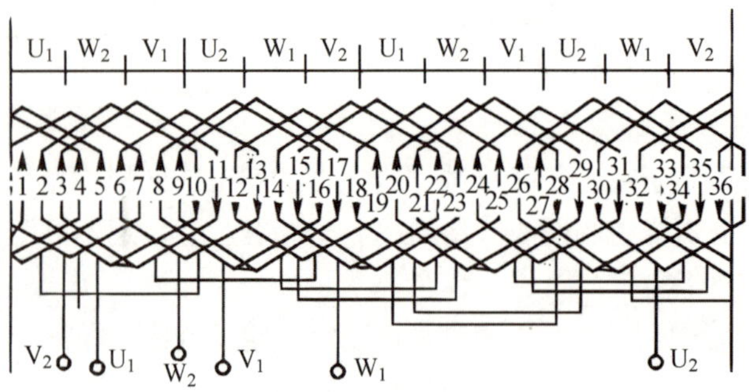

（b）三相绕组

图 3-1-10　交叉式绕组

（4）确定各相绕组的出线端。

各相绕组的出线端彼此相隔 120° 电角度。由于本题电机的槽距角为

$$\alpha=\frac{360°\times p}{z_1}=\frac{360°\times 2}{36}=20°$$

则 120° 电角度相隔 $\frac{120°}{20°}=6$ 槽。

将 U 相绕组出线端的首端 U_1 定在第 2 槽，则 V 相首端 V_1 在第 8 槽，W 相首端 W_1 在第 14 槽，如图 3-1-10（b）所示。

（5）顺着电流方向把同相线圈连接起来。

按“头接头、尾接尾”的方法，将 U 相各线圈沿电流方向连接起来，便形成 U 相绕组的展开图，如图 3-1-10（a）所示。同理，可连成 V 相绕组和 W 相绕组，从而得到三相绕组的展开图，如图 3-1-10（b）所示。

国产 JO2-31-4 型、JO2-32-4 型、Y132M-4 型等三相异步电动机的定子绕组都是采用这种交叉式绕组。

单层绕组的构成最主要的是确定三相绕组的各个线圈在定子槽中的分布规律，只要保证每相绕组所属的槽号及电流方向，改变绕组元件的端接形式对电磁效果就基本上没有影响。

上面讨论的 3 种形式的单层绕组，它们从外部结构上看虽各不相同，但从产生的电磁效果角度看则基本是一致的。因此到底选用哪种结构形式，主要从缩短端接部分的长度（即节省有色金属）出发，当然也要考虑嵌线工艺的可能性。同心式绕组因端节部分较长，一般只在嵌线比较困难的两极电机中采用，功率较小的 4 极、6 极、8 极电机采用链式绕组，少部分的两极、四极电机采用交叉式绕组。

单层绕组的优点是结构简单，嵌线比较方便，槽的利用率高（因无层间绝缘）。其最大的缺点是产生的磁场和电势波形较差（与正弦波相差较大），从而使电机铁损和噪声都较大，启动性能不良，故多用于小容量的三相异步电动机中。

（三）三相双层叠绕组

双层绕组的每个槽内有上层、下层两个线圈边，每个线圈的一条边嵌放在某一槽的上层，另一条边嵌放在另一槽的下层，整个绕组线圈数正好等于槽数。

双层绕组可以选择最有利的节距，所有线圈具有同样的形状和尺寸，便于制造，端部形状排列整齐，有利于散热和增加机械强度，所以容量较大（10 kW 以上）的三相异步电动机的定子绕组一般采用双层绕组。

双层绕组可分为叠绕组和波绕组两种形式。叠绕组在嵌线时，两个互相串联的线圈总是后一个叠在前一个上面，所以称为叠绕组。以下举例说明三相双层叠绕组的结构及展开图的绘制方法和步骤。

例 3-1-4　一台三相 4 极异步电动机，定子绕组为双层叠绕组，定子槽数为 36，节距 $y_1=7$，试绘出其绕组展开图。

解　（1）分极、分相。

每极所占槽数

$$\tau=\frac{z_1}{2P}=\frac{36}{2\times2}=9\text{槽}$$

每极每相槽数

$$q=\frac{z_1}{2pm}=\frac{36}{2\times2\times3}=3$$

由计算可知，该电机每极下共有 9 个槽，整个定子可分为 12 个相带，每相带内有 3 个槽，采用与例 3-1 相同的方法分极、分相，如图 3-1-11（a）所示。

（2）标 U 相线圈有效边的电流方向。

图 3-1-11 中，实线表示上层边，虚线表示下层边，每个线圈都由一根实线和一根虚线组成，各线圈的编号都用其上层边所在的槽号表示。设 S 极下线圈上层边的电流方向向上，则 N 极下线圈上层边电流方向向下，如图 3-1-11（a）中箭头方向所示。

（3）按绕组节距的要求，把同一相的线圈边按电流方向连成线圈并组成极相组。

对 U 相绕组来说，因线圈节距 $y_1=7$ 槽，则第 1 槽的上层边与第 8 槽的下层边连接起来构成线圈 1，第 2 槽的上层边与第 9 槽的下层边连接起来构成线圈 2，以此类推，即可构成定子绕组 U 相的全部 12 个线圈。

将线圈 1、2、3 串联起来，19、20、21 串联起来，分别组成了两个对应于 S 极下的极相组；将线圈 10、11、12 串联起来，28、29、30 串联起来，分别组成了两个对应于 N 极下的极相组，如图 3-1-11（a）所示。

（4）确定各相绕组的出线端。

各相绕组的出线端彼此相隔 120° 电度角。本题电机的槽距角为

$$\alpha=\frac{360^\circ\times p}{z_1}=\frac{360^\circ\times 2}{36}=20^\circ$$

由于 U、V、W 三相绕组出线端的首端应相隔 120° 电角度，将 U 相出线端的首端 U_1 定在第 1 槽，则 V 相首端 V_1 在第 7 槽，W 相首端 W_1 在第 13 槽，如图 3-1-11（b）所示。

（5）顺着电流方向把各极相组连接起来。

U 相绕组中各线圈的电流方向如图 3-1-11（a）所示，沿电流方向将 U 相绕组的 4 个极相组按“头接头、尾接尾”的方法连接起来，便形成 U 相绕组的展开图，如图 3-1-11（a）所示。同理，可连成 V 相绕组和 W 相绕组，从而得到三相绕组的展开图，如图 3-1-11（b）所示。

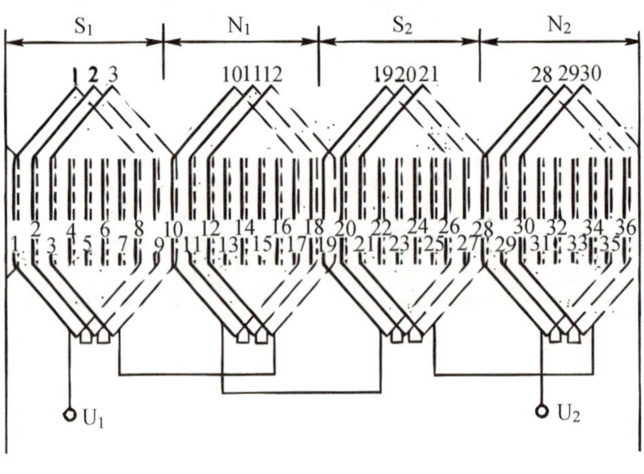

（a）U 相绕组

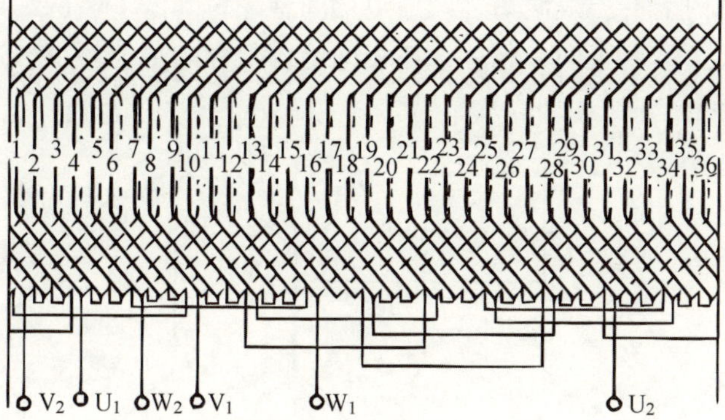

（b）三相绕组

图 3-1-11　双层叠绕组

上述绕组的连接，是假定绕组的并联支路数 $a=1$ 来分析的，即各相绕组的 4 个极相组串联成一条支路。若要求并联支路数 $a=2$，则只要改变各相绕组的 4 个极相组之间的连接。以 U 相为例，把第一对极中 S 极下的极相组 1—2—3 与 N 极下的极相组 10—11—12 用“尾接尾”的方法连接起来组成一条支路，而把另一对极中 S 极下的极相组 19—20—21 与 N 极下的极相组 28—29—30 用“尾接尾”的方法连接起来组成另一条支路，然后再把这两条支路的首端与首端（线圈 1 和线圈 19 的首端）相连，作为 U 相绕组的首端 U_1，尾端与尾端（线圈 10 和线圈 28 的首端）相连，作为 U 相绕组的尾端 U_2，即得到两条并联支路。

由上所述可知，双层叠绕组每相的极相组数正好等于电机的极数。而每个极相组都可单独成为一条支路，因此，双层叠绕组每相的最大并联支路数等于电机磁极数。

双层叠绕组的优点是：① 可以灵活地选择线圈节距 y_1 来改善电动势和磁动势波形；② 短矩时能节省端部用铜；③ 便于得到较多的并联支路数。其缺点是：① 一台电机最后几个线圈的嵌线较困难；② 线圈组间连接线较长，极数多时耗铜多。

为了克服双层叠绕组间连接线较长，极数多时耗铜多的缺点，可采用双层波绕组。

交流电机的波绕组与直流电机的波绕组类似，其线圈如图 3-1-12 所示，相邻线圈沿绕制方向波浪形前进。绕组的节距有三个：第一节距 y_1 是每个线圈两个有效边之间的距离，第二节距 y_2 是前一线圈的下层边与相连的后一线圈的上层边之间的距离，合成节距 y 是两个相连线圈对应边之间的距离，三个节距均用槽数来表示。第一节距 y_1 的确定与叠绕组线圈节距 y_1 相同，等于或略小于极距 τ。为使相连的线圈的磁动势或电动势相加，两个相连的线圈应处于相邻两对磁极的对应位置，故合成节距 y 通常选为一对极距，即

$$y=y_1+y_2=2\tau=\frac{z}{P}$$

与单层绕组相比，双层绕组的优点是可以采用短距，以改善磁动势和电动势的波形，绕组端部排列方便，便于整形，可以得到较多的并联支路数。缺点是线圈数目多一倍，

绕线下线费事，槽内上下层线圈边之间应垫层间绝缘，降低了槽的利用率，短距时，有些槽的上下层线圈边不属于同一相，存在相间绝缘击穿的薄弱环节。适用于电机容量大于 10 kW 的交流电机。

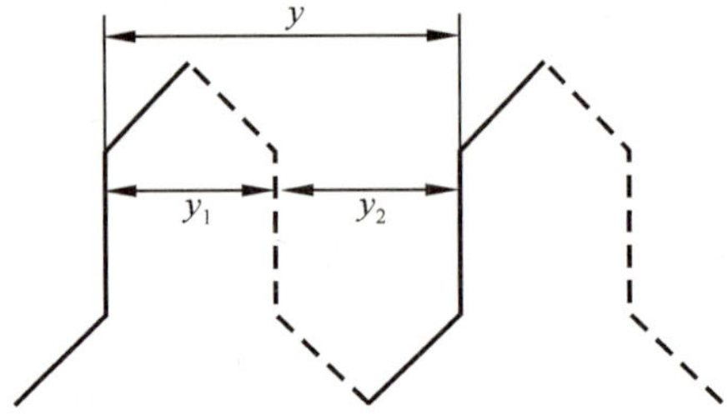

图 3-1-12　波绕组线圈与节距

三、交流绕组的电动势和磁势

（一）三相定子绕组的电势

通过单层链式绕组、同心式绕组和交叉式绕组等的展开图，可以看出，这些绕组的线圈是按照一定的规律分布排列着，且它们的线圈节距均小于其极距，也就是说，它们是分布线圈绕组。相比较而言，可以说变压器原、副边绕组都是集中线圈绕组。根据电磁感应定律可以证明，三相异步电动机定子绕组的相电势 E_1 为

$$E_1 = 4.44 f_1 N_1 \Phi_m K_w \tag{3-1-8}$$

式中　f_1——三相定子绕组中电流的频率；

N_1——每相定子绕组总的串联匝数；

Φ_m——异步电动机的每极磁通；

$K_w = K_y K_q$——绕组因数。

K_y 称为节距因数，它的数值与线圈节距有关，它表示短距线圈和长距线圈电势的减小程度，短距线圈和长距线圈 $K_y < 1$，整距线圈 $K_y = 1$。

K_q 称为分布因数，它的数值与线圈分布有关，它表示分布线圈电势的减小程度，分布线圈 $K_q < 1$，集中线圈 $K_q = 1$。

（二）三相定子绕组的磁势

1. 单相绕组的磁势

在三相定子绕组中通入三相正弦波的电流，则三相定子绕组中的每一个单相绕组所产生的磁势为脉动磁势。所谓脉动磁势，就是磁势的轴线（即磁势幅值所在的位置）在空间固定不动，但振幅不断随时间变化的磁势。

可以证明，单相绕组脉动磁势，$f_\Phi(x,t)$ 的数学表达式可以写成

$$f_\Phi(x,t) = F_\Phi \cos x \cos \omega t \tag{3-1-9}$$

式中　f_{Φ}——磁势的幅值；

x——空间坐标；

t——时间坐标；

ω——绕组中正弦交流电的角频率。

从式（3-1-9）可见，在任一瞬间，磁势的空间分布为一余弦波，但在空间任何一点的磁势，则又随时间呈余弦变化。或者说，该磁势既是空间函数又是时间函数。

可以证明，单相绕组脉动磁势的幅值 $F_{\Phi}=\dfrac{0.9IN_1K_w}{p}$，说明单相绕组脉动磁势的幅值与绕组中的电流 I 成正比，与相绕组总的串联匝数 N_1 成正比，与绕组因数 K_w 成正比，与电机的极对数 p 成反比。

2. 三相绕组的磁势

三相绕组由 3 个单相绕组组成，这 3 个单相绕组分别产生脉动磁势。在三相异步电动机中，3 个单相绕组是对称的，即 U、V、W 三相绕组在空间互相间隔的距离为 120°电角度。电机在对称运行时，通入三相绕组中的三相电流也是对称的，即其幅值相等，在时间相位上互差 120°电角度，即

$$i_U=\sqrt{2}I\cos\omega t \tag{3-1-10}$$

$$i_V=\sqrt{2}I\cos(\omega t-120°) \tag{3-1-11}$$

$$i_W=\sqrt{2}I\cos(\omega t-240°) \tag{3-1-12}$$

因此，U、V、W 三相绕组的磁势分别为

$$f_{\Phi U}=F_{\Phi}\cos x\cos\omega t \tag{3-1-13}$$

$$f_{\Phi V}=F_{\Phi}\cos(x-120°)\cos(\omega t-120°) \tag{3-1-14}$$

$$f_{\Phi W}=F_{\Phi}\cos(x-240°)\cos(\omega t-240°) \tag{3-1-15}$$

将这三脉动磁势分别进行分解，可得

$$f_{\Phi U}=\frac{1}{2}F_{\Phi}\cos(\omega t-x)+\frac{1}{2}F_{\Phi}\cos(\omega t+x) \tag{3-1-16}$$

$$f_{\Phi V}=\frac{1}{2}F_{\Phi}\cos(\omega t-x)+\frac{1}{2}F_{\Phi}\cos(\omega t+x-240°) \tag{3-1-17}$$

$$f_{\Phi W}=\frac{1}{2}F_{\Phi}\cos(\omega t-x)+\frac{1}{2}F_{\Phi}\cos(\omega t+x-120°) \tag{3-1-18}$$

把上述 3 个公式相加，可知前三相余弦互相叠加，后三相之和为零。故三相合成磁势为

$$f(x,t)=1.5F_{\Phi}\cos(x-\omega t) \tag{3-1-19}$$

式（3-1-19）表明，当三相对称电流流过三相对称绕组时，三相绕组的合成磁势为一个圆形旋转磁势。

圆形旋转磁势的幅值为单相绕组脉动磁势幅值 F_{Φ} 的 1.5 倍，其旋转速度为同步转速，用 n_1 来表示，其计算公式为

$$n_1 = \frac{60 f_1}{p} \tag{3-1-20}$$

式中 f_1——三相定子绕组中电流的频率；

p——三相异步电动机的磁极对数。

一个三相对称绕组流过三相对称电流时，它所产生的合成磁势一定是一个圆形旋转磁势。这个概念可以进一步用图 3-1-13 来解释。图 3-1-13 中 U_1U_2、V_1V_2、W_1W_2 是定子上的三相绕组，它们在空间互相间隔 120° 电角度。三相电流的变化曲线如图 3-1-14 所示。

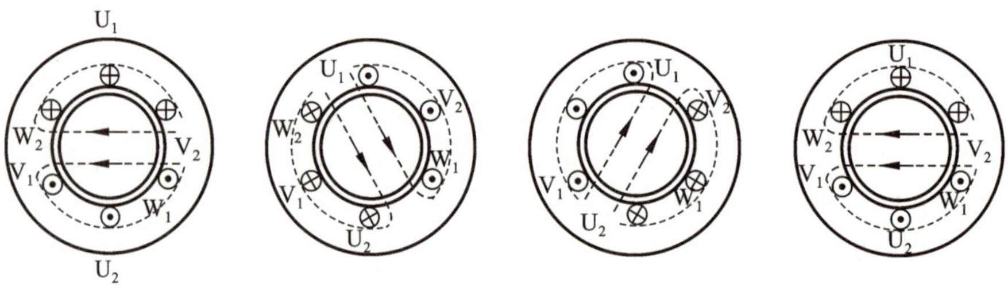

（a）$\omega t = 0$ 时　（b）$\omega t = 120°$ 时　（c）$\omega t = 240°$ 时　（d）$\omega t = 360°$ 时

图 3-1-13　旋转磁势

在图 3-1-13 中假设，A、B、C 三相电流分别流入 U、V、W 三相绕组，正值电流是从绕组的首端流入（用⊕表示流入）而从尾端流出（用⊙表示流出），负值电流则从绕组的尾端流入首端流出。

在图 3-1-14 中，当 $\omega t = 0$ 时，A 相电流具有正的最大值，相应地在图 3-1-13（a）中，A 相电流是从 U 相绕组的首端点 U_1 流入，而从尾端点 U_2 流出。此时，B 相及 C 相电流均为负值，所以电流 I_B 和 I_C 分别从 V 相绕组及 W 相绕组的尾端 V_2 和 W_2 流入，而从首端 V_1 和 W_1 流出。从图 3-1-13（a）中电流的分布情况可以清楚地看到，合成磁势的轴线正好与 U 绕组的中心线相重合。

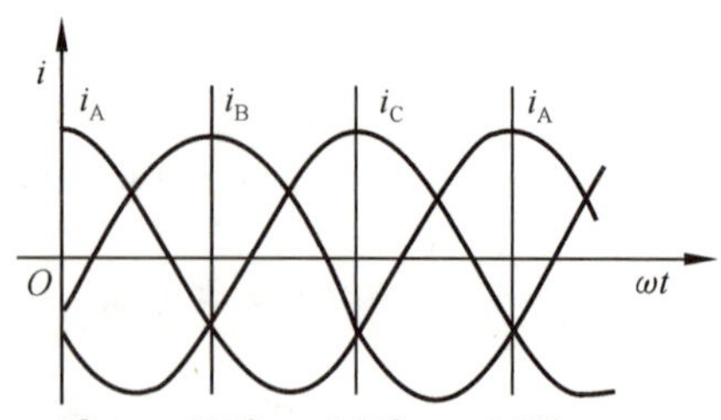

图 3-1-14　三相电流

在图 3-1-14 中，当 $\omega t = 120°$ 时，B 相电流达到正的最大值，A 相及 C 相电流则为负值，因此相应地在图 3-1-13（b）中，B 相电流是从 V 相绕组的首端 V_1 点流入，而从尾端 V_2 点流出，A 相及 C 电流分别从它们的尾端 U_2 及 W_2 点流入，而从首端 U_1 及 W_1 点流出，此时合成磁势的轴线便与 V 相绕组的中心线相重合。

根据同样的方法可以解释图 3-1-14（c），当 $\omega t = 240°$ 时，C 相电流有最大值，合成磁势的轴线便与 W 相绕组的中心线相重合。分析图 3-1-13（a）、（b）、（c）3 个图形中磁势的位置，可以明显地看出，合成磁势是一个旋转磁势。旋转磁势的轴线总是与电流

达到最大值的那一相绕组的中心线相重合。

如果三相绕组流过的是正序电流，则 A 相电流首先达到最大值，而后依次是 B 相及 C 相电流达到最大值，则合成磁势的轴线首先与 U 相绕组的中心线相重合，而后再依次同 V 相绕组和 W 相绕组中心线相重合。所以合成磁势的旋转方向是从 U 相到 V 相，再从 V 相到 W 相。也就是说，旋转磁势的转向总是从超前电流的相转向滞后电流的相。

如果三相绕组流过的是负序电流，则 A 相电流首先达到最大值，而后依次是 C 相及 B 相电流达到最大值，所以合成磁势的轴线首先与 U 相绕组的中心线相重合，而后再依次同 W 相绕组和 V 相绕组中心线相重合。合成磁势的旋转方向是从 U 相到 W 相，再从 W 相到 V 相。

可见，要改变旋转磁势的转向，只要改变通入电流的相序。也就是说，只要把三相绕组中的任何两个出线端的位置对换就可以了。

综上所述，三相绕组合成磁势具有以下性质：

（1）三相合成磁势在任何瞬间保持着恒定的振幅，它是单相脉振磁势振幅的 1.5 倍。

（2）三相绕组合成磁势的转速仅决定于电流的频率和电机的极对数。

（3）当某相电流达到最大值时，合成磁势波的波幅就与该相绕组的轴线重合。

（4）合成磁势的旋转方向决定于电流的相序。

四、三相异步电机工作原理及运行分析

（一）三相异步电机的工作原理

三相异步电机工作原理如图 3-1-15 所示，定子上的三相绕组接到三相交流电源上，转子绕组自成闭合回路。三相异步电机的工作可分为 3 种情况，以下分别介绍。

1. 三相异步电机作为电动机运行

三相异步电机作为电动机运行是其最普遍的工作状态。三相电流流入三相定子绕组，产生旋转磁势，并在气隙中产生相应的旋转磁场。旋转磁场也是以同步转速 n_1 在旋转。为了便于说明问题，在图 3-1-15 中用一对旋转的磁极来表示该旋转磁场。

当旋转磁场切割转子导体时，在其中产生感应电势，使转子导体中有电流流过。其方向可利用左手定则判断。转子电流与旋转磁场作用而产生电磁转矩，使转子以转速 n 旋转，从而把电能转换成机械能，作电动机运行。由左手定则判断可知，转子方向与磁场旋转方向相同，如图 3-1-15（b）所示。

当异步电机作为电动机运行时，为了克服负载的阻力转矩，三相异步电动机的转速 n 总是略低于同步转速 n_1，以便气隙中的旋转磁场能够切割转子导体而在其中产生感应电势和感应电流，从而能够产生足够的电磁转矩来拖动转子旋转。如果转子的转速与同步转速相等，转向又相同，则气隙旋转磁场与转子导体之间没有相对运动，因而转子导体中就不会产生感应电势和电流，电机的电磁转矩也将为零。可见，异步电机产生电磁转矩的必要条件是，磁场的同步转速 n_1 和转子的转速 n 不相等，即 $n_1 \neq n$。

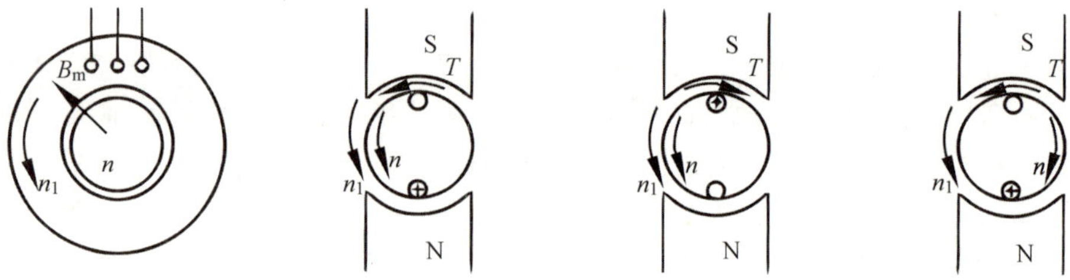

（a）示意图　（b）电动机运行　（c）发电机运行　（d）制动运行

图 3-1-15　三相异步电机的工作原理

把同步转速 n_1 和转子转速 n 的差值称为转差，转差与同步转速 n_1 的比值称为转差率，转差率用 s 来表示，即

$$s=\frac{n_1-n}{n_1} \tag{3-1-21}$$

转差率是异步电机的一个基本变量，它可以表示异步电机的各种不同运行状态。

（1）在电机刚启动时，转子转速 $n=0$，则 $s=1$，转子切割旋转磁场的相对速度为最大，转子中的电势及电流也最大。如果电动机产生的电磁转矩足以克服机械负载的阻力转矩，转子就开始旋转，转速会不断上升。

（2）随着转子转速 n 的上升，转差率 s 减小，转子切割旋转磁场的相对速度减小，转子中的电势及电流也减小。在额定状态下，转差率 s 的数值通常都是很小的，中小型异步电动机的转差率为 0.01 ~ 0.07，转子转速与同步转速相差并不很大。而空载时，因阻力矩很小，转子转速 n 很高，转差率则更小，为 0.004 ~ 0.007，可以认为转子转速近似等于同步转速。

（3）假设 $n=n_1$，则转差率 $s=0$，此时转子导体不切割旋转磁场，转子中就没有感应电势及电流，也不产生电磁转矩。

可见，作电动机运行时，转速 n 在 $0\sim n_1$ 的范围内变化，而转差率则在 1 ~ 0 的范围内变化。

三相异步电动机的转速可用转差率来计算，即

$$n=(1-s)n_1 \tag{3-1-22}$$

2. 三相异步电动机作为发电机运行

若异步电机的转轴上不是机械负载，而是用一原动机拖动异步电机的转子以大于同步转速的速度与旋转磁场同方向旋转，如图 3-1-15（c）所示。此时，转子导体相对于旋转磁场的运动方向与图 3-1-15（b）相反，转子导体中的电势及电流也反向。由左手定则可知，转子导体所产生的电磁转矩也与转子转向相反，起制动作用。为了克服电磁转矩的制动作用，使转子能继续旋转下去，并保持 $n>n_1$，原动机就必须不断向电机输入机械功率，而电机则把输入的机械功率转换为电功率输出给电网，此时异步电机成为发电机。异步发电机运行时，转差率 s 为负值。

3. 三相异步电机在制动状态下运行

若在外力作用下，使转子逆着旋转磁场方向转动，如图 3-1-15（d）所示。比较图 3-1-15（b）和图 3-1-15（d）可见，此时，转子导体相对于磁场的运动方向与电动机运行状态相同，故转子导体中的电势和电流方向仍与电动机状态相同，作用在转子上的电磁转矩方向与旋转磁场方向一致，但却与转子转向相反，起了阻止转子旋转的作用，故称为三相异步电动机的制动运行。在这种情况下，它一方面消耗原动机的机械功率，同时也从电网吸收了电功率，这两部分功率均变为三相异步电动机内部的损耗。制动运行时，由于转子逆着磁场方向旋转，$n<0$，则转差率 $s>1$。

在 3 种运行状态下，转子转速总是与旋转磁场转速（同步转速）不同，因而称为异步电机。又由于异步电机的转子绕组并不直接与电源相接，而是依靠电磁感应的原理来产生感应电势和电流，从而产生电磁转矩使电动机转，因而异步电机又称为感应电机。

实际上，异步电机绝大多数都是作为电动机运行。异步发电机的性能不如同步发电机优越，因此仅用在特殊场合。制动运行往往是吊车等设备的一种特殊运行状态。

（二）三相异步电动机的功率和转矩平衡关系

1. 三相异步电动机中各项功率、损耗的含义

电机是机电能量转换的机械，在能量转换过程中必然会有功率平衡关系，必然会有损耗。

当三相异步电动机接在电网上稳定运行时，由电网供给的电功率称为三相异步电动机的输入功率 P_1。

$$P_1 = 3U_1 I_1 \cos\varphi_1 \tag{3-1-23}$$

式中　U_1——三相异步电动机定子绕组相电压；

I_1——三相异步电动机定子绕组相电流；

φ_1——相电压 U_1 与相电流 I_1 之间的相位角；

$\cos\varphi_1$——三相异步电动机功率因数。

输入功率中的一小部分将消耗于定子绕组的电阻上，该部分称为定子绕组铜耗 P_{Cu1}

$$P_{Cu1} = 2I_1^2 r_1 \tag{3-1-24}$$

式中　r_1——三相异步电动机定子绕组相电阻。

输入功率的另外一小部分将消耗于定子铁心上，该部分称为铁耗 P_{Fe}。

转子铁心损耗可忽略不计。这是因为正常运行时，三相异步电动机转子转速接近旋转磁场的同步转速，转差率 s 很小，转子铁心中磁通变化的频率很小，再加上转子铁心和定子铁心都是用硅钢片叠成，因而转子铁心中铁耗很小。所以，三相异步电动机的铁耗主要是定子铁心损耗。

输入功率减去定子铜耗和铁耗以后，余下的功率全部送入转子，这部分功率称为电磁功率 P_M。电磁功率是借助电磁感应作用通过气隙旋转磁场由定子传递到转子的。

$$P_M = P_1 - P_{Cu1} - P_{Fe} \tag{3-1-25}$$

传递到转子的电磁功率，一部分将消耗于转子绕组中的电阻上，这部分功率称为转子绕组铜耗 P_{Cu2}。

$$P_{Cu2} = 3I_2^2 r_2 \tag{3-1-26}$$

式中　I_2——三相异步电动机转子绕组相电流；

r_2——三相异步电动机转子绕组相电阻。

传递到转子的电磁功率减去转子铜耗 P_{Cu2} 后余下的功率称为全机械功率 $P_{全}$。

$$P_{全} = P_M - P_{Cu2} \tag{3-1-27}$$

全机械功率实际上是传递到电机转轴上的机械功率，它是转子绕组中的电流与旋转磁场相互作用产生电磁转矩，带动转子以转速 n 旋转时所对应的功率。

电机转子转动时，会产生轴承摩擦及风阻等阻力转矩，为克服此阻力转矩将消耗一部分功率，这部分功率称为机械损耗 P_Ω。

定子及转子绕组中流过电流时，除产生基波磁通外，还产生高次谐波磁通及其他漏磁通。这些磁通穿过导线、定子及转子铁心、机座、端盖等金属部件时，在其中感应电势和电流并引起损耗，这部分称为杂散损耗 P_s。杂散损耗的大小与气隙的大小和制造工艺等因素有关。

全机械功率减去机械损耗和杂散损耗以后，就是三相异步电动机转轴上输出的机械功率 P_2。用 $P_{\Omega+s}$ 表示机械损耗和杂散损耗之和，则

$$P_2 = P_{全} - P_{\Omega+s} \tag{3-1-28}$$

铁耗 P_{Fe}、定子绕组铜耗 P_{Cu1}、转子绕组铜耗 P_{Cu2} 都属于电磁损耗，这三项损耗主要与电的电磁负荷有关，即与电机中的磁场强度、绕组中的电流大小、铁心和绕组的几何尺寸等有关。机械损耗 P_Ω 主要与电机的转速、摩擦系数等因素有关。以上 4 项损耗属于电机的基本损耗。杂散损耗 P_s 的值很小，一般可以忽略不计。

2. 三相异步电动机的功率平衡关系

三相异步电动机从电网吸收电功率，从转轴上输出机械功率，其功率流程如图 3-1-16 所示。

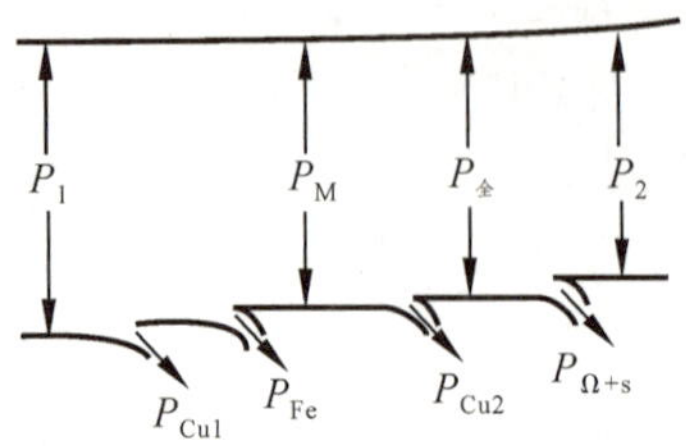

图 3-1-16　三相异步电动机功率流程

三相异步电动机的功率平衡方程：

$$P_1 = P_{Cu1} + P_{Fe} + P_{Cu2} + P_{\Omega+s} + P_2 = \sum P + P_2 \tag{3-1-29}$$

电动机的总损耗：

$$\sum P = P_{Cu1} + P_{Fe} + P_{Cu2} + P_{\Omega+s} \tag{3-1-30}$$

电磁功率：

$$P_M = P_{Cu2} + P_{\Omega+s} + P_2 \tag{3-1-31}$$

全机械功率：

$$P_{全} = P_{\Omega+s} + P_2 \tag{3-1-32}$$

除以上功率关系外，还可以证明，三相异步电动机的转子绕组铜耗与电磁功率之间存在着一定的关系：转子绕组铜耗与电磁功率之比等于异步电机的转差率，即

$$P_{Cu2} = sP_M \tag{3-1-33}$$

式（3-1-33）说明，转差率越大，电磁功率中转变为转子铜耗的部分就越大。转子电阻越大时转子的铜耗便越大，因此转差率也越大，转速便越低。

根据三相异步电动机功率流程图和式（3-1-31）~式（3-1-33）可知，全机械功率与电磁功率之间的关系为

$$P_{全} = P_M - P_{Cu2} = (1-s)P_M \tag{3-1-34}$$

3. 三相异步电动机的转矩平衡方程

在三相异步电动机中，输入定子的电能转换为转子上的机械能输出是通过转子上产生电磁力（载流导体在磁场中的受力），由电磁力产生电磁转矩使转子旋转而实现的。因此，电磁转矩是电机中能量形态变换的基础。

对于已制造好的异步电动机，电磁转矩的大小与旋转磁场磁通的大小及转子电流大小密切相关。通过数学分析可知，电磁转矩 T 的大小与旋转磁场的每极磁通 Φ_m 及转子电流 I_2 正比，可用公式表示为

$$T = C_T \Phi_m I_2 \cos\varphi_2 \tag{3-1-35}$$

式中　C_T——电机常数；

$\cos\varphi_2$——转子的功率因数。

根据动力学，作用在旋转体上的转矩等于旋转体的机械功率除以它的机械角速度。因此，在三相异步电动机的功率关系式 $P_{全} = P_{\Omega+s} + P_2$ 中，两边都除以转子的机械角速度 Ω，便得到三相异步电动机的转矩平衡方程式，即

$$T = T_0 + T_2 \tag{3-1-36}$$

式中，电磁转矩 $T=\dfrac{P_{全}}{\Omega}$，也就是说，在三相异步电动机中，转子转轴上的电磁转矩等于全机械功率除以转子机械角速度；$T_0=\dfrac{P_{\Omega+s}}{\Omega}$ 为三相异步电动机的空载转矩，它等于机械损耗与杂散损耗之和除以转子机械角速度；$T_2=\dfrac{P_2}{\Omega}$ 为三相异步电动机的输出转矩，它等于输出功率除以转子机械角速度。

三相异步电动机的转矩平衡方程表明，电动机稳定运行时，电磁转矩减去空载转矩后，才是电动机转轴上的输出转矩。

由于全机械功率 $P_{全}=(1-s)P_M$，转子的机械角速度 $\Omega=(1-s)\Omega_1$，Ω_1 为旋转磁场的同步角速度，则可以得到

$$T=\frac{P_{全}}{\Omega}=\frac{P_M}{\Omega_1} \tag{3-1-37}$$

式（3-1-37）说明，作用在转子上的电磁转矩与通过气隙旋转磁场传递到转子的电磁功率成正比。

电磁转矩既可以用转子的全机械功率除以转子的机械角速度来计算，也可以用电磁功率除以旋转磁场的同步角速度来计算。前者是从转子本身产生机械功率这一概念导出的：由于转子本身的机械角速度为 Ω，所以 $T=\dfrac{P_{全}}{\Omega}$。后者则是从旋转磁场对转子做功这一概念出发：由于旋转磁场以同步角速度 Ω_1 旋转，而旋转磁场为了带动转子旋转，通过气隙传到转子的总功率就是电磁功率，所以 $T=\dfrac{P_M}{\Omega_1}$。

（三）三相异步电动机的运行特性

异步电动机从定子边吸取电能，从转子轴端输出机械能。从使用方面来说，机械负载需要它有一定的转矩和转速；从电网方面来说，要求电动机具有一定的效率、功率因数，并应限制其启动电流。为了保证电动机能够可靠、经济地运行，在设计和制造时，必须保证电动机的性能满足国家标准所规定的技术指标。三相异步电动机的运行特性反映了一些重要技术指标的变化规律。

三相异步电动机的运行特性是指在额定电压及额定频率时，转速 n、电磁转矩 T、定子电流 I_1、定子功率因数 $\cos\varphi_1$，以及效率 η 随着输出功率 P_2 而变化的关系曲线。

1. 转速特性

三相异步电动机在额定电压及额定频率下，输出功率 P_2 变化时，转速 n 的变化规律曲线 $n=f(P_2)$ 称为转速特性。

空载时，输出功率 $P_2=0$，转子电流很小，转子铜耗 P_{Cu2} 很小，转差率 $s\approx 0$，转子转速接近同步转速。随着负载的增大，转速会略有下降，这样旋转磁场便以较大的转差 $\Delta n=n_1-n$ 切割转子导体，使转子导体中的感应电势及电流增加，而转子电流的增加，

会产生较大的电磁转矩，从而与机械负载的阻力转矩相平衡。转速特性 $n=f(P_2)$ 曲线形状如图 3-1-17 所示，是一条微微下倾的曲线。

随着负载的增大，转子电流增大，转子铜耗及电磁功率也相应增大。但是，转子铜耗与转子电流的平方成正比，而电磁功率近似与转子电流的一次方成正比，转子铜耗比电磁功率增大得快。而电动机的转差率 $s=\dfrac{P_{Cu2}}{P_M}$，所以，随着负载的增大，转差率 s 也增大，即转速 n 稍有下降。对一般的三相异步电动机，为保证有较高的效率，转子铜耗 P_{Cu2} 不能过大，所以转差率 s 的数值很小。在额定负载时的转差率 $s_N=0.01\sim0.07$（其中小的数字对应于容量大的电机），这表明额定转速仅比同步转速低 1%～7%。

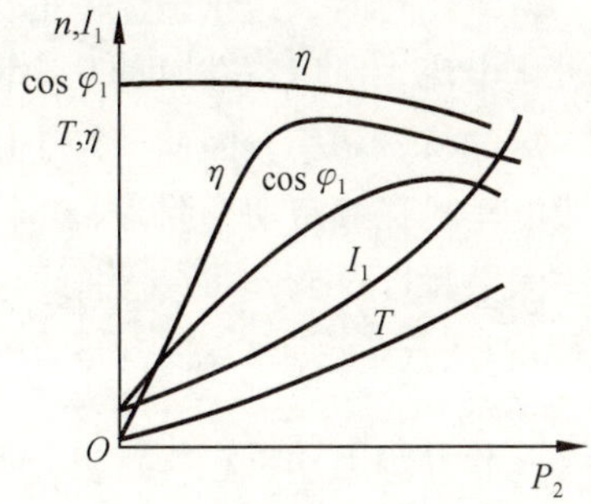

图 3-1-17　三相异步电动机工作特性

2. 转矩特性

三相异步电动机在额定电压及额定频率下，输出功率 P_2 变化时，电磁转矩 T 变化规律 $T=f(P_2)$ 曲线称为转矩特性。

由三相异步电动机的转矩平衡方程式可知

$$T=T_0+T_2=T_0+\frac{P_2}{\Omega} \tag{3-1-38}$$

从空载到额定负载之间，空载转矩 T_0 可认为不变，假设电动机的转速也不变，则转矩特性 $T=f(P_2)$ 为一条直线。实际上，随着 P_2 的增加，电动机的转速略有下降，所以，转矩特性 $T=f(P_2)$ 是一条比直线略有上翘的曲线，如图 3-1-17 所示。

3. 定子电流特性

三相异步电动机在额定电压及额定频率下，输出功率 P_2 变化时，定子电流 I_1 变化规律曲线 $I_1=f(P_2)$ 称为定子电流特性。

空载运行时，转子电流 $I_2\approx0$，此时定子电流 I_1 几乎全部为励磁电流。励磁电流是定子电流中用来产生旋转磁场主磁通的电流分量；定子电流中的另一部分称为定子电流有功分量，定子电流有功分量用来与转子电流相平衡。

当负载增加以后，输出功率增大，转子转速下降，转子电流增加，以产生足够的电磁转矩与负载转矩相平衡，通过电磁感应关系，定子电流也随着增加，输入功率增大，从而满足功率平衡方程的要求。定子电流特 $I_1=f(P_2)$ 的曲线形状如图 3-1-17 所示。

4. 功率因数特性

三相异步电动机在额定电压及额定频率下，输出功率 P_2 变化时，定子功率因数 $\cos\varphi_1$ 的变化规律曲线 $\cos\varphi_1=f(P_2)$ 称为功率因数特性。

对电网来说，三相异步电动机是一个电感性负载，它从电网中吸取无功功率，所以，三相异步电动机的功率因数是滞后的。

空载运行时，定子电流中的大部分是励磁电流，由于励磁电流中的主要成分是无功的磁化电流，所以空载时的功率因数很低，通常为 $\cos\varphi_0 < 0.2$。加上负载后，由于要输出一定的机械功率，因此，定子电流中的有功分量增加，电动机的功率因数逐渐提高。一般电动机在额定功率附近，功率因数将达到最大数值，额定功率因数 $\cos\varphi_N = 0.7 \sim 0.9$。功率因数特性 $\cos\varphi_1 = f(P_2)$ 曲线形状如图 3-1-17 所示。

5. 效率特性

三相异步电动机在额定电压及额定频率下，输出功率 P_2 变化时，效率 η 的变化规律曲线 $\eta = f(P_2)$ 为效率特性。

三相异步电动机的效率 η 为输出功率与输入功率之比。

$$\eta = \frac{P_2}{P_1} = \frac{P_2}{P_2 + \sum P} \tag{3-1-39}$$

空载时，输出功率 $P_2 = 0$，故 $\eta = 0$。随着负载的增大，输出功率逐步增大，效率也相应增大。

异步电动机在运行过程中的转速及气隙磁通是近似不变的，故机械损耗与定子铁耗之和基本上是常数，称为不变损耗；定、转子铜耗与电流平方成正比，随电流的变化而变化，称为可变损耗。如同变压器与直流电机中的情况一样，当不变损耗与可变损耗相等时，出现最大效率。

出现最大效率后，若负载继续增大，电动机的效率就要下降，效率特性 $\eta = f(P_2)$ 曲线形状如图 3-1-17 所示。

由于额定功率附近的功率因数和效率都比较高，因此总希望电动机在额定功率附近运行。如果电机长时间在低负荷下运行，由于此时的效率和功率因数都很低，很不经济。因此，选用电动机时，应使电动机的机械容量与机械负载相匹配。

（四）三相异步电动机的机械特性

异步电动机输出机械功率主要表现在输出转矩和转速上，因此转速或转差率是异步电动机的基本变量之一。当三相异步电动机的外加定子电压及频率不变，转差率 s 变化时，电磁转矩 T 的变化规律曲线 $T = f(s)$ 称为机械特性。通过数学分析，可以得到用参数表示的电磁转矩 T 的计算公式如下：

$$T = \frac{3pU_1^2 r_2'/s}{2\pi f_1[(r_1 + r_2'/s)^2 + (x_{1\sigma} + x_{2\sigma}')^2]} \tag{3-1-40}$$

式中　p——极对数；

U_1——电动机相电压；

f_1——定子频率；

r_1，$x_{\sigma 1}$——定子绕组的电阻和电抗；

r_2', $x_{2\sigma}'$——转子绕组的折算电阻和电抗。

当异步电机的定子电压、频率及各参数都为定值时，改变转差率 s 的大小，根据用参数表示的电磁转矩计算公式可算出相应的电磁转矩 T，可作出机械特性 $T=f(s)$ 曲线，如图 3-1-18 所示。

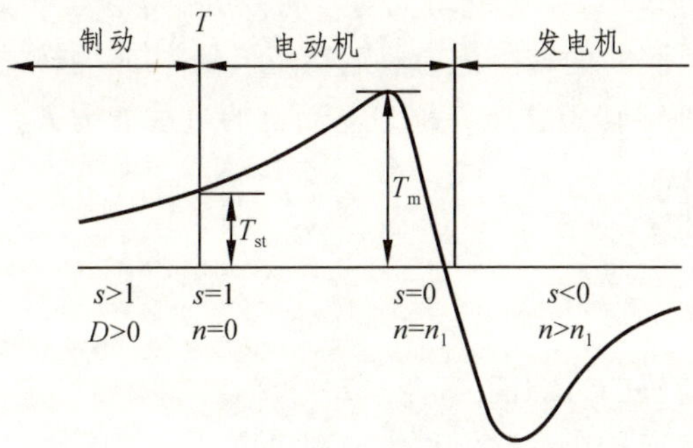

图 3-1-18　三相异步电动机的机械特性

由图可见，当 $1 \geqslant s > 0$ 时，电磁转矩和转子的转速都为正，转子转速小于磁场的同步转速，电机处于电动机运行状态；当 $s<0$ 时，转子的转速为正，转子转速大于磁场的同步转速，电磁转矩为负，电机处于发电机运行状态；当 $s>1$ 时，转子的转速为负，电磁转矩为正，电机处于制动运行状态。

通过机械特性曲线，可以看到三相异步电动机具有以下一些特点。

（1）在启动的瞬间，即 $s=1$ 时的电磁转矩称为启动转矩 T_{st}。通过数学分析的方法可知，启动时，电动机的启动电流很大，但转子功率因数很小，而 $T=C_T\Phi_m I_2\cos\varphi_2$，故启动转矩 T_{st} 并不很大。

（2）如果转子达到同步转速，即 $s=0$，则转子电流 $I_2=0$，此时的电磁转矩 $T=0$。

（3）当转差率 s 达到某一值时，电磁转矩达到最大值，称为最大转矩 T_m，对应于此时的转差率称为临界转差率 s_m，一般异步电动机的 $s_m=0.04\sim0.14$。通过数学分析的方法可得到临界转差率 s_m 和最大转矩 T_m 的数学表达式如下：

$$s_m=\frac{r_2'}{\sqrt{r_1+(x_{1\sigma}+x_{2\sigma}')^2}} \qquad (3\text{-}1\text{-}41)$$

$$T_m=\frac{3pU_1^2}{4\pi f_1[r_1+\sqrt{r_1^2+(x_{1\sigma}+x_{2\sigma}')^2}]} \qquad (3\text{-}1\text{-}42)$$

可见，三相异步电动机的最大转矩与电网电压的平方成正比，最大转矩与转子电阻无关；临界转差率 s_m 与转子电阻成正比。

（4）转子电阻对 $T=f(s)$ 曲线的影响。异步电机转子回路中的电阻不同，其相应的机械特性 $T=f(s)$ 曲线的形状也不同，启动转矩的大小也不同。当 $s_m<1$ 时，随着转子电阻的增加，启动转矩变大；要使启动转矩达到最大转矩 $T_{st}=T_m$，则 $s_m=1$，即

$$s_m = \frac{r_2' + r_{st}'}{\sqrt{r_2'^2 + (x_{1\sigma} + x_{2\sigma}')^2}} = 1 \tag{3-1-43}$$

此时，在转子回路中应串入电阻的折算值为 $r_{st}' = \sqrt{r_1' + [r_1' + (x_{1\sigma} + x_{2\sigma}')^2} - r_2'$。若转子回路串入的电阻超过该值，$s_m > 1$，说明电动机的启动转矩变小。

（5）对应于额定负载时的转矩称为额定转矩 T_N，相应的转差率称为额定转差率 s_N。

（6）最大转矩与额定转矩之比，称为电动机的过载能力 K_m，它是衡量电动机过载能力的一个重要指标。

$$K_m = \frac{T_m}{T_N} \tag{3-1-44}$$

一般三相异步电动机的过载能力 $K_m = 2 \sim 2.2$。

（7）启动转矩与额定转矩之比，称为电动机启动转矩倍数 K_{st}。

$$K_{st} = \frac{T_{st}}{T_N} \tag{3-1-45}$$

希望 K_{st} 尽量大一些为好。JO2 系列电动机的 $K_{st} = 0.9 \sim 2$，Y 系列电动机的 $K_{st} = 1.8 \sim 2.2$。

技能训练

小型三相异步电动机的拆装检修

1. 安全教育

2. 实训准备

实训所需设备见表 3-1-2，填写空白部分。

表 3-1-2　实训设备

序号	设备名称	规格（型号）	数量
1	工具箱		1
2	笼型异步电动机		1
3	摇表		1
4	电机实验台		

3. 实训任务

（1）按实训指导书要求，正确拆装三相异步电动机。

（2）正确使用摇表测量定子、转子的绝缘电阻。

（3）对组装后的电机进行通电试验。

（4）完成实训记录表。

思考题

1. 按照转子的形式，三相异步电动机可分为哪两大类？

2. 三相异步电动机主要由哪些部件组成？各部件的作用是什么？

3. 三相异步电动机铭牌上重要的数据有哪几个？各额定值的含义是什么？

4. 三相异步电动机交流绕组的基本要求是什么？

5. 三相异步电动机交流绕组如何分类？

6. 电机中空间电角度是如何定义的？电角度与机械角度有什么关系？

7. 比较单层绕组和双层绕组的优缺点，为什么一般功率大于 10 kW 的交流电机多采用双层绕组？

8. 同一相内各线圈组之间的连接方式根据什么确定？

9. 单相绕组流过交流电流时产生的基波磁动势有哪些特点？三相对称绕组流过三相对称电流时产生的基波磁动势又有哪些特点？

10. 什么叫极距？一台三相 8 极异步电机，其定子槽数为 48，其极距是多少？

11. 交流绕组每极每相槽数的含义是什么？一台三相 4 极异步电机的定子槽数为 36，求其每极每相槽数。

12. 一台三相两极异步电动机，定子绕组为单层交叉式，定子槽数为 18，大线圈节距为 8 槽，小线圈节距为 7 槽，试绘出其绕组展开图。

13. 三相异步电动机定子绕组相电势的计算公式与变压器绕组电势的计算公式有何不同？为什么？

14. 一台三相异步电动机铭牌上写明，额定电压 380/220 V，定子绕组接法 Y/△。如果使用时将定子绕组连成△，接在 380 V 的三相电源上，能否空载或带负载运行？为什么？如果将定子绕组连成 Y，接在 220 V 的三相电源上，能否空载或带负载运行？为什么？

15. 为什么说交流绕组所产生的磁势既是空间函数又是时间函数？

16. 三相绕组所产生的旋转磁势，它的转速与通入的三相电流的频率以及绕组的极对数之间有什么关系？

17. 一台额定频率为 50 Hz 的三相电机，如果通以 60 Hz 的三相对称交流电，假设电压电流额定值等都不变，问旋转磁势的幅值大小、极对数、转速、转向将如何变化？

18. 一台三相异步电动机定子绕组为 Y 接法，如果把三相引出线中的两个头对调一下再接电源，问旋转磁势的转向是否变化？如果定子绕组为△接法，转向又将如何？

19. 三相异步电动机中的定子旋转磁场是怎样产生的？

任务评价

任务完成后根据表 3-1-3 所列项目由个人、组长和教师分别进行考核评价，并填入考核分数。

表 3-1-3　任务考核评价表

评价项目	子项目	个人评价（占 30%）	组长评价（占 20%）	教师评价（占 50%）
专业能力（50 分）	解答理论问题（25 分）			
	解决实际问题（25 分）			
方法能力（20 分）	获取理论与实践相关资讯（10 分）			
	完成任务后的自我总结评价（10 分）			
社会能力（30 分）	与同学和谐相处、协作完成任务（10 分）			
	遵守纪律、一丝不苟、爱岗敬业（10 分）			
	遵守安全规程（10 分）			
小计				
签名				

任务二　三相异步电动机运行

学习目标

【知识目标】

1. 掌握三相异步电动机启动、反转、调速与制动方法。
2. 掌握单相异步电动机启动和运行原理。

【技能目标】

1. 能小组合作完成三相异步电动机的启动、反转、调速、制动操作。
2. 能小组合作进行三相异步电动机的检修并完成实训报告。

【素养目标】

1. 培养学生爱护设备、规范操作、安全生产的职业意识。
2. 培养学生爱岗敬业，团结协作的职业责任感。
3. 树立实事求是的科学态度。

相关知识

一、三相异步电动机的启动、反转、调速和制动

因为各种生产机械经常要进行启动、调速和停车，所以作为原动机的异步电动机，其启动、调速和制动等性能的好坏，对生产机械的运行有很大影响。

（一）三相异步电动机的启动

三相异步电动机的启动是指从电动机接入电网开始转动，到达正常运转为止的这一过程。

衡量三相异步电动机启动性能的好坏，主要有 4 点：

（1）启动电流尽可能小。

（2）启动转矩要足够大。

（3）启动所需用的设备简单、经济、操作方便。

（4）启动过程中的功率损耗要尽量小。

异步电动机在启动时存在着两种矛盾：电动机的启动电流大，而供电线路承受冲击

电流的能力有限；电动机的启动转矩小，而负载又要求有足够的转矩才能启动。在不同的情况下，应采取不同的启动方法。

对于容量不大，又是在空载情况下启动的异步电动机，如一般机床上用的电动机，启动电流虽大，但在很短时间内就会下降至额定值，只要车间里许多机床不是同时启动，对供电线路不会造成太大影响。其启动转矩即使比电机的额定转矩还小，只要是空载启动，也是够用的，转起来之后，仍能承担额定负载。因此，在这种情况下，可以采用直接启动。

对于经常满载启动的电动机，如电梯、起重机等，当启动转矩小于负载转矩时，根本就不能正常工作。对于几百千瓦以上的中、大容量电动机，额定电流达几百安培，启动电流有数千安培，供电线路能否承受这样大的电流冲击，主要看电网和供电变压器的容量。电动机的启动电流流过具有一定内阻抗的发电机、变压器和供电线路，总会造成电压的瞬时降低。变压器容量越小，内阻抗值就越大，启动电流引起的瞬时电压降落也越大。供电电压的瞬时降低，不仅会使这台要启动的电机本身工作不起来，在同一条供电母线上的其他设备也要受到冲击：电灯会变暗，数控设备失常，带着重载的电动机甚至会停下来。在这种情况下，变电所的欠电压保护可能会跳闸，造成停电事故。因此，大容量的异步电动机是不允许直接启动的。具体来讲，异步电动机的启动主要有以下 4 种方法：

1. 小容量电动机空载或轻载启动——直接启动

小容量电动机空载或带轻载时，可以直接启动。直接启动就是将电动机定子绕组直接接到具有额定电压的电网上。这种启动方法的优点是操作和启动设备都简单。直接启动时电流较大，如果负载的惯量较大，启动时间可能较长。为了保证电动机启动时不引起太大的电网压降，电动机应满足下列经验公式的要求：

$$\frac{I_{st}}{I_N} \leqslant \frac{3}{4} + \frac{\text{供电变压器的容量}}{4\times\text{电动机额定容量}} \tag{3-2-1}$$

电动机能否采用直接启动方法，这不仅取决于电动机本身的容量大小，而且还与供电电网容量、供电线路长短、启动次数及其他用户的要求有关。

供电电网容量越大，允许直接启动的电动机容量也越大；电动机与供电变压器之间的距离越长，启动时线路电压降也越大，则电动机的端电压就越低，有可能使电机不工作，这种情况下应降低允许直接启动的电动机的容量；频繁启动的电动机，由同一台变压器供电的其他设备，如果都是动力用户，即都是电动机，则对允许直接启动的电动机容量的要求就放松一些，如果还有照明用户，以及其他对电源电压波动很敏感的用户，则对允许直接启动的电动机容量的要求就更严一些。

至于具体的规定，可查阅有关书籍或电工手册。通常以下两种情况可以采用直接启动：容量在 7.5 kW 以下的三相异步电动机；电动机在启动瞬间造成的电网电压降不大于电压正常值的 10%，对于不经常启动的电动机可放宽到 15%。

2. 中、大容量电动机空载或轻载启动——降压启动

凡电动机容量超过前面所述的要求时，就不能直接启动。在这种情况下，如果仍是空载或轻载启动，则启动时的主要问题就是启动电流大而电网允许的冲击电流有限。因此必须降低启动电流。要降低启动电流，最有效的措施就是降压启动。

降压启动是指电动机在启动时降低加在定子绕组上的电压，启动结束后再加上额定电压运行。降压启动可以有效地降低电动机的启动电流，但由于感应电动机的启动转矩和电压的关系为

$$T_{st}=\frac{1}{2\pi f_1}\frac{3pU_1^2r_2'}{(r_1+r_2')^2+(x_{1\sigma}+x_{2\sigma}')^2} \tag{3-2-2}$$

由式（3-2-2）可见，感应电动机的启动转矩和电压的平方成正比，因此降压启动时，电动机的启动转矩也相应降低，所以，降压启动只适用于电动机空载或轻载启动。常用的降压启动方法有星三角降压启动、自耦变压器降压启动、定子绕组串电阻或电抗降压启动、延边三角形降压启动。

1）星三角（Y/△）降压启动

星三角降压启动是指在额定电压下正常运行时为三角形接法的电动机，在启动时采用星形接法从而使三相定子绕组所承受的每相相电压降低为额定电压（电源线电压）的$\frac{1}{\sqrt{3}}$。其原理线路如图 3-2-1 所示。

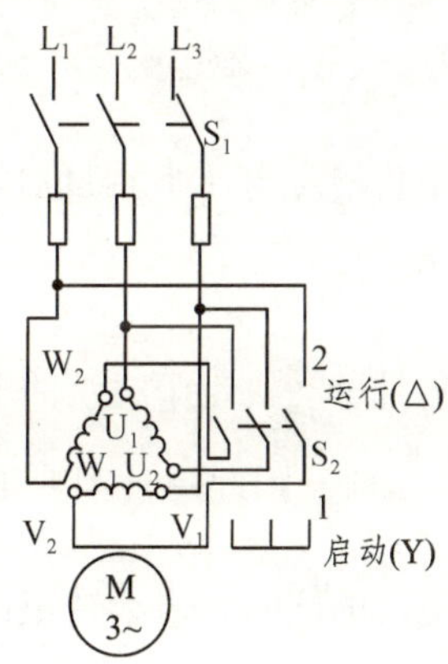

图 3-2-1 星三角降压启动原理线路

启动时，先将转换开关S_2置于“启动”位，这时定子三相绕组作星形连接然后将开关S_1合上，电动机开始启动。待电动机转速升高到一定值后，再把S_2置于“运行”位，此时定子三相绕组作三角形连接，电动机就在额定电压下正常运行。

当定子绕组接成星形启动时，每相绕组所加电压为$\frac{U_1}{\sqrt{3}}$，设电动机启动时每相阻抗为Z_{st}，则启动时的线电流为

$$I_{st(Y)}=\frac{U_1}{\sqrt{3}|Z_{st}|} \tag{3-2-3}$$

如用三角形直接启动时，每相所加电压为U_1，此时线电流为

$$I_{st(\triangle)}=\sqrt{3}\frac{U_1}{|Z_{st}|} \tag{3-2-4}$$

两种接线方法启动电流的比值是

$$\frac{I_{st(Y)}}{I_{st(\triangle)}}=\frac{1}{3} \tag{3-2-5}$$

由此可见，用星三角降压启动，启动电流为采用三角形接法直接启动时的 1/3，对

降低启动电流很有效，但由于启动转矩 T_{st} 正比于 U_1^2，因此启动转矩也相应降低为采用三角形接法直接启动时的 1/3，即启动转矩也降低很多，故此种方法只能用于空载或轻载启动的设备上。此种方法的最大优点是所需设备简单、价格低，因而获得了广泛的应用。由于这种方法只能用于正常运行时三相定子绕组为三角形接法的电动机，因此我国生产的 JO2 及 Y 系列三相鼠笼式异步电动机，功率在 4 kW 及以上者正常运行时都采用三角形接法。

2）自耦变压器降压启动

自耦变压器降压启动也称启动补偿器启动，这种启动方法是利用自耦变压器来降低启动时加在定子三相绕组上的电压，其原理线路如图 3-2-2 所示，它由三相自耦变压器和控制开关等组成。

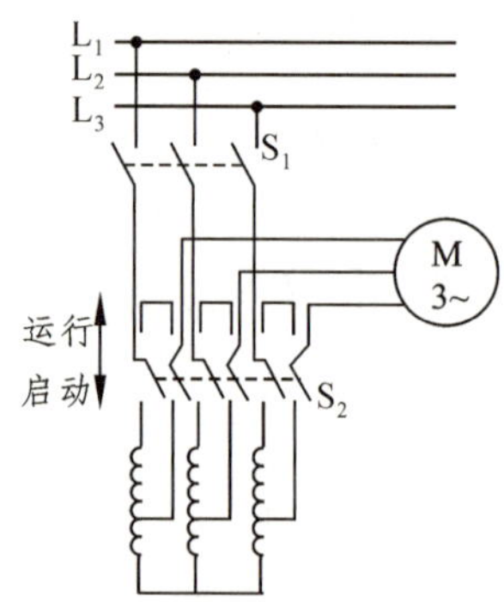

图 3-2-2　自耦变压器降压启动原理线路

启动时，先将开关 S_1 闭合，然后再将开关 S_2 置于“启动”位，这时经过自耦变压器降压后的交流电压加到电动机三相定子绕组上，电动机开始降压启动，待电动机转速升高到一定值后，再把开关 S_2 置于“运行”位，电动机就在额定电压下正常运行，此时自耦变压器已从电网上被切除。

设自耦变压器的变比为 K，原边电压为 U_1，则副边电压为 $U_2=\dfrac{U_1}{K}$，副边电流（即通过电动机定子绕组的线电流）也减小为额定电压下直接启动时启动电流的 $\dfrac{1}{K}$ 倍。又因为变压器原副边的电流关系是 $I_1=\dfrac{I_2}{K}$，可见原边的电流（即电源供给电动机的启动电流）比直接流过电动机定子绕组的电流还要小，即此时电源供给电动机的启动电流为直接启动时的 $\dfrac{1}{K^2}$ 倍，因此用自耦变压器降压启动对限制启动电流很有效。但采用此种方法降低启动电流的同时，启动转矩也会相应降低到直接启动的 $\dfrac{1}{K^2}$ 倍。

这种启动方法的优点是可以按容许的启动电流和所需的启动转矩选择自耦变压器的变比从而实现降压启动，而且不论电动机定子绕组采用星形接法或三角形接法都可使用；缺点是投资较大，设备体积大。

3. 小容量电动机重载启动——鼠笼电机的特殊型式

小容量电动机重载启动时的主要问题是启动转矩不足。针对这种情况，解决的办法有两个：其一是按启动要求，选择容量更大的电动机；其二是选用启动转矩较高的特殊形式的电动机，这些形式电动机的机械特性与普通鼠笼式电动机的机械特性的比较如图 3-2-3 所示。

启动转矩较高的特殊型式的电动机主要是指以下三种。其一是 JQ 型电动机，适用于一般重载启动，如皮带运输机等，其特殊的机械特性是由于转子参数（双鼠笼式异步电动机和深槽型异步电动机）设计制造成能够自动随转速变化。其二是 JH 型电动机，它的转子电阻设计得偏大，因此它的机械特性较软，适用于冲压机这一类带冲击负载的机械，这类机械常常带着机械惯性较大的飞轮，在冲击负载来到时，转速降落大，由飞轮释放出来的动能可以帮助电机克服高峰负载。其三是 JZ 型电动机，它的转子电阻设计得更大，启动转矩也相应地更大，机械特性更软，适用于频繁启动的起重机和冶金机械。

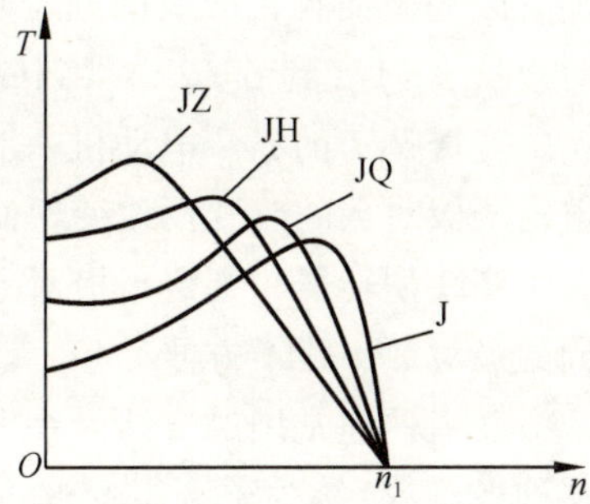

图 3-2-3　不同型式鼠笼电动机的机械特性

4. 中、大容量电动机重载启动——绕线电动机启动

中、大容量电动机重载启动时，启动的两种矛盾同时起作用，问题最尖锐。可以先用特殊型式的鼠笼电机进行尝试，如果不行，再选择绕线转子电机。绕线电机常用转子串接电阻或转子串接频敏变阻器的方法来改善启动性能。绕线电机转子串接电阻时，如果阻值选择合适，可以既增大启动转矩，又减小启动电流，使两对矛盾都得到解决，当然投入的设备要多一些，成本较高。

另外，对于频繁启动、制动的电机来说，即使容量不大，但启动、制动的时间占整个电机工作时间的比例较大，大电流持续时间长，发热严重。如果选用鼠笼电动机，哪怕只是空载，来回启动、制动次数过多也会过热。这时也应采用绕线电机，利用转子外接电阻来控制启动、制动，启动时大部分热量产生在电机外面，电机本身的发热也就小多了。

（二）三相异步电动机的调速

三相异步电动机的调速是指用人为的方法来改变三相异步电动机的转速。异步电动机在结构简单、价格便宜、运行可靠、维护方便等方面优于直流电动机，在容量、电压、转速等级上也比直流电动机高，但在调速和控制性能上较直流电动机差。异步电动机的转速是可以调节的，但目前还没有找到调速范围广、精度高、动态性能好，并且价廉、可靠、能够完全取代直流电机的交流调速系统。

异步电动机的转速公式为

$$n=n_1(1-s)=\frac{60f_1}{p}(1-s) \tag{3-2-6}$$

从式（3-2-6）可见，异步电动机可通过改变定子绕组的极对数 p、改变电源频率 f_1 和改变转差率 s 进行调速。

1. 变极调速

变极调速就是通过改变电动机定子绕组的极对数 p 来调速。从式（3-2-6）可见，如果电源频率 f_1 固定不变，只要改变电机绕组的极对数 p，则同步转速和转子转速 n 也会随着改变。而且，电机的同步转速 n_1 与极对数 p 成反比变化，如当 $f_1 = 50\ \text{Hz}$ 时，把极对数从 $p = 1$ 变到 $p = 2$，得到的同步转速将从 $n_1 = 3\ 000\ \text{r/min}$ 变为 $n_1 = 1\ 500\ \text{r/min}$。

变极调速的异步电动机一般采用鼠笼式转子，因为鼠笼式转子的极对数能自动地随着定子极对数的改变而改变，使定、转子磁场的极对数总是相等而产生平均电磁转矩。若为绕线型转子，则定子极对数改变时，转子绕组必须相应地改变接法以得到与定子相同的极对数，很不方便。

变极调速常用的方法是在定子上只装一套绕组，而利用改变绕组接法来获得两种或多种极对数，称为单绕组变极。变极原理如图 3-2-4 所示，图中 U 相绕组由 U_1U_1' 和 U_2U_2' 两个线圈组成，如果两个线圈串联，向绕组通入电流后将产生 4 个磁极，即 $2p = 4$；如果两个线圈并联（即将 U_1' 和 U_2' 连接，U_1 和 U_2 连接），向绕组通入电流后将产生 2 个磁极，即 $2p = 2$。可见，磁极对数发生了改变。

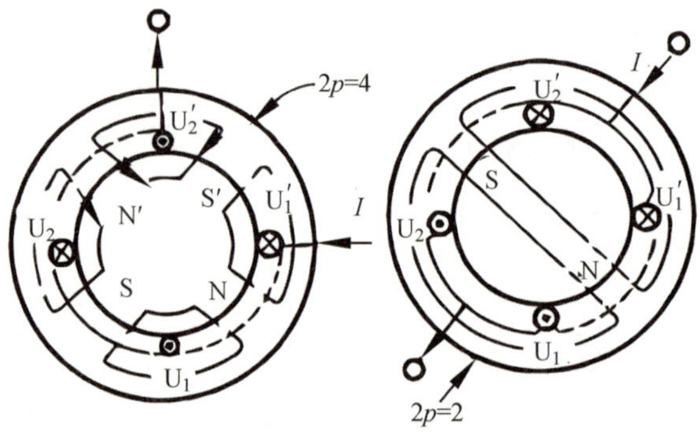

图 3-2-4　改变定子绕组磁极对数

图 3-2-5 所示为变极双速异步电动机的接线示意。当电源从 1、2、3 端引入时（4、5、6 悬空），定子绕组为三角形接法。由图中实线箭头表示的电流方向可见，此时一相绕组的两个线圈串联，磁极数为 $2p = 4$；当电源从 4、5、6 端引入时（1、2、3 端相连），定子绕组为 YY 接法，由图中虚线箭头表示的电流方向可见，一半线圈中的电流改变了方向，此时磁极为 $2p = 2$。这种变极方法称为 YY/△接法，目前被广泛采用。

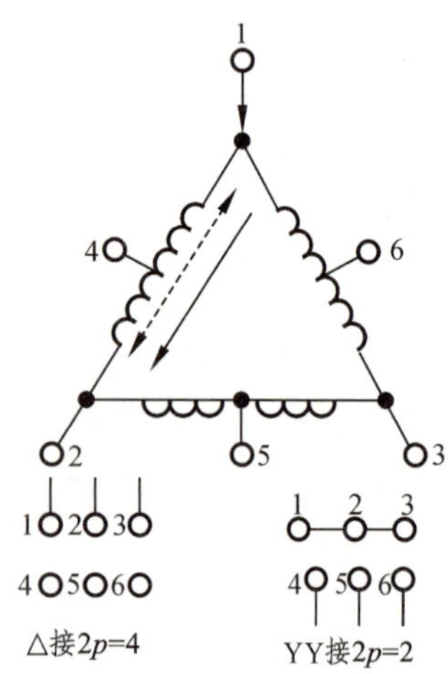

图 3-2-5　变极双速 YY/△

可以改变磁极对数的异步电动机称为多速异步电动机，其中有双速、三速、四速等多种，我国目前已大量生产，老产品有 JD02 系列，新产品有 YD 系列。

变极调速方法的优点是设备简单、运行可靠；缺点是调速不平滑，是一级一级的分段式调速。

2. 变转差率调速

变转差率调速就是通过改变电动机的转差率 s 来调速。当恒转矩负载调速时，从电磁转矩关系式（3-1-40）可见，改变转差率 s 有下列几种方法：

（1）在转子回路串入电阻、电感或电容，以改变转子电阻 r_2' 或转子电抗 $x_{2\sigma}'$。

（2）改变定子绕组的端电压 U_1。

（3）在定子回路串入外加电阻或电抗，以改变 r_1 或 x_1。

改变转差率调速常用的方法是在转子回路中串电阻，特性如图 3-2-6 所示。这种方法只适用于绕线转子异步电动机，在电动机转子回路中接入附加电阻后就可以改变电动机的特性曲线形状。假设在不同的转速时负载转矩 T_2 恒定不变，在转子回路未接入附加电阻时，电动机稳定在 a 点运行，这时电动机的电磁转矩刚好与负载转矩 T_2 相平衡，随着转子电阻的增大，电动机的稳定运行点逐渐向左移动（a—b—c—d），也就是说，随着转子电阻的增加，转差率 s 变大，电动机的转速降低。

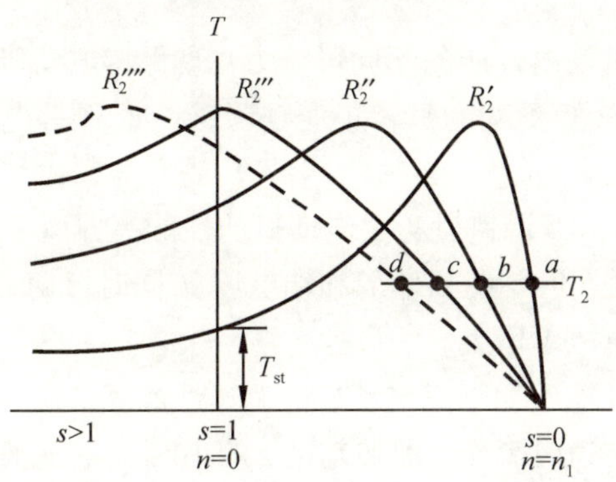

图 3-2-6 在转子回路中串电阻调速

这一方法的物理过程是，在转子回路电阻增加的最初瞬间，由于惯性的缘故，转子转速还来不及改变，转子回路的感应电势仍维持原来的数值。因此，转子电流将随着转子回路电阻数值的增加而减少，电磁转矩也将下降，于是电动机开始减速。但随着转速的下降，转差率变大，转子回路的电势及电流将随着转差率的增大而重新回升，从而使电动机的电磁转矩又重新增大，直到与负载转矩 T_2 重新平衡为止。

这种方法的缺点是，转子回路中接入附加电阻后，将使转子铜耗增加，降低了电动机效率。但由于此法比较简单，在中小容量的电动机中用得较多，如交流供电的桥式起重机，大部分采用此法调速。

3. 变频调速

由前面的分析可知，对异步电动机而言，用变极调速级数少，且不能平滑调速；用转子回路串联电阻改变转差率 s 调速则损耗较大。因此，虽然异步电动机与直流电动机相比较有结构简单、成本低廉、坚固耐用等优点，但由于调速较困难而限制了它的使用，一般只能接近恒速运行。以往在要求连续、精确、灵活调速的场合，直流电动机一直占有主要地位。然而，随着晶闸管提供一个频率可调的交流电源给异步电动机，使得异步电动机转速能够平滑调节的变频调速技术获得迅速发展。

变频调速就是改变供电电源的频率 f_1 来调速。当改变电源频率 f_1 时，旋转磁场的同步转速与电源频率 f_1 成正比变化，于是转子转速也相应改变，达到调节转速的目的。异

步电动机定子绕组电压平衡方程式为

$$U_1 \approx E_1 = 4.44 f_1 N_1 \Phi_m K_\omega \tag{3-2-7}$$

从式（3-2-7）可见，当降低交流电源频率 f_1 进行调速时，如果电源电压 U_1 不变，则磁通 Φ_m 将增加，使铁心饱和，导致励磁电流和铁损耗增加，电动机温升将增加，这是不允许的；如果增大交流电源频率 f_1 进行调速，电源电压 U_1 不变，则磁通 Φ_m 将减小，由式（3-1-35）可见，在转子电流 I_2 不变的情况下，电磁转矩 T 必然下降，电机输出功率将下降。所以，变频调速时，总希望保持磁通 Φ_m 不变。因此，在调节交流电源频率 f_1 时，必须同时调节电源电压 U_1，并保持 $\frac{U_1}{f_1}$ 为常数。

变频调速根据电动机输出性能的不同可分为：① 保持电动机过载能力不变的变频调速；② 保持电动机输出转矩不变的恒转矩变频调速；③ 保持电动机输出功率不变的恒功率变频调速。

从调速范围、平滑性以及调速过程中电动机的性能等方面来看，变频调速优点众多，可以和直流电动机相媲美。但要使频率 f_1 和端电压 U_1 同时可调，需要一套专门的变频装置，使投入的设备增多，成本增大。

异步电动机的调速性能不如直流电动机的调速性能好。这是因为，异步电动机的运行特点就是在接近同步转速时工作（即转差率 s 较小时），机械性能较硬，效率和功率因数都较高。如果远低于同步转速（即转差率 s 较大），各方面的性能都要变差。因此改变转差率 s 不是理想的调速方法，而变极调速和变频调速又不像直流电动机改变电枢电压那么方便。

（三）三相异步电动机的反转和制动

1. 反　转

三相异步电动机的旋转方向取决于定子旋转磁场的旋转方向，并且两者的方向相同，故只要改变旋转磁场的方向，就能使三相异步电动机反转。因此，将三相接线端中的任意两相接线端对调，改变三相顺序，就改变了旋转磁场的方向，从而使三相异步电动机反转。

2. 制　动

三相异步电动机的制动是指加上一个与电动机转向相反的转矩来使电动机迅速停转或限制电动机的转速。电动机在下列情况下运行时属于制动状态：一种是在负载转矩为势能转矩的机械设备中（如起重机下放重物，电力机车下坡运行）使设备保持一定的运行速度。另一种是在机械设备需要减速或停止转动时，电动机能实现减速或停止转动。

三相异步电动机的制动方法有两类：机械制动和电气制动。机械制动是利用机械装置（如电磁抱闸机构）来使电动机迅速停止转动，常用于起重机械设备上。电气制动是使异步电动机所产生的电磁转矩的方向和电动机转子的旋转方向反向。电气制动通常又可分为反接制动、回馈制动和能耗制动。

1）反接制动

反接制动就是在分析异步电机工作原理时指出的制动状态，此时转子的转向与定子旋转磁场的转向相反，实现反接制动可用下述两种方法。

正转反接：将正在电动机状态下运行的异步电动机的定子绕组三根供电线任意对调两根，则定子电流的相序改变，其相应的旋转磁场立即反转，由原来与转子转向一致变为与转子转向相反，于是电机立即进入相当于 $s \approx 2$ 时的制动状态。为了使反接时电流不致过大，若为绕线型异步电动机，反接时应在转子回路中串入附加电阻。当电动机转速下降至零时，必须立即切断定子电源，否则电动机将向相反方向旋转。

正接反转：当绕线型异步电动机拖动的起重机下放重物时，其运行状态便是正接反转制动。这时电机定子接线仍按电动机运行时的接法（正接），而利用在转子回路串入较大电阻 R_t 来使转子反转。其原理和在转子回路串入电阻调速一样，当串入转子的电阻 R_t 逐步增至很大时，转子转速逐步减小至零，如图 3-2-7 中 a—b—c 所示。此时，如果 R_t 继续增加，电磁转矩将小于总负载转矩（T_2+T_0），转子就开始反转（重物向下降落）而进入制动状态。当 R_t 增加到 R_{t3} 时，电动机稳定运行在 d 点，转差率 $s=1.2$，转子反转的速度为 $0.2n_1$，从而保证了重物以较低的均匀转速慢慢下降，而不致把重物损坏。显然，可调节 R_t 的大小来平滑控制重物下降的速度。

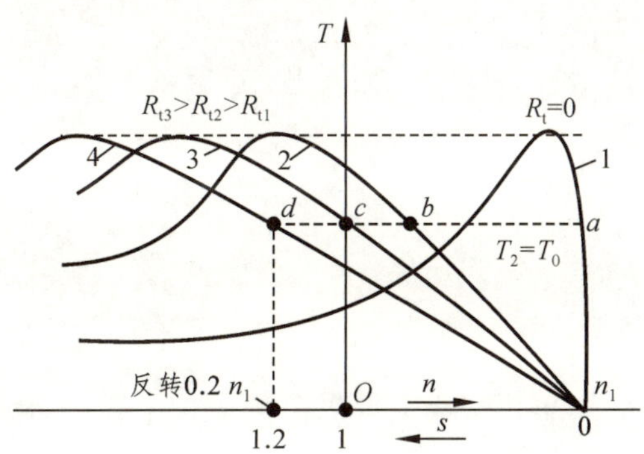

图 3-2-7　绕线型异步电动机正接反转的反接制动

2）回馈制动

当异步电机作电动机运行时，如果由于外来因素，使转子加速到超过同步转速，则异步电动机进入回馈制动（发电机运行）状态。例如，前述的起重机放下重物时，如果仍按电动机状态运行，即转子转向和定子旋转磁场转向相同，则在电动机的电磁转矩和重物的重力产生的转矩共同作用下，重物以越来越快的速度下降，当转子转速由于重力的作用超过同步转速，即 $n>n_1$ 时，异步电机就进入发电机制动状态运行，电磁转矩方向立即改变，一直到电磁转矩与重力转矩平衡时，转子转速以及重物下降速度才稳定不变，使重物恒速下降。这时重物下降减少的势能转换为电能送给电机所接的电网，因此称为回馈制动。

回馈制动的优点是经济性能好，可将负载的机械能变为电能返送回电网。缺点是应用范围窄，只有在电动机转速大于同步转速时才能实现。

3）能耗制动

如图 3-2-8 所示，将正在运行中的异步电动的定子绕组从电网断开，接到一个直流电源上，由直流电流励磁而在气隙中建立一个静止的磁场。于是，从正在旋转的转子上来看此磁场将是向后旋转的，因此由它感应于转子中的电流所产生的电磁转矩的方向应为向后转，即对转子起制动作用。这种制动方法是利用转子旋转时的惯性，使转子导体切割静止磁场的磁通而产生制动转矩，把转子的动能消耗于转子回路的电阻上成为铜耗，故称能耗制动。

能耗制动的优点是制动力强、制动平稳、对电网影响小。缺点是需要一套直流电源装置，而且制动转矩随着电动机转速的减小而减小，不易制停。

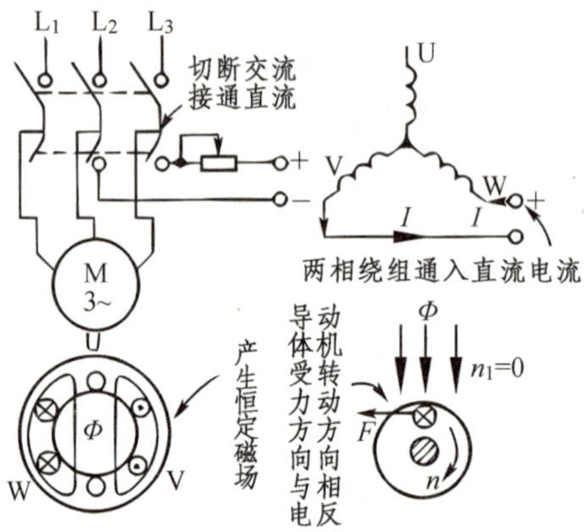

图 3-2-8　异步电动机的能耗制动

二、单相异步电动机

单相异步电动机是利用单相交流电源供电的一种小容量交流电机。它具有结构简单、成本低廉、运行可靠、维修方便等优点，及可以直接在单相 220 V 交流电源上使用的特点。因此，其在家用电器（电扇、洗衣机、电冰箱、空调器等）及轻工业装置上得到了广泛的应用。当然，与同容量的三相异步电动机比较，单相异步电动机的体积大，运行性能较差，效率较低。因此，单相异步电动机的容量较小，从几瓦到几百瓦。

单相异步电动机的类型很多，但除罩极电动机的定子具有凸出的磁极外，其余各类的定子铁心和普通三相异步电动机的相似。一般情况，定子铁心上有两个绕组：一个称为工作绕组或主绕组，用以产生主磁场和从电源吸收电功率输入给电机；另外一个称为启动绕组或辅助绕组，用来启动电动机。单相异步电动机的转子是普通的鼠笼式转子。

（一）单相脉振磁场——双旋转磁场理论

单相异步电动机接在单相电源上运行，单相绕组会产生单相脉振磁场，单相脉振磁势如式（3-1-9），该式可分解为

$$f_{\Phi}(x,t)=\frac{1}{2}F_{\Phi}\cos(\omega t-x)+\frac{1}{2}F_{\Phi}\cos(\omega t+x) \tag{3-2-8}$$

式中两项表示两个正弦分布、波幅不变$\left(等于\frac{1}{2}F_{\Phi}\right)$、转速相等$\left(n_1=\frac{60f_1}{p}\right)$但旋转方向相反的旋转磁势。由此得出双旋转磁场理论：单相绕组脉振磁势可以分解成波幅恒定、转速为同步转速，但转向相反的两个旋转磁势。

（二）单相异步电动机的工作原理

单相异步电动机定子绕组（工作绕组）接通电源，根据双旋转磁场理论，设 F_{1+} 和 F_{1-} 分别表示定子绕组的正向和反向旋转磁势，它们将分别在气隙内产生正向和反向旋转磁场。这两个大小相等、转向相反的旋转磁场切割转子导条后，将在导条中分别感应出相应的电势和电流。正向磁场与转子正向电流作用产生正向电磁转矩 T_{m+}，它企图使转子顺着正向磁场旋转的方向转动；反向磁场与转子反向电流作用产生反向电磁转矩 T_{m-}，它企图使转子顺着反向磁场旋转的方向转动，如图 3-2-9 所示。

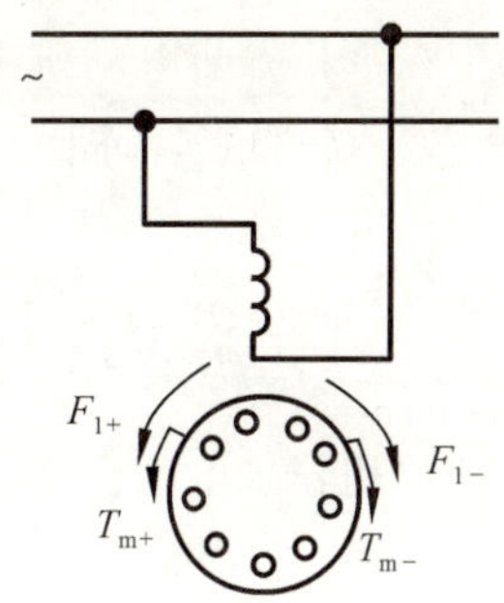

图 3-2-9　单相异步电动机示意

当电动机静止不动时，转子对正向和反向磁场的转差率都等于 1，电磁转矩 T_{m+} 和 T_{m-} 大小相等、方向相反。因此，合成电磁转矩为零，电动机不能自己启动。

如果借助外力使电动机的转子向某一方向（如正向磁势 F_{1+} 的方向）转动，那么正向和反向旋转磁场切割转子导条的速度将不同，因此转子的反应也将不同。若转子转速为 n，则对正向磁场（即与转子同方向旋转的磁场）而言，转子的转差率 s_+ 应为

$$s_+=\frac{n_1-n}{n_1} \tag{3-2-9}$$

对反向磁场，由于其转速为 $-n_1$，故转子对它的转差率 s_- 应为

$$s_-=\frac{-n_1-n}{-n_1}=2-\frac{n_1-n}{n_1}=2-s \tag{3-2-10}$$

转矩 T_{m+}、T_{m-} 与转差率的关系，与普通三相异步电动机相似。在 $0<s<1$ 时，正向磁场所产生的电磁转矩 T_{m+} 大于反向旋转磁场所产生的电磁转矩 T_{m-}，于是转子就受到一个合成电磁转矩 T_m 的作用。因为 T_{m-} 是反向转矩，对转子起制动作用，所以合成转矩 T_m 小于 T_{m+}。图 3-2-10 所示为单相异步电动机的机械特性曲线。

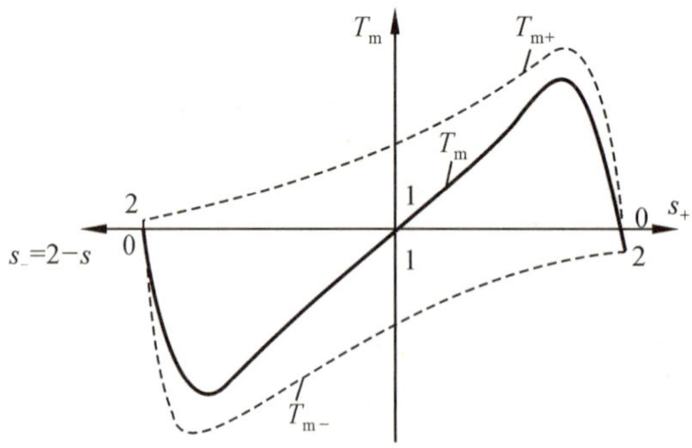

图 3-2-10　单相异步电动机的机械特性曲线

综上所述，单相异步电动机无启动转矩，必须采取措施使之产生必要的启动转矩。此外，$s=1$的两边，合成转矩是对称的，因此单相异步电动机没有固定的转向，在两个方向都可以旋转，运行时的旋转方向由启动时的转动方向而定。只要外力把转子向任一方向驱动，转子就将沿着该方向继续旋转，直到接近同步转速。

由于在单相异步电动机中始终存在着一个反向旋转磁场，因此单相异步电动机的损耗较大，效率较低，功率因数也较低，这样，就使得单相异步电动机的性能总是差于三相异步电动机。

（三）单相异步电动机的分类和启动方法

由于单相异步电动机转子不能自行启动，为了解决启动问题，应设法加大正向磁场，抑制反向磁场，使在启动时电机气隙中能够形成一个旋转磁场。例如，在定子上另装一个空间和时间上与工作绕组都不同相的启动绕组。

根据启动方法或运行方法的不同，单相异步电动机可分为单相电容启动电动机、单相电容运行电动机、单相电阻启动电动机、单相罩极启动电动机等几类。下面介绍单相电容启动电动机、单相电容运行电动机和单相电阻启动电动机的启动方法。

1. 单相电容启动电动机

单相电容启动电动机的接线原理如图 3-2-11 所示。

装在定子铁心上的启动绕组 Z_1Z_2（又称副绕组）与工作绕组（又称主绕组）在空间互差 90° 电角度。启动绕组 Z_1Z_2 与电容器 C 串联后，通过离心开关或继电器触点 S 与工作绕组 U_1U_2 一起并接到同一电源上。

采用分析三相旋转磁势的方法，可以得到如下结论：向空间位置互差 90° 电角的两相定子绕组内通入在时间上互差 90° 的两相电流，产生的磁势也是沿定子内圆旋转的旋转磁势。

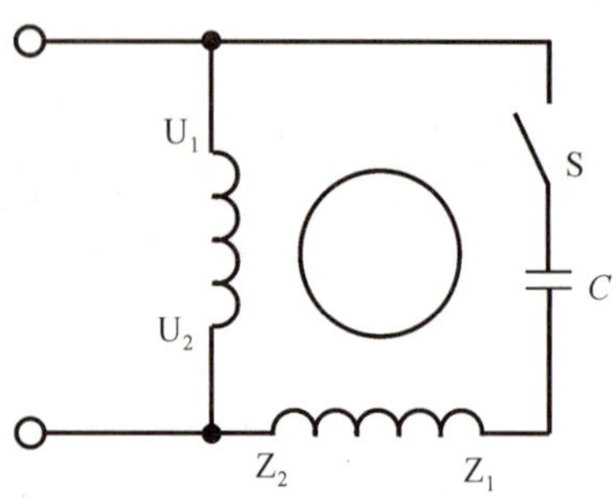

图 3-2-11　单相电容启动电动机

适当地选择电容器值，使启动绕组中的电流超前工作绕组中的电流约 90° 相角，则在定子内圆气隙中就会产生一个旋转磁势，相应地产生旋转磁场，在该磁场的作用下，能产生较大的启动转矩，使电动机转动起来。

启动绕组是按照短时运行方式设计的，如果长期通过电流，会因过热而损坏。因此，当电动机的转速达到同步转速的 75%～80% 时，由离心开关 S 把启动绕组从电源断开，电动机便作为单相异步电动机运行。

单相电容启动电动机有较大的启动转矩，但启动电流也较大，适用于各种满载启动的机械，如小型空气压缩机，在部分电冰箱压缩机中也有采用。

2. 单相电容运行电动机

如果启动绕组不仅供启动用，而且允许长期接在电源上工作，这种电机就称为单相电容运行电动机，如图 3-2-12 所示。

单相电容运行电动机实质上是一台两相异步电动机，其两个绕组在空间相隔 90° 电角度，绕组中的电流也相差约 90° 相角。单相电容运行电动机的性能有较大的改善，其功率因数、效率及最大转矩都比普通单相异步电动机高。

单相电容运行电动机结构简单，使用维护方便，只要任意改变工作绕组（或启动绕组）的首端、末端与电源的接线，即可改变旋转磁场的转向，使电动机反转。这类电动机常用于吊扇、台扇、洗衣机、吸尘器等。

3. 单相电阻启动电动机

将图 3-2-11 中的电容器换成电阻就构成单相电阻启动电动机，如图 3-2-13 所示。这种电动机的特点是启动绕组 Z_1Z_2 的导线直径较细，匝数少，又与启动电阻串联，则该支路的总电阻远大于感抗，可近似看作流过绕组中的电流与电源电压同相位；工作绕组 U_1U_2 的导线直径较粗，匝数较多，则感抗远大于绕组中的直流电阻，可近似看作流过绕组中的电流滞后电源电压约 90° 电角。因此，可近似看作启动绕组中的电流与工作绕组中的电流相差 90° 电角，从而在定子与转子气隙中产生旋转磁场，使转子获得转矩而旋转。这种电动机启动转矩不大，宜于空载启动。

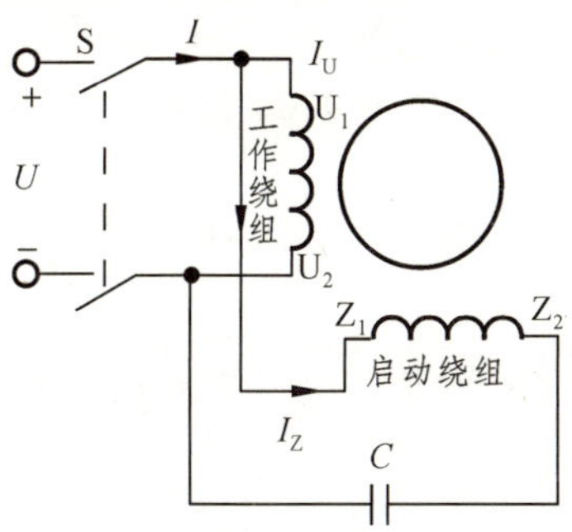

图 3-2-12　单相电容运行电动机

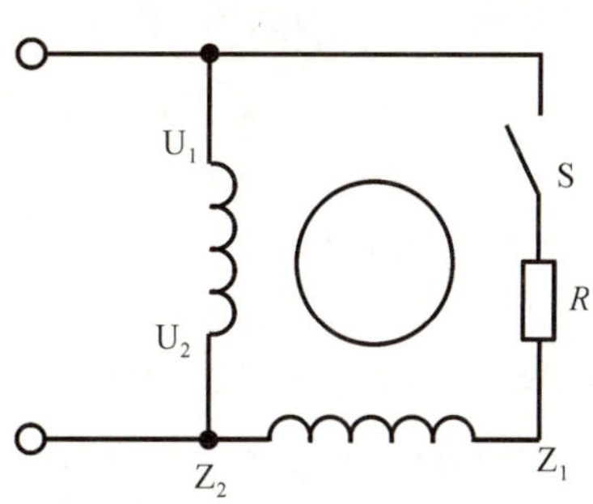

图 3-2-13　单相电阻启动电动机

技能训练

三相异步电动机的启动与调速

1. 安全教育

2. 实训准备

实训所需设备见表 3-2-1。

表 3-2-1 实训设备及仪器

序号	设备名称	规格	数量
1	实验台主控制屏		
2	电压、电流表		
3	三相鼠笼式异步电动机		
4	三相绕线式异步电动机		
5	在相可调电阻		

3. 实训任务

（1）异步电动机的直接启动。

（2）异步电动机星形-三角形（Y-△）换接启动。

（3）自耦变压器启动。

（4）绕线式异步电动机转子绕组串入可变电阻器启动。

（5）绕线式异步电动机转子绕组串入可变电阻器调速。

思考题

1. 试述三相异步电动机的工作原理。异步电机和同步电机的基本差别是什么？

2. 为什么说异步电动机的工作原理与变压器的工作原理类似？试分析它们的异同点。

3. 异步电动机为什么又叫感应电动机？

4. 已知三相异步电动机的额定频率为 50 Hz，额定转速为 970 r/min，该电机的极数是多少？额定转差率是多少？

5. 异步电动机的转速一定低于同步转速吗？什么叫转差率？如何由转差率的大小范围来判断异步电动机的运行情况？

6. 异步电动机运行时，内部有哪些损耗？当电机从空载变化到额定负载时，这些损耗中的哪些基本不变？哪些是随负载变化的？

7. 一台三相异步电动机，额定运行时电压为 380 V，电流为 6.5 A，输出功率为 3 kW，转速为 1 430 r/min，功率因数为 0.86，求该电动机额定运行时的效率、转差率和输出转矩。

8. 三相异步电动机的工作特性和机械特性是如何定义的？

9. 试述三相异步电动机的启动方法。

10. 什么叫三相异步电动机的调速？有哪几种调速方法？如何改变三相异步电动机的转向？

11. 什么叫三相异步电动机的制动？有哪几种制动方法？

12. 只有一个运行绕组的单相异步电动机为什么不能自行启动？单相异步电动机的启动方法有哪几种？

13. 如何改变电容分相式单相异步电动机的转向？

任务评价

作务完成后根据表 3-2-2 所列项目由个人、组长和教师分别进行考核评价，并填入考核分数。

表 3-2-2　任务考核评价表

评价项目	子项目	个人评价（占 30%）	组长评价（占 20%）	教师评价（占 50%）
专业能力（50 分）	解答理论问题（25 分）			
	解决实际问题（25 分）			
方法能力（20 分）	获取理论与实践相关资讯（10 分）			
	完成任务后的自我总结评价（10 分）			
社会能力（30 分）	与同学和谐相处、协作完成任务（10 分）			
	遵守纪律、一丝不苟、爱岗敬业（10 分）			
	遵守安全规程（10 分）			
小计				
签名				

任务三　地铁列车牵引电动机维护保养

学习目标

【知识目标】

1. 掌握 4EBA4040 型牵引电机的主要技术参数、结构组成和主要优点。
2. 掌握 4EBA4040 型牵引电机悬挂装置，以及从电机至轮对动力传递路径。

【技能目标】

1. 能对地铁车辆电机结构及悬挂装置进行绘图并描述。
2. 能对直线电机进行检修并完成实训报告。

【素养目标】

1. 培养理论联系实际的工作意识。
2. 培养学生的质量意识、安全意识及工艺流程意识。
3. 培养学生爱岗敬业，团结协作的职业责任感。

相关知识

一、4EBA 4040 型牵引电机结构特点

4EBA 4040 型电机是深圳地铁 1 号线车辆牵引电机。

（一）技术参数

类型：	自通风 4 极 3 相制异步鼠笼式旋转电机
型号：	4EBA 4040
额定电压：	1 150 V
额定功率：	220 kW
额定转速：	1 708 r/min
额定电流：	130 A
最大转速：	3 696 r/min
额定频率：	58 Hz
质量：	685 kg
冷却方式：	自然冷却

（二）牵引电机结构及主要组成

4EBA 4040 型电机结构如图 3-3-1 所示。

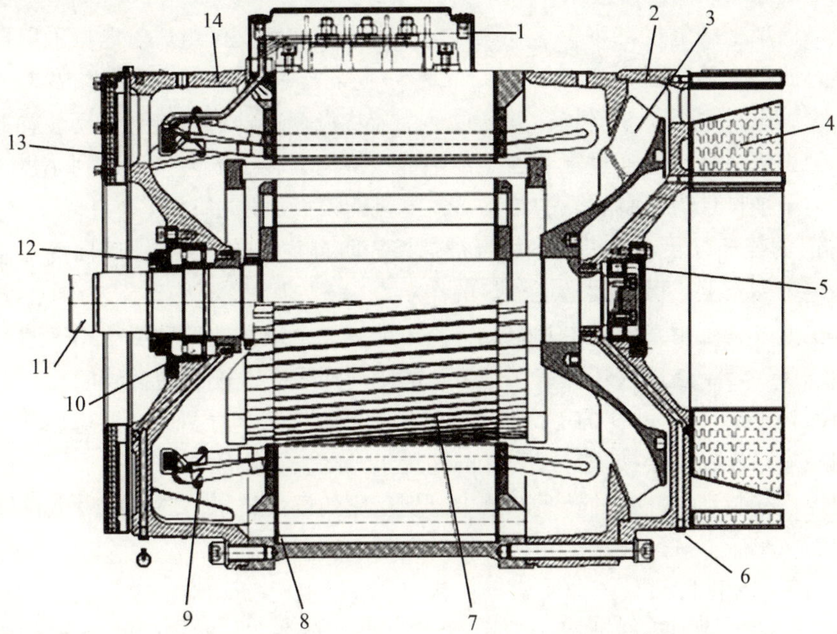

1—电气接线盒；2—端板 ND；3—风扇；4—消声器；5—圆柱滚动轴承；6—注油孔；
7—转子；8—定子叠片；9—定子绕组；10—圆柱滚动轴承；11—轴；
12—迷宫式密封环；13—空气滤洗器；14—端板 DE。

图 3-3-1　4EBA 4040 型牵引电机的结构

（三）牵引电机的工作原理及作用

牵引电机齿轮变速及传动装置如图 3-3-2 所示。

图 3-3-2　牵引电机与齿轮变速传动装置

（1）牵引电机 4EBA 4040 是地铁及类似的牵引车辆驱动系统的一部分，它是自通风四极三相制异步鼠笼式旋转电机，4 台牵引电机均由一个三相 IGBT 频率逆变器控制，用于车辆的加速及制动。

（2）转向架上的电机支座由 3 个压入电机支座的弹性支撑组成。电机采用自通风并配有空气过滤器和消声器。

（3）牵引电机平行于轮对轴，并通过一个冠状齿型连轴节连接到传动装置上。

（4）牵引电机转矩是通过冠状齿型连轴节，从电机转子上直接传送到小齿轮上。

（5）定子被设计为没有外壳的结构。发电机钢条束通过在 DE（驱动端）和 NDE 侧（非驱动端）的绕环以及 4 个纵向牵引杆被焊接为防自身扭转的结构。轴向冷却通风排直接布置在定子钢条上，可起到迅速散热的作用。

（6）鼠笼式转子由发电机电片组成，其末端有 2 个鼠笼端环和 2 个用于固定层压片的转子缠绕环。转子层压片还配有用于散热的轴向通风孔。配有内螺纹的孔，起到平衡转子作用的转子缠绕 D 和 N 的平衡锤。经过特殊截面变形程序处理，提高热量的传输能力后，铜质短路连杆就会被敲进层片压的凹槽里。随后，层压转子心增加了一个槽的宽度，再把连杆安装到半开放的转子凹槽中。把压紧的层压转子心放置在发电机轴上加热成形，随后在车床上按尺寸车出短接连杆并铜焊上短路环。

（7）如果出现故障或处于非正常操作状态，包括电机/驱动器的电气或机械超载，就必须进行相应的维修和测试工作，以防止设备出现后续损坏。非正常的变化包括：温度、颤动、噪声、气味等的变化以及和监控装置动作。

（8）速度测量。电机的旋转速度和方向可通过安装在齿轮箱传动装置上的脉冲发生机来测量。

（9）电机温度监测。电机温度测量是通过两个位于排气孔侧的定子缠绕环上的 PT-100 温度监控器测量。

（四）4EBA 4040 型牵引电机的优点

4EBA 4040 型牵引电机可靠性高、使用维护成本低、质量轻、体积小。

二、直线电机

（一）直线电机驱动装置特点

直线电机广泛地应用于工业、民用、军事及其他各种直线运动的场合，采用直线电机驱动的装置具有以下优点：

（1）采用直线电机驱动的传动装置，不需要任何转换装置而直接产生推力，因此，它可以省去中间转换机构，简化了整个系统，保证了运行的可靠性，提高了传递效率，降低了制造成本，易于维护。

（2）普通旋转电机由于受到离心力的作用，其圆周速度受到限制；而直线电机运行时，它的零部件和传动装置不像旋转电机那样会受到离心力的作用，因而它的直线速度可以不受限制。

（3）直线电机是通过电能直接产生电磁推力的，它在驱动装置中，其运动可以无机械接触，使运动零部件无磨损，从而大大减少了机械损耗，直线电机驱动的磁悬浮列车就是如此。

（4）旋转电机通过钢绳、齿条、传动带等转换机构转换成直线运动，这些转换机构在运行中，其噪声是不可避免的；而直线电机是靠电磁推力驱动装置运行的，整个系统的噪声很小，运行环境好。

（5）直线电机结构简单，且它的初级铁心在嵌线后可以用环氧树脂等密封成整体，所以可以在一些特殊场合中应用，如潮湿环境甚至水中，可在有腐蚀性气体或有毒、有害气体中应用，也可在几千摄氏度的高温或零下几百摄氏度的低温下使用。

（6）由于直线电机结构简单，其散热效果好，特别是常用的扁平型短初级直线电机，初级的铁心和绕组端部，直接暴露在空气中，同时次级很长，具有很大的散热面，热量很容易散发掉，所以这类直线电机的热负荷可以很高，并且不需要附加冷却装置。

（二）直线电机的基本结构与工作原理

1. 基本结构

图 3-3-3 表示了一台旋转电机和一台直线电机。

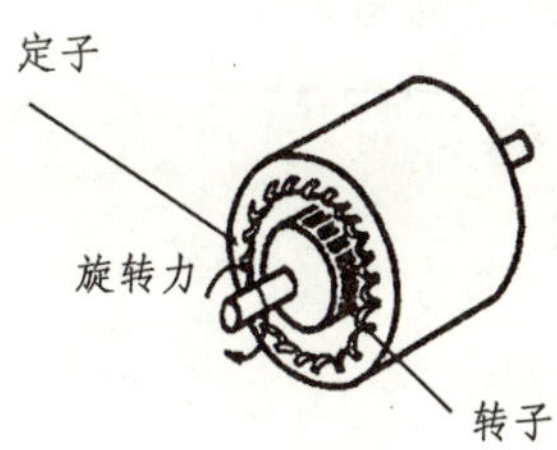

（a）旋转电机

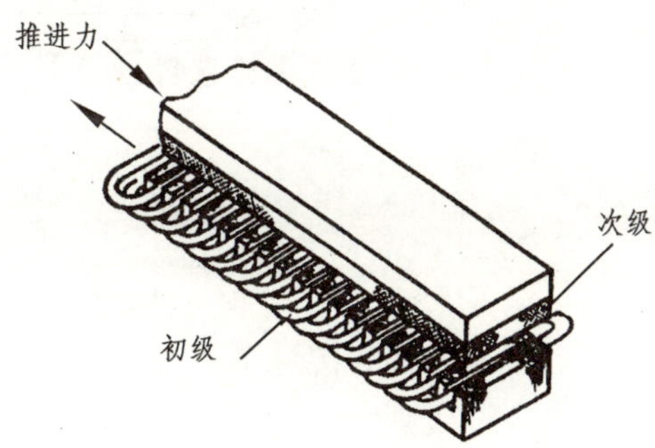

（b）直线电机

图 3-3-3　旋转电机和直线电机比较

直线电机可以认为是旋转电机在结构方面的一种演变，它可看作是一台旋转电机沿径向剖开，然后将电机的圆周展成直线，如图 3-3-4 如示。这样就得到了由旋转电机演变而来的最原始的直线电机。由定子演变而来的一侧称为初级，由转子演变而来的一侧称为次级。

图 3-3-4 中演变而来的直线电机，其初级和次级长度是相等的，由于在运行时初级与次级之间要做相对运动，如果在运动开始时，初级与次级正巧对齐，那么在运动中，初级与次级之间相互耦合的部分越来越少，而不能正常运动。为了保证在所需的行程范围内，初级与次级之间的耦合能保持不变，因此实际应用时，是将初级与次级制造成不

同的长度。在制造直线电机时，既可以是初级短、次级长，也可以是初级长、次级短。前者称为短初级长次级，后者称为长初级短次级。但是由于短初级在制造成本上、运行费用上均比短次级低得多，因此，一般采用短初级长次级，如图 3-3-5 所示。

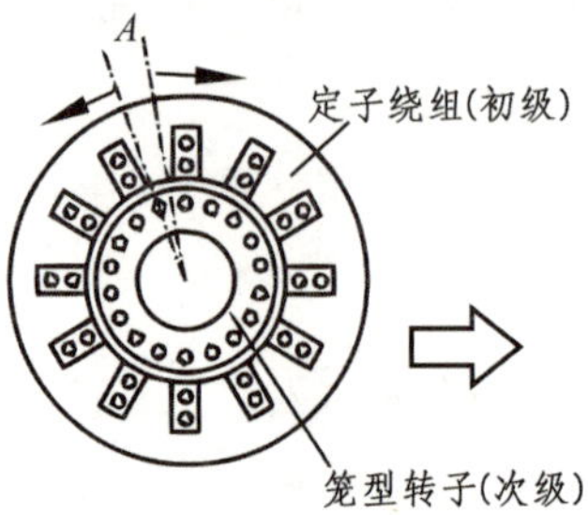

（a）沿径向剖开

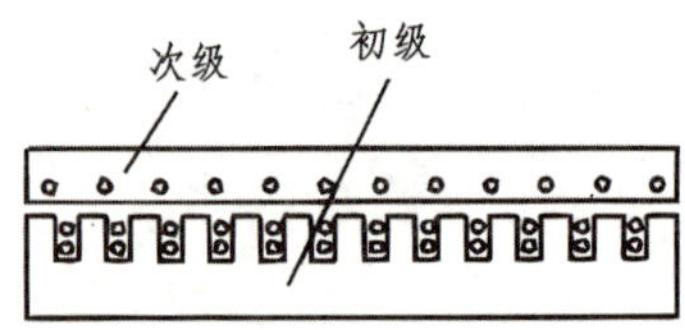

（b）把圆周展成直线

图 3-3-4　由旋转电机演变为直线电机的过程

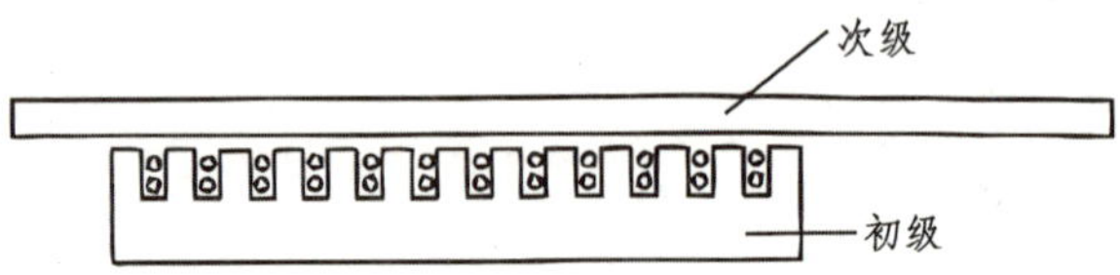

（a）短初级

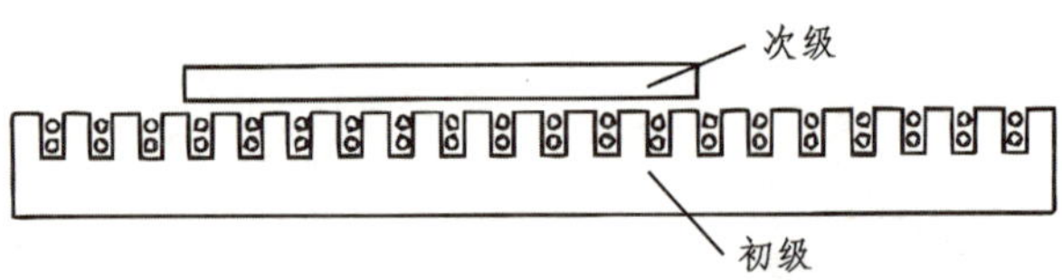

（b）短次级

图 3-3-5　单边型直线电机

2，工作原理

在图 3-3-5 中所示的直线电机中仅在一边安放初级，对于这样的结构形式称为单边型直线电机。此类电机最大特点是在初级与次级之间存在很大的法向吸力，在钢次级时约为推力的 10 倍。在大多数的场合下，不希望存在这种法向吸力，如果在次级的两边都装上初级，法向吸力可以相互抵消。这种结构形式称为双边型，如图 3-3-6 所示。

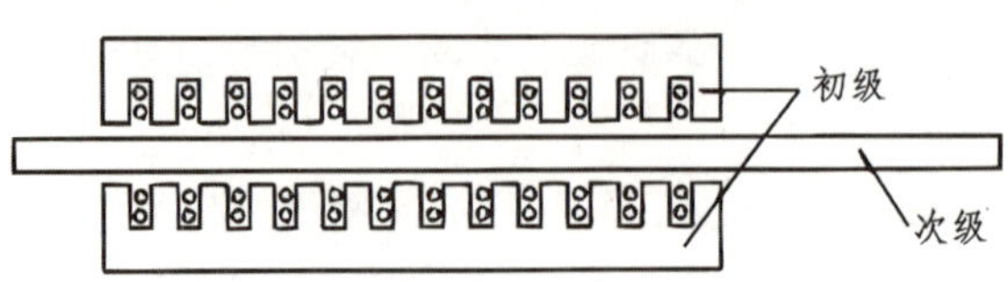

（a）短初级

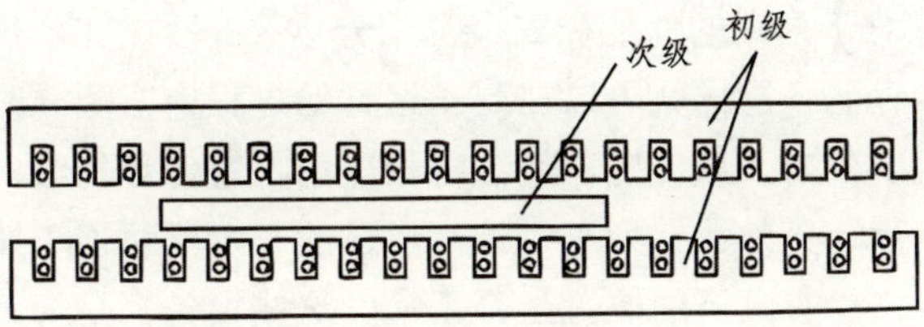

（b）短次级

图 3-3-6　双边型直线电机

三、广州地铁 4 号线采用的直线电机

广州地铁 4 号线的直线感应电机采用 8 极绕组、短初级、复合次级感应板的单边型直线感应电机（LIM-Linear Induction Motor）。这也是轮轨交通中常用的直线感应电机结构形式。定子装在转向架上，转子是感应板，安装在轨道中间。电机（LIM）采用自然风冷的冷却方式，图 3-3-7 为直线电机悬挂方法。

图 3-3-7　直线电机悬挂

（一）转向架各方向力的传递路径

1. 垂直力的传递路径

车体—中心销＋旁承—摇枕—空气弹簧—构架—一系弹簧—轴箱—轮对—钢轨。

2. 牵引和电制动力传递路径

直线电机—牵引杆一—构架（牵引梁）—牵引杆二—摇枕—中心销—车体。

3. 空气制动力传递路径

轮对—轴箱—一系弹簧—构架—牵引杆二—摇枕—中心销—车体。

（二）直线感应电机（LIM）结构的机械要求

LIM 将承受包括列车、乘客、轨道质量形成的惯性力，电机内部不同的热膨胀力以及和感应板之间的吸引力等多种机械力。电机绝缘所需的材料，必须能够承受各种运行环境下内部或外部的机械力和电磁力作用的要求。这种经过实践检验的绝缘系统能够抵抗这些力。该绝缘系统的额定等级为 H 级，额定温度为 180 °C。在额定温度范围内的设计使用寿命为 30 年。为适应牵引环境，对电机的绝缘表面做进一步处理，将已经绕制完成的 LIM 浸入液态橡胶，液态橡胶将流入电机的各缝隙并黏附在绝缘层表面，然后对浸过液态橡胶的电机进行烘烤加工。烘烤后，多余的橡胶将脱落，余下的橡胶在绝缘表面形成橡胶涂层，电气绝缘表面的上方为新形成的橡胶层。这种专门为该工程应用设计的橡胶涂层具有极佳的黏附性、非常强的抗磨损性以及较高的导热性。

LIM 的空气气隙对于列车的性能和安全都十分重要，所以在广州地铁的部分列车上装有监测该间隙的传感器，这样就可以在列车运行的过程中监测线路的气隙是否存在异常情况。当异常情况出现时，该传感器就会将相应的报警信号传给列车的监控系统，并在列车的显示屏上显示。另外，在列车每天都经过的车辆段轨道（如出入段线、洗车线等）装有位置传感器，检查电机的位置是否正常。这些设备都是为直线感应电机车辆专门增加的，它们有效地保证了列车与次级感应板位置在正常范围之内。

（三）基本参数

广州地铁 4 号线采用的直线感应电机的基本参数如下：

1. 直线感应电机初级

输出功率持续定额：120 kW
输出功率小时定额：155 kW
电流持续定额：162 A
电流小时定额：210 A
电压：1 100 V
质量：1 550 kg
极数：8
安装方式：转向回固定形式
冷却方式：自然冷却
同步速度：44.5 km/h
频率：22 Hz

2. 次级感应板

铁心与导电板宽度：360 mm
铁心厚度：18 mm
铝导电板：7 mm
气隙：9 mm

直线电机城轨车辆由于牵引力不受黏着条件的限制，车辆的爬坡、加速度和曲线通过能力强，减少了齿轮传动装置，可有效地减少摩擦和振动噪声，节约运行维护费用。另外，车辆断面尺寸可以减小、空间体积缩小，可减少隧道断面面积，降低工程造价。因此，直线电机城轨车辆非常适合城市发展的需要，在现代城市轨道交通中已经得到越来越广泛的应用。

技能训练

地铁车辆段电机检修车间参观：

（1）实习地点联系、实习时间确定、车辆联系。

（2）实习动员，安全教育。

（3）地铁车辆旋转电机结构认识。

（4）地铁车辆旋转电机悬挂装置认识。

（5）地铁车辆直线电机及其悬挂装置认识。

（6）将地铁车辆电机各主要部件名称、作用填入表 3-3-1 中。

表 3-3-1 地铁车辆电机各主要部件记录

部件名称	作用	草图（另附纸）

思考题

1. 写出 4EBA 4040 牵引电机的主要技术参数。
2. 简述 4EBA 4040 牵引电机的主要优点。
3. 简述 4EBA 4040 牵引电机的悬挂装置及由电机到轮对间力的传递。
4. 直线电机驱动装置有何特点？
5. 直线电机的初级、次级分别是旋转电机的什么结构？
6. 什么是单边型、双边型直线电机？
7. 简述广州地铁 4 号线车辆（直线电机牵引）转向架各方向力的传递路径。
8. 直线电机牵引的城轨车辆有何优越性？

任务评价

任务完成后根据表 3-3-2 所列项目由个人、组长和教师分别进行考核评价，并填入考核分数。

表 3-3-2 任务考核评价表

评价项目	子项目	个人评价（占 30%）	组长评价（占 20%）	教师评价（占 50%）
专业能力（50 分）	解答理论问题（25 分）			
	解决实际问题（25 分）			
方法能力（20 分）	获取理论与实践相关资讯（10 分）			
	完成任务后的自我总结评价（10 分）			
社会能力（30 分）	与同学和谐相处、协作完成任务（10 分）			
	遵守纪律、一丝不苟、爱岗敬业（10 分）			
	遵守安全规程（10 分）			
小计				
签名				

项目四

继电器的检修与维护

继电器是根据某一输入量接通或断开小电流控制电路，实现远距离自动控制和保护的电器。在轨道交通车辆领域用于控制电路中，控制电路在车辆运行中较为重要，因此继电器的检修与维护在车辆运维中必不可少。通过本项目学习可以掌握继电器的日常检修工艺方案，使学生了解企业检修流程及其所必备的素养，通过训练使学生能够掌握基本的继电器故障处理方法。

任务一　继电器基本认知

学习目标

【知识目标】

1. 了解继电器的定义和基本组成。
2. 了解继电器的种类及其作用。
3. 了解继电器及其触头的工程图表示方法。

【技能目标】

1. 能小组合作完成继电器的主要参数的检测与测量。
2. 能小组合作对继电器进行检修与维护。

【素养目标】

1. 培养学生爱护设备、规范操作、安全生产的职业意识。
2. 培养学生“不怕苦、不怕累”、爱岗敬业、精益求精的工匠精神。
3. 培养分析、解决实际问题的能力。

相关知识

一、继电器的定义

继电器（relay）是一种电控制器件，是当输入量（激励量）的变化达到规定要求时，在电气输出电路中使被控量发生预定的阶跃变化的一种电器。它具有控制系统（又称输入回路）和被控制系统（又称输出回路）之间的互动关系，通常应用于自动化的控制电路中。它实际上是用小电流去控制大电流运作的一种“自动开关”，故在电路中起着自动调节、安全保护、转换电路等作用。常见的继电器有中间继电器、时间继电器和保护继电器，如图 4-1-1 所示。

图 4-1-1　继电器实物

二、继电器的基本组成

继电器可按照结构和原理组成分别定义。

（一）按结构组成

继电器按结构组成可分成三个部分：触头系统、传动系统和固定安装装置，如图 4-1-2 所示。

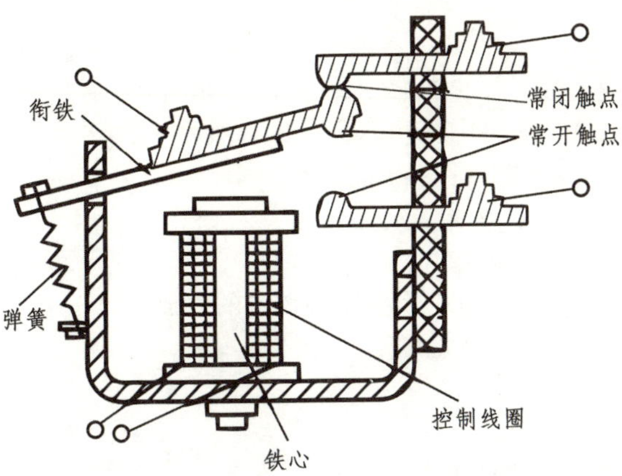

图 4-1-2　继电器结构示意

触头系统包括主触头、辅助触头、弹簧。

传动系统包括铁心、线圈、衔铁。

固定安装装置包括支架、固定螺栓、螺母等紧固件。

（二）按原理组成

继电器按原理组成可分成三个部分：测量机构、比较机构和执行机构。

测量机构：将电磁能量转换为机械能量，带动触头工作，完成接通和分断电路。

比较机构：将输入量与预设的整定值进行比较，根据比较结果决定执行机构是否动作。

执行机构：是反应继电器输出的装置，它作用于被继电器控制的相关电路中，以得到必须的输出量，可分为有触点和无触点执行机构。

三、继电器的种类

（一）按作用原理分

1. 电磁继电器

（1）直流电磁继电器。

（2）交流电磁继电器。

（3）磁保持继电器：将磁钢引入磁回路，继电器线圈断电后，继电器的衔铁仍能保持在线圈通电时的状态，具有两个稳定状态。

（4）极化继电器：状态改变取决于输入激励量极性的一种直流继电器。

（5）舌簧继电器：利用密封在管内，具有触点簧片和衔铁磁路双重作用的舌簧的动作来开、闭或转换线路的继电器。

（6）节能功率继电器：输入电路中的控制电流为交流的电磁继电器，但它的电流大（一般为 30 ~ 100 A）、体积小、节省电能。

2. 固态继电器

固态继电器是一种无触点的电子继电器，它的输入端只要很小的控制电流，可以与单片机的 I/O 口直接连接。输出则采用双向晶闸管控制，是单片机接口的理想器件，随着其技术的成熟、应用的广泛，价格也非常便宜。

3. 时间继电器

输入信号时，输出部分需延时或限时到规定的时间才闭合或断开其被控线路的继电器。

4. 温度继电器

当外界温度达到规定值时而动作的继电器。

5. 风速继电器

当风的速度达到一定值时，被控电路将接通或断开。

6. 加速度继电器

当运动物体的加速度达到规定值时，被控电路将接通或断开。

7. 其他类型的继电器

其他类型的继电器有光继电器、声继电器、热继电器等。

（二）按外形尺寸分

（1）微型继电器：最长边尺寸不大于 10 mm 的继电器。

（2）超小型继电器：最长边尺寸大于 10 mm，但不大于 25 mm 的继电器。

（3）小型继电器：最长边尺寸大于 25 mm，但不大于 50 mm 的继电器。

（三）按触点负载分

（1）微功率继电器：小于 0.2 A 的继电器。

（2）弱功率继电器：0.2 ~ 2 A 的继电器。

（3）中功率继电器：2 ~ 10 A 的继电器。

（4）大功率继电器：10 A 以上继电器。

（5）节能功率继电器：20 ~ 100 A 的继电器。

四、继电器的主要参数

市场上继电器种类繁多，在不同的场景下需要选用不同的继电器，以轨道交通车辆行业为例，在日常检修过程中需要依据继电器的参数进行选择。常见的继电器参数会标识在继电器上，如图 4-1-3 所示。继电器的参数主要有额定参数、动作值、释放值、整定参数、返回系数、额定工作制、动作时间、释放时间、触头的接通和分断能力、使用寿命。

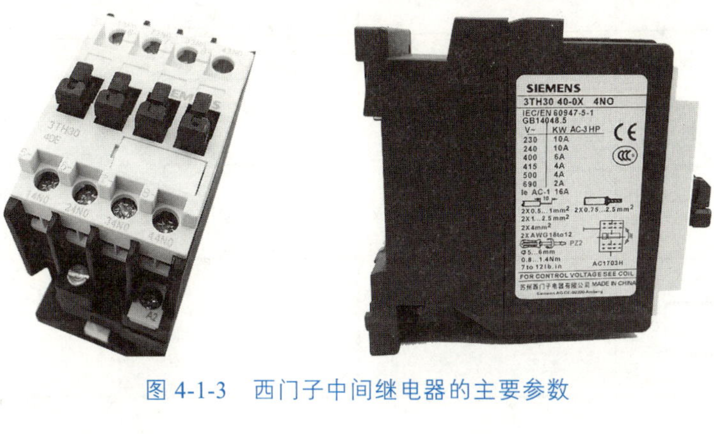

图 4-1-3　西门子中间继电器的主要参数

（1）额定参数：指输入量的额定值及触点的额定电压、额定电流等。

（2）动作值：使继电器吸合动作所需要的最小物理量的数值，如动作电流、动作电压、风压继电器的动作风压等。

（3）释放值：使继电器释放动作所需要的最大物理量的数值，如释放电流，释放电压、风压继电器的释放风压等。

动作值和释放值又称为继电器的动作参数。

（4）整定参数：指继电器可以调整的参数。

返回系数

（5）返回系数：指继电器输入量的释放值与动作值之比。

（6）额定工作制：长期工作制、短时工作制、间断工作制。

（7）动作时间：处于释放状态下的继电器，在规定的条件下，从施加输入激励规定值瞬间起至触点切换瞬间止的时间间隔。

（8）释放时间：处于动作状态（终止状态）的继电器，在规定的条件下，从施加输入激励量（特性量）规定值瞬间起至继电器触点返回时瞬间止的时间间隔。

（9）触头的接通和分断能力：允许接通断开的最大电流值。

（10）使用寿命：指继电器的机械寿命和电气寿命。

五、继电器的符号

国家标准对继电器的图形表示有相应的规定，这些符号常见于工程图纸当中，认知这些符号对分析处理电气故障有很大帮助。继电器的符号通常分为线圈和触点符号，表4-1-1为继电器的线圈符号表示方法，表4-1-2为继电器的触点符号表示方法。

表 4-1-1　继电器线圈的符号表示

符号	意义	符号	意义
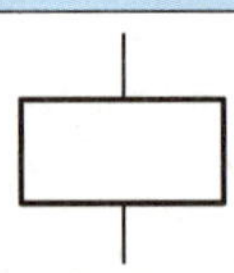	继电器一般符号	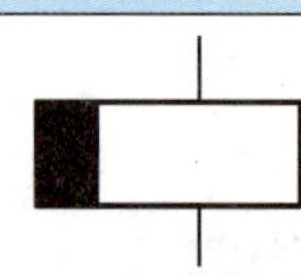	缓放继电器
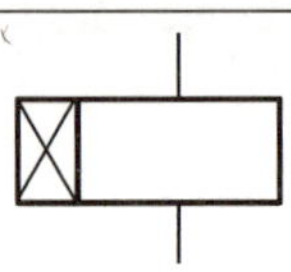	缓吸继电器	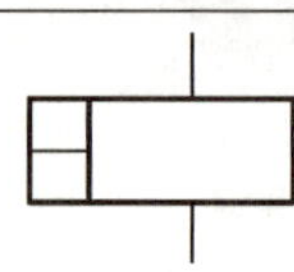	快速继电器
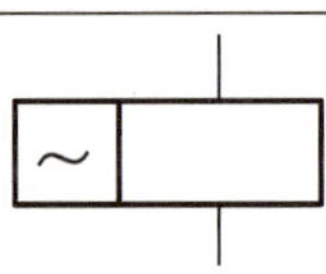	交流继电器		

表 4-1-2　继电器触点的符号表示

符号	意义	符号	意义
	动断（常闭）触点	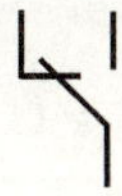	先断后合转换触点
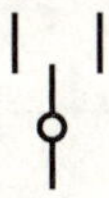	中间断开的双向触点		先合后断转换触点
	双动合触点	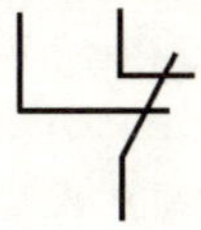	双动断触点
	动合（常开）触点（此符号也可作开关符号）	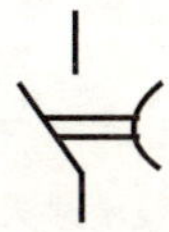	延时闭合的动合触点
	延时断开的动合触点		延时闭合动断触点
	延时断开动断触点		

技能训练

继电器动作电压测量任务实训工单

姓名		班级		学号		成绩	
工作任务	1. 树立良好的安全意识、注意用电安全。 2. 掌握继电器的结构及其工作原理。 3. 掌握继电器的动作时间的测量方法						
实训场地	机车电器实训室或城市轨道交通车辆电器实训室						
注意事项	1. 注意用电安全，接线前先确认实验设备及测试设备是否正常，是否存在短路跳闸现象。 2. 通电测试前，报告实训教师核验接线是否正确，如无误，须在实训教师指导下通电测试。 3. 实验完成后，应整理好实训场地，将工器具放回原位，并由实训教师查验						

续表

实训工具及材料	序号	设备名	单位	数量	备注
	1	JZX-22F（D）型中间继电器	个	1	
	2	电器实训台	台	1	
	3	导线	根	8	
	4	接线端子	对	8	
	5	可调直流电压源（带数显）	个	1	

实训步骤

JZX-22F(D)型中间继电器是一种小型电磁继电器，额定电压为 110 V，工作电流为 3 A，有 14 个触脚，其理论动作电压为 88 V，释放电压为 11 V，线圈电阻为 14 500 Ω。

实验步骤

1. 检查试验台，测试电源电压是否可调，用万用表测量电压值是否一致。
2. 检查待测继电器及接线表是否正常，查看继电器引脚是否有氧化或者烧损的现象，如有则更换继电器。
3. 按图 4-1-4 继电器动作电压测量原理图进行接线，其中 KA 表示继电器的线圈，DC 0 ~ 110 V 为可调电源，S_1 为电源开关。
4. 按图 4-1-5 继电器动作闭合原理图将指示灯与继电器触头相连接，用于展示继电器吸合与断开的动作。
5. 线路连接后，先自行检查，无误后请求实验师核验，经过实验师同意后，开始通电实验。
6. 动作电压测量：先将电源电压调整至 0 V，闭合开关 S_1，不断调大电源电压，直至继电器刚好吸合，灯泡刚好亮，记录此时的电源电压值 U_1。

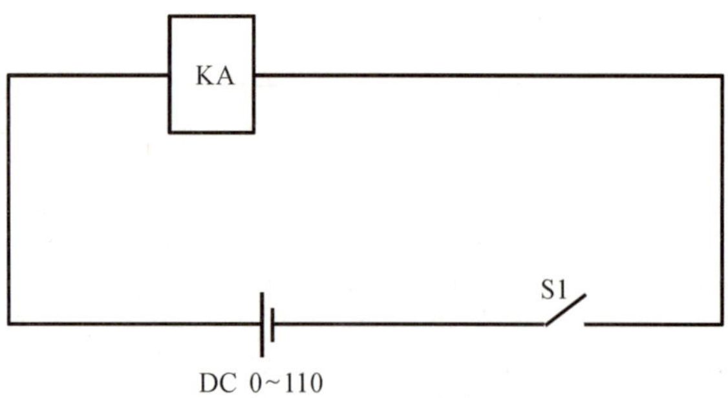

图 4-1-4　继电器动作电压测量实验原理图

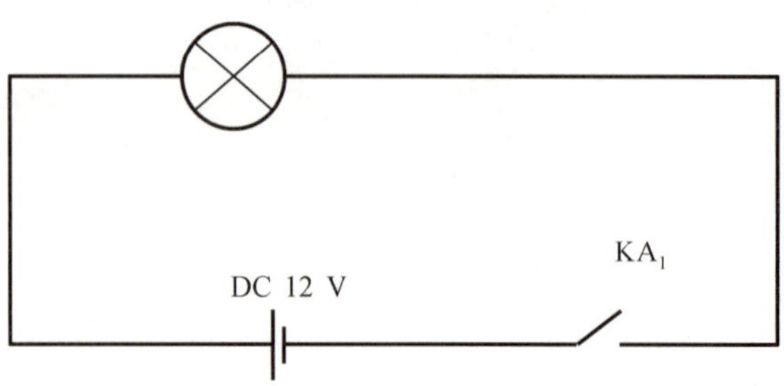

图 4-1-5　继电器动作闭合实验原理图

续表

<table>
<tr><td>实训
步骤</td><td>实训任务
1. 按图 4-1-4 和图 4-1-5 进行接线，并拍照填写至后面的方框中。
2. 记录的电源电压值 U_1，并记录至表 4-1-3 中。
3. 撰写实训心得

表 4-1-3　测量数据记录
<table><tr><th>序号</th><th>电源电压 U_1</th></tr><tr><td></td><td></td></tr><tr><td></td><td></td></tr><tr><td></td><td></td></tr><tr><td></td><td></td></tr><tr><td></td><td></td></tr></table></td></tr>
<tr><td>心得
体会</td><td></td></tr>
</table>

年　月　日

思考题

1. 简述继电器的类别，并举出5种以上的继电器。
2. 继电器的主要参数有哪些?
3. 如何测量继电器的返回系数?

任务评价

任务完成后根据表4-1-4所列项目由个人、组长和教师分别进行考核评价，并填入考核分数。

表4-1-4 任务考核评价

评价项目	子项目	个人评价（占30%）	组长评价（占20%）	教师评价（占50%）
专业能力（50分）	解答理论问题（25分）			
	解决实际问题（25分）			
方法能力（20分）	获取理论与实践相关资讯（10分）			
	完成任务后的自我总结评价（10分）			
社会能力（30分）	与同学和谐相处、协作完成任务（10分）			
	遵守纪律、一丝不苟、爱岗敬业（10分）			
	遵守安全规程（10分）			
小计				
签名				

任务二　中间继电器的检修与维护

学习目标

【知识目标】

1. 了解中间继电器结构及工作原理。
2. 掌握触头的主要参数及其测量方法。

【技能目标】

1. 能够完成中间继电器的安装与调试。
2. 能够独立设计扩容电路，并进行中间继电器的选型。

【素养目标】

1. 培养学生爱护设备、规范操作、安全生产的职业意识。
2. 培养学生爱岗敬业，团结协作的职业责任感。
3. 培养理论联系实际的工作意识。

相关知识

一、中间继电器的定义

中间继电器（intermediate relay）通常用来传递信号和同时控制多个电路，也可用来直接控制小容量电动机或其他电气执行元件。中间继电器的结构和工作原理与交流接触器基本相同，主要区别是触点数目较多，且触点容量小。

中间继电器的结构大致相同，此处以西门子 3TH 系列中间继电器为例进行介绍，继电器的结构如图 4-2-1 所示。

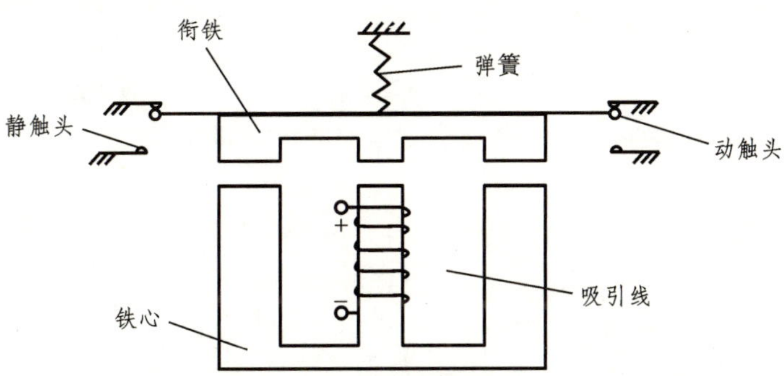

图 4-2-1　中间继电器的结构示意图

在轨道交通车辆控制电路中，3TH 系列直流中间继电器用来控制各种控制电器的电磁线圈，以使信号放大或用一个信号控制几个电器。它主要由传动装置和触头（接点）装置组成。传动装置由电磁铁构成，衔铁上还有手动按钮，以供检查及故障操作之用。如图 4-2-2 所示，触头装置包括 8 对桥式接点（联锁触头），可根据需要任意组合成 2 开 6 闭、4 开 4 闭、6 开 2 闭的方式。

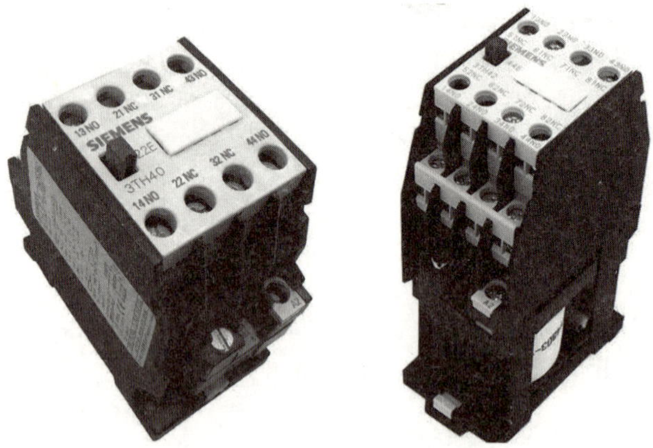

图 4-2-2　3TH 系列中间继电器实物

二、中间继电器的工作原理

中间继电器有许多种类，在轨道交通车辆中以电磁式中间继电器为主，此处以其为例进行原理介绍。电磁式中间继电器依靠电磁铁进行工作，当线圈电压达到工作电压时，电磁铁产生的吸力克服弹簧的作用力，吸引衔铁向下运动，衔铁带动动触头随之运动，使得常闭触头断开、常开触头导通。

三、触头的基本知识

触头系统

在有触点电器中，直接接通和断开电路的零件称为触头。触头是有触点电器完成其职能的执行机构。触头是成对出现的，固定不动的叫作静触头，可以活动的叫作动触头。电路是依靠动触头的动作来实现接通和断开的。触头性能的好坏，将直接影响电器工作的可靠性，甚至会影响电动车辆的安全运行。电动车辆在运行过程中，特别是车辆通过道岔和启动、加速、制动时会引起较大的振动和冲击，从而引起电器的振动和冲击，可能导致紧固螺栓松动或触头误动作，造成电器工作时的误动作。

（一）触头的接触形式

1. 点接触式触头

点与点接触或点与面接触的触头称为点接触触头，如图 4-2-3（a）所示。例如，继电器触头和接触器的联锁触头。这类触头适用于电流在 10 A 以下的场合，一般用于控制电路。其特点是接触面积小，散热条件差，接触电阻较大。

2. 线接触式触头

线接触式触头指圆柱与圆柱接触或圆柱与平面接触的触头，如接触器、自动开关及高压电器的主触头，如图 4-2-3（b）所示。这类触头适用于电流在几十安培至几百安培的场合。其特点是接触面积与接触压力均适中。

3. 面接触式触头

面接触式触头指平面与平面接触的触头，如大容量的闸刀开关等，如图 4-2-3（c）所示。这类触头适用于电流较大的场合。其特点是接触面积与接触压力均较大。

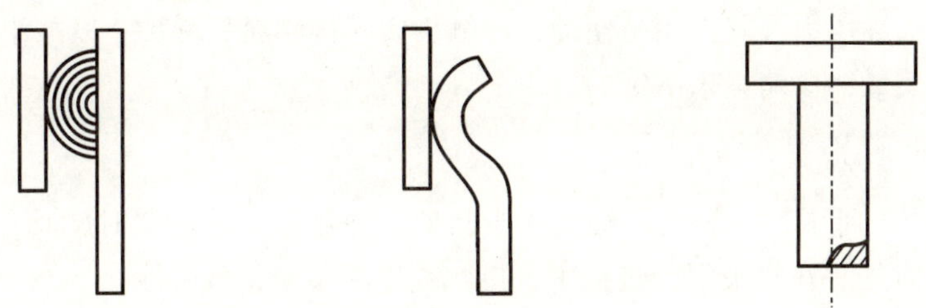

（a）点接触　　（b）线接触　　（c）面接触

图 4-2-3　触头的接触形式

（二）触头的主要参数

触头的参数主要有开距、超程、压力和研距。下面以线接触式触头为例进行说明。

1. 开距 S

触头的开距是指触头处于断开位置时，动、静触头之间的最小距离，如图 4-2-4（a）所示。开距是触头的一个重要参数，它不仅要保证在分断正常电流时能很快灭弧，而且要使触头间具有一定的绝缘能力，经得起过电压的冲击。它不仅影响触头与灭弧系统的尺寸，而且影响电磁传动机构的尺寸。

2. 超程 γ

触头的超程是指触头闭合后，如果将静触头移出，动触头能继续向前移动的一段距离，如图 4-2-4（b）、（c）所示。触头的超程用来保证触头有一定的压力，并能在允许的磨损范围内可靠地工作。一般触头在磨损厚度的 1/3 或 1/2 之前仍能工作，因此在设计制造上必须要有一定的超程。

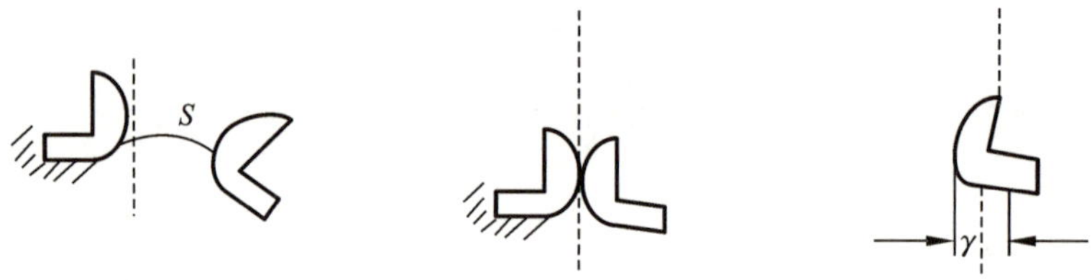

图 4-2-4　触头的开距与超程

触头振动

3. 压力 F

触头压力是指两触头闭合后，其接触处所具有的压力。触头压力主要是由触头弹簧产生的。触头弹簧有一预压缩量，使得动触头和静触头在刚开始接触的瞬间就有互压力，称为触头的初压力。触头的初压力可以防止刚开始接触时，碰撞振动区电动斥力使两触头弹开。初压力的大小，取决于触头弹簧的预压缩量的大小。动触头与静触头接触终了时的压力称为终压力，其作用是使动、静触头实际接触面积增加，以减小接触电阻。它是由触头弹簧最终压缩量来决定的。

4. 研　距

触头磨损

如图 4-2-5 所示，一般线接触式触头的动、静触头开始接触时，其接触线在 a 点处。在触头闭合过程中，接触线逐渐移动，最后停在 b 点处，以导通工作电流。由于动触头上 ab 和静触头上 $a'b'$ 长度不一样，因此，在动、静触头接触过程中，不仅有相对滚动，而且有相对滑动，整个接触过程称为触头的研磨过程。由研磨所产生的距离称为研距。研磨过程的作用是擦除触头表面的氧化层及脏污，减少接触电阻。通过研磨过程所产生的研距，可使正常工作的接触线与开始接触线错开，从而避免电弧烧损正常工作的接触线，保证正常工作接触线接触良好。

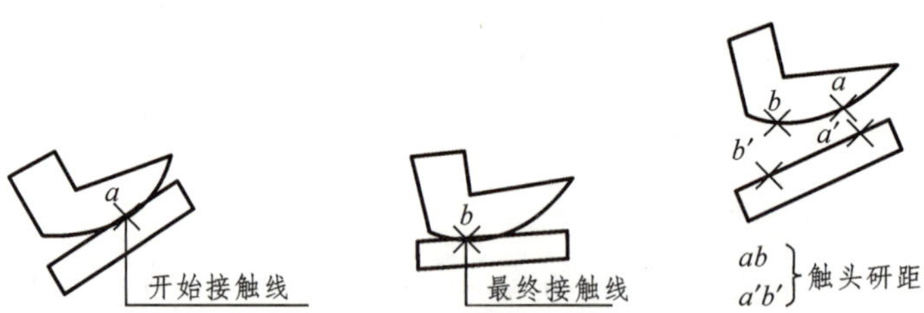

图 4-2-5　触头的研磨过程与研距

触头的开距、超程和压力都是在检修中必须进行检测的重要参数。在电器的使用和维修中常用这些参数来反映触头的工作情况及检验电器的工作状态。

（三）触头的接触电阻

触头接触电阻

导体间接触在一起实现电连接而产生的电阻比同样尺寸的完整的电阻值要大得多，而这种电阻我们称之为接触电阻。接触电阻由收缩电阻和表面膜电阻组成，如式（4-2-1）所示。

$$R_j = R_b + (R_{S1} + R_{S2}) \quad (4\text{-}2\text{-}1)$$

式中　R_b——表面间膜电阻；

R_S——收缩电阻。

特别地：（1）材料相同时，$R_j = R_b + 2R_S$。

（2）在真空中，$R_b \approx 0$，故 $R_j \approx 2R_S$。

1. 收缩电阻

收缩电阻是由于电流线在导电斑点附近发生收缩，使电流流过的路径增加，在接触内表面出现的局部附加电阻，如图 4-2-6 所示。

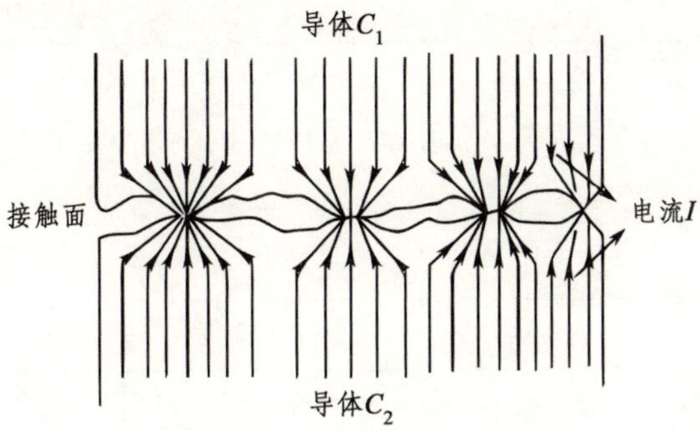

图 4-2-6　电流线收缩示意

2. 表面膜电阻

在触头的接触表面上覆盖着一层导电性很差的薄膜，如图 4-2-7 所示，如金属的氧化物、硫化物等，其导电性很差，这种额外产生的电阻我们称之为表面膜电阻。

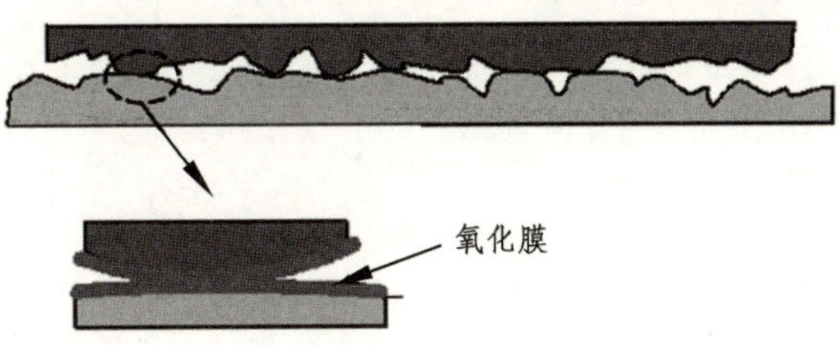

图 4-2-7　表面膜电阻的形成示意

3. 减少接触电阻的措施

当触头在闭合状态时，其主要任务是保证能通过规定的电流，且触头温升不超过允许值。使用过程中存在的主要问题是触头的发热、热稳定性和电动稳定性。触头的发热是由接触电阻引起的，因此应设法减小接触电阻。有以下方式减少接触电阻：

（1）增加接触点的数目。

（2）采用本身电阻系数小，且不易氧化或氧化物电阻系数小的材料作为接触导体，或作为覆盖层。

（3）触头开闭过程中应具有一定的滑动作用，以擦去氧化膜。

技能训练

中间继电器控制多回路任务实训工单

<table>
<tr><td>姓名</td><td></td><td>班级</td><td></td><td>学号</td><td></td><td>成绩</td><td></td></tr>
<tr><td>工作任务</td><td colspan="7">1. 树立良好的安全意识、注意用电安全。
2. 掌握继电器的结构及其工作原理。
3. 掌握继电器的动作时间的测量方法</td></tr>
<tr><td>实训场地</td><td colspan="7">机车电器实训室或城市轨道交通车辆电器实训室</td></tr>
<tr><td>注意事项</td><td colspan="7">1. 注意用电安全，接线前先确认实验设备及测试设备是否正常，是否存在短路跳闸现象。
2. 通电测试前，报告实训教师核验接线是否正确，如无误，须在实训教师指导下通电测试。
3. 实验完成后，应整理好实训场地，将工器具放回原位，并由实训教师查验</td></tr>
<tr><td rowspan="6">实训工具及材料</td><td>序号</td><td colspan="2">设备名</td><td>单位</td><td colspan="2">数量</td><td>备注</td></tr>
<tr><td>1</td><td colspan="2">JZX-22F（D）型中间继电器</td><td>个</td><td colspan="2">1</td><td></td></tr>
<tr><td>2</td><td colspan="2">电器实训台</td><td>台</td><td colspan="2">1</td><td></td></tr>
<tr><td>3</td><td colspan="2">导线</td><td>根</td><td colspan="2">8</td><td></td></tr>
<tr><td>4</td><td colspan="2">接线端子</td><td>对</td><td colspan="2">8</td><td></td></tr>
<tr><td>5</td><td colspan="2">可调直流电压源（带数显）</td><td>个</td><td colspan="2">1</td><td></td></tr>
<tr><td>实训步骤</td><td colspan="7">JZX-22F（D）型中间继电器是一种小型电磁继电器，额定电压为 110 V，工作电流为 3 A，有 14 个触脚，其接线图如图 4-2-8 所示，其理论动作电压为 88 V，释放电压为 11 V，线圈电阻为 14 500 Ω。
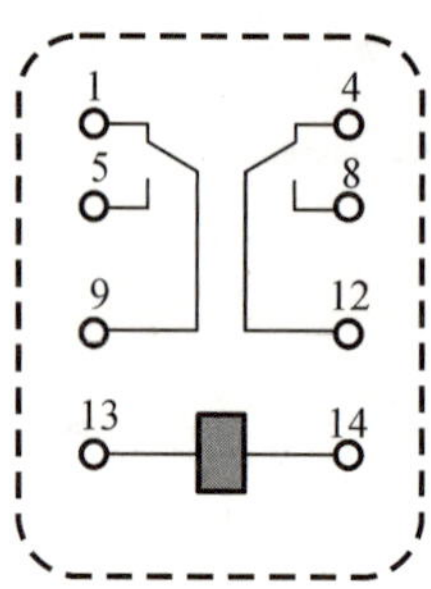

图 4-2-8　中间接触器接线图
实验步骤
1. 检查试验台，测试电源电压是否可调，用万用表测量电压值是否一致。</td></tr>
</table>

续表

<table>
<tr>
<td>实训步骤</td>
<td>
2. 检查待测继电器及接线表是否正常，查看继电器引脚是否有氧化或者烧损的现象，如有则更换继电器。

3. 按图 4-2-9 中间继电器主控回路实验原理图进行接线，其中 KA 表示继电器的线圈，DC 110 V 为直流稳定电源，S_1 为电源开关。

4. 按图 4-2-10 将指示灯与中间继电器触头相连接，注意参考图 4-2-9 的接线图选择合适的引脚进行连接，用于展示继电器吸合与断开的动作。

5. 线路连接完，先自行检查，无误后请求实验师核验，经过实验师同意后，开始通电实验。

6. 记录通电前后灯泡 L_1、灯泡 L_2、灯泡 L_3 的亮灯情况。

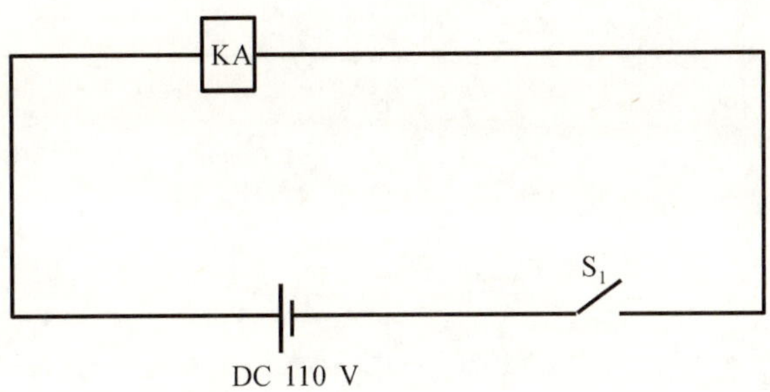

图 4-2-9　中间继电器主控回路实验原理

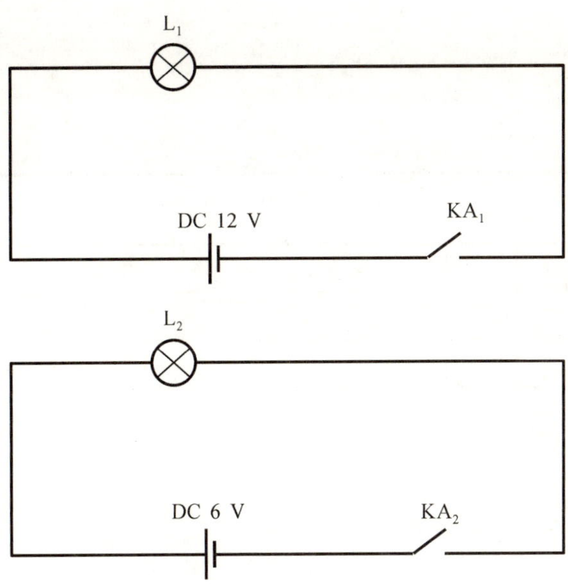

</td>
</tr>
</table>

续表

实训步骤

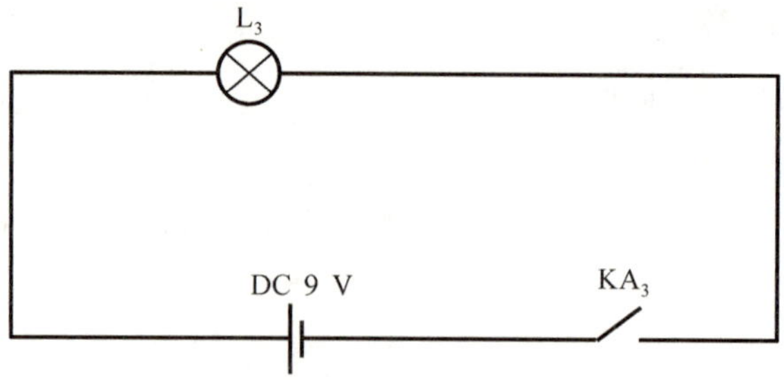

图 4-2-10　指示灯多回路实验原理图

实训任务

1. 按图 4-2-9 和图 4-2-10 进行接线，并拍照填写在后面的方框中。
2. 记录的电源电压值 U_1，并记录至表 4-2-1 中。
3. 撰写实训心得。

表 4-2-1　测量数据记录表

通电与否	灯泡 L_1	灯泡 L_2	灯泡 L_3
是			
否			

心得体会

年　　月　　日

思考题

1. 简述中间继电器的作用。
2. 接触电阻对电器的影响有哪些？
3. 如何减少接触电阻？
4. 简述接触电阻产生的原因。
5. 简述触头超程的作用。
6. 简述触头开距的作用。
7. 触头的研距与接触电阻有什么联系？

任务评价

任务完成后根据表 4-2-2 所列项目由个人、组长和教师分别进行考核评价，并填入考核分数。

表 4-2-2 任务考核评价表

评价项目	子项目	个人评价（占 30%）	组长评价（占 20%）	教师评价（占 50%）
专业能力（50 分）	解答理论问题（25 分）			
	解决实际问题（25 分）			
方法能力（20 分）	获取理论与实践相关资讯（10 分）			
	完成任务后的自我总结评价（10 分）			
社会能力（30 分）	与同学和谐相处、协作完成任务（10 分）			
	遵守纪律、一丝不苟、爱岗敬业（10 分）			
	遵守安全规程（10 分）			
小计				
签名				

任务三　时间继电器的检修与维护

学习目标

【知识目标】

1. 了解时间继电器的结构及工作原理。
2. 了解时间继电器的检修与维护。

【技能目标】

1. 能小组合作完成时间继电器的安装与调试。
2. 能进行时间继电器的计时检测。

【素养目标】

1. 培养学生爱护设备、规范操作、安全生产的职业意识。
2. 培养学生爱岗敬业、团结协作的职业责任感。
3. 培养理论联系实际的工作意识。
4. 树立实事求是的科学态度。

相关知识

一、时间继电器的概念

时间继电器（timing relay）是电气控制系统中一个非常重要的元器件，在许多控制系统中，需要使用时间继电器来实现延时控制。时间继电器是一种利用电磁原理或机械动作原理来延迟触头闭合或分断的自动控制电器。一般来说，时间继电器的延时性能在设计的范围内是可以调节的，从而方便调整它的时延长短。

二、时间继电器的结构

时间继电器有许多种类，按其工作原理的不同，时间继电器可分为空气阻尼式时间继电器、电动式时间继电器、电磁式时间继电器、电子式时间继电器等。

（一）电磁式时间继电器

电磁式时间继电器是利用电磁线圈断电后磁通缓慢衰减的原理，使磁系统的衔铁延时释放而获得触点的延时动作，其结构如图 4-3-1 所示。它的特点是触点容量大，故控制容量大，但延时时间范围小，精度稍差，主要用于直流电路的控制中。JT3 型时间继电器（见图 4-3-2）就是按照此原理制作的。

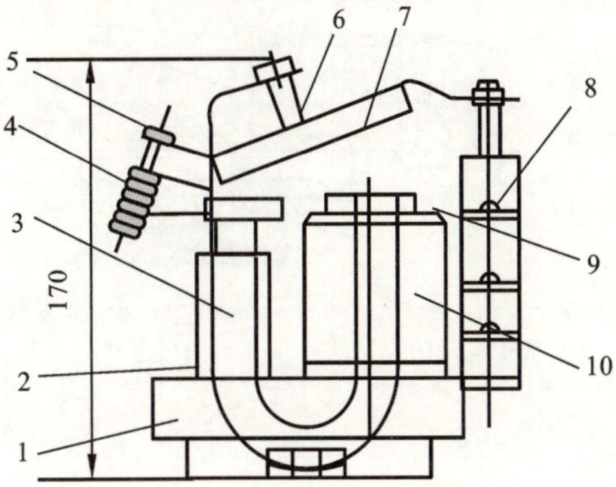

电磁阻尼式时间继电器

1—底座；2—阻尼套筒；3—铁心；4—反力弹簧；5—反力调节螺母；6—衔铁；7—非磁性垫片；8—触头组；9—极靴；10—线圈。

图 4-3-1　电磁式时间继电器结构

图 4-3-2　JT3 型时间继电器实物

（二）空气阻尼式时间继电器

空气阻尼式时间继电器利用空气通过小孔时产生阻尼的原理获得延时，由电磁系统、延时机构和触头三部分组成，如图 4-3-3 所示。电磁机构为双口直动式，触头系统为微动开关，延时机构采用气囊式阻尼器。JS7-A 系列空气阻尼式时间继电器（见图 4-3-4）就是按照此原理制作的。

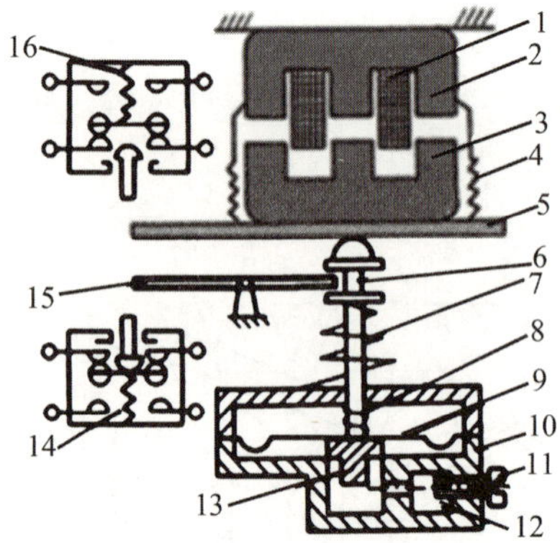

空气阻尼式时间继电器

1—线圈；2—铁心；3—衔铁；4—反力弹簧；5—推板；6—活塞杆；7—塔形弹簧；8—弱弹簧；9—橡皮膜；10—空气室壁；11—调节螺钉；12—进气孔；13—活塞；14—微动开关；15—杠杆；16—微动开关。

图 4-3-3　空气阻尼式时间继电器结构

图 4-3-4　JS7-A 系列空气阻尼式时间继电器实物

（三）电子式时间继电器

电子式时间继电器又称半导体时间继电器，它是利用半导体元件做成的，具有适用范围广、延时精度高、调节方便、寿命长等一系列的优点，被广泛应用于自动控制系统中。半导体延时电路大致可分为阻容式（电阻与电容构成）和数字式两大类。如果延时电路的输出是有触点的继电器则称为触点输出，若输出是无触点元件则称为无触点输出。

阻容式电子时间继电器有 JSB、JS14、JS20 等系列。其中：阻容式电子式时间继电器电路原理如图 4-3-5 所示，实用如图 4-3-6 所示。

当接通后，经 VD_1 整流、C_1 滤波及稳压器稳压后的直流电压经电位器 RP_1 和电阻 R_2 向 C_3 充电，C_3 两端的电压按指数规律上升。当该电压大于单结晶体管 VT_2 的峰点电压时，VT_2 导通，输出脉冲使晶闸管 VT_1 导通，继电器线圈得电，触头动作。这种时间继电器主要用于中等延时（0.05 s ~ 1 h）场合。

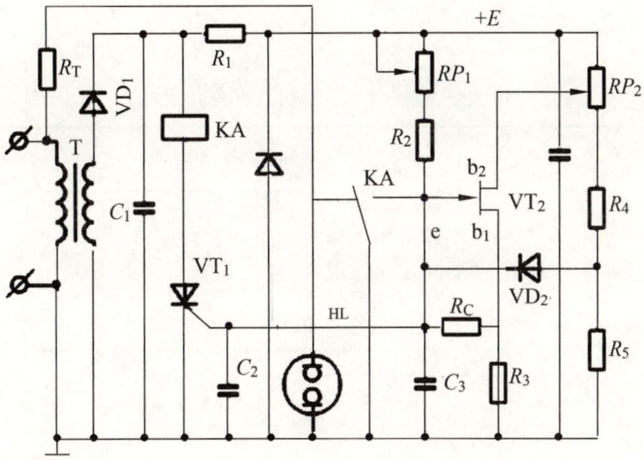

图 4-3-5　阻容式电子式时间继电器电路原理

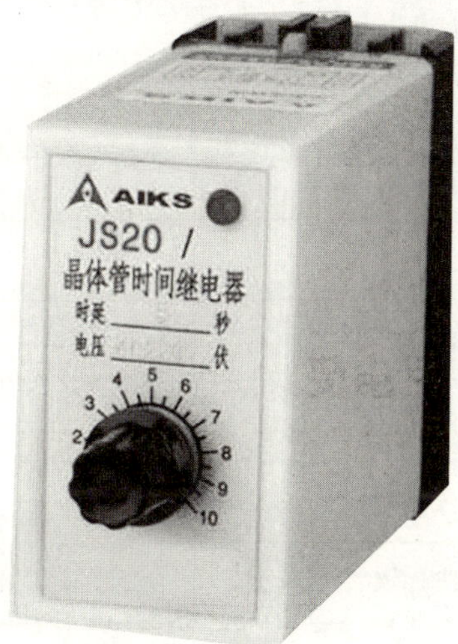

图 4-3-6　JS20 系列电子式时间继电器实物

数字式电子时间继电器应用较广泛，因其是通过芯片进行计时的，所以具备定时精准、体积小巧、安全可靠等特点，市场上常见的数字式时间继电器有欧姆龙 H3Y 系列、西门子 3RP 系列、正泰 JSZ 系列等产品，如图 4-3-7 所示。

图 4-3-7　数字式电子时间继电器实物

技能训练

时间继电器计时测量任务实训工单

<table>
<tr><td>姓名</td><td></td><td>班级</td><td></td><td>学号</td><td></td><td>成绩</td><td></td></tr>
<tr><td>工作任务</td><td colspan="7">1. 树立良好的安全意识、注意用电安全。
2. 掌握时间继电器的结构及其使用方法。
3. 掌握检测时间继电器的计时测量方法</td></tr>
<tr><td>实训场地</td><td colspan="7">机车电器实训室或城市轨道交通车辆电器实训室</td></tr>
<tr><td>注意事项</td><td colspan="7">1. 注意用电安全,接线前先确认实验设备及测试设备是否正常,是否存在短路跳闸现象。
2. 通电测试前，报告实训教师核验接线是否正确，如无误，须在实训教师指导下通电测试。
3. 实验完成后，应整理好实训场地，将工器具放回原位，并由实训教师查验</td></tr>
<tr><td rowspan="6">实训工具及材料</td><td>序号</td><td colspan="2">设备名</td><td>单位</td><td>数量</td><td colspan="2">备注</td></tr>
<tr><td>1</td><td colspan="2">JT3 型时间继电器</td><td>个</td><td>1</td><td colspan="2"></td></tr>
<tr><td>2</td><td colspan="2">电器实训台</td><td>台</td><td>1</td><td colspan="2"></td></tr>
<tr><td>3</td><td colspan="2">导线</td><td>根</td><td>8</td><td colspan="2"></td></tr>
<tr><td>4</td><td colspan="2">接线端子</td><td>对</td><td>8</td><td colspan="2"></td></tr>
<tr><td>5</td><td colspan="2">计时器</td><td>个</td><td>1</td><td colspan="2"></td></tr>
<tr><td>实训步骤</td><td colspan="7">JT3 型时间继电器是一种断电延时电器，它有两对延时断开常闭触点和两对延时闭合常开触点。通过记录常闭或常开触点的延时时间，即可得到 JT3 型时间继电器延时时间。图 4-3-8（a）中，TIME 为计时器（通电即可计时，断电停止计时），KM_1 为中间继电器的常闭触点，KT_1 为时间继电器的延时断开常闭触点。图 4-3-8（b）中，KM 为中间继电器的线圈，KT 为时间继电器的线圈，E 为直流 110 V 电源，S 为按钮开关。
实验原理
要记录延时断开时间需要记录两个时间点：KT 线圈断电瞬间时间 T_0 和 KT_1 触点断开时间 T_1，则延时时间 $\Delta T = T_0 - T$ 。
1. KT 线圈断电瞬间时间 T_0
S 闭合 KM、KT 线圈得电，KM_1 断开，KT_1 闭合，计时器 TIME 断电不计时；一段时间后松开 S，S 断开，KM、KT 线圈失电，KM_1 闭合，KT_1 闭合，计时器 TIME 导通开始计时。
2. KT_1 触点断开时间 T_1
一段时间后 KT_1 断开，计时器 TIME 断电停止计时，计时器通过记录 T_0，与 T_1 相减得到延时时间 ΔT 。</td></tr>
</table>

续表

<table>
<tr>
<td>实训步骤</td>
<td>
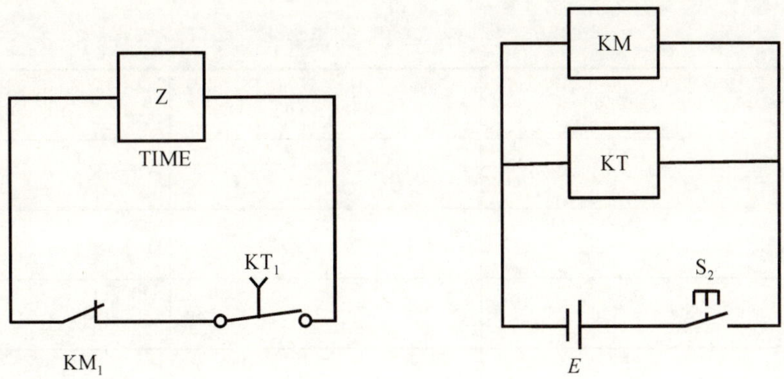

图 4-3-8　实验原理

实验步骤
1. 检查试验台，测试电源电压是否可调，用万用表测量电压值是否一致。
2. 检查待测继电器及接线表是否正常，查看继电器引脚是否有氧化或者烧损的现象，如有请更换继电器。
3. 按图 4-3-8 进行接线。
4. 线路连接后，先自行检查，无误后请实验教师核验，经过实验教师同意后，开始通电实验。
5. 延时时间测量：S 闭合 KM、KT 线圈得电，KM_1 断开，KT_1 闭合，计时器 TIME 断电不计时；一段时间后松开 S，S 断开，KM、KT 线圈失电，KM_1 闭合，KT_1 闭合，计时器 TIME 导通开始计时，并记录至表 4-3-1 中。
6. 测量完毕后，应打扫干净实训室，将工器具以及实训设备放回原位。
实训任务
1. 按图 4-3-8 进行接线，并拍照填写至后面的方框中。
2. 测量 KT 线圈断电瞬间时间 T_0 和 KT_1 触点断开时间 T_1，并记录至表 4-3-1 中。
3. 撰写实训心得。
</td>
</tr>
</table>

续表

<table>
<tr><td rowspan="2">实训步骤</td><td>表 4-3-1　测量数据记录表

序号	时间 T_0	时间 T_1
</td></tr>
</table>

实训步骤	表 4-3-1 测量数据记录表（见下）
心得体会	

年　　月　　日

思考题

1. 简述时间继电器的类别，至少列举 3 种。
2. 简述空气阻尼式时间继电器的工作原理。
3. 如何测量时间继电器的延时时间？
4. 简述电磁阻尼式时间继电器的工作原理。

任务评价

任务完成后根据表 4-3-2 所列项目由个人、组长和教师分别进行考核评价，并填入考核分数。

表 4-3-1　任务考核评价表

评价项目	子项目	个人评价（占 30%）	组长评价（占 20%）	教师评价（占 50%）
专业能力（50 分）	解答理论问题（25 分）			
	解决实际问题（25 分）			
方法能力（20 分）	获取理论与实践相关资讯（10 分）			
	完成任务后的自我总结评价（10 分）			
社会能力（30 分）	与同学和谐相处、协作完成任务（10 分）			
	遵守纪律、一丝不苟、爱岗敬业（10 分）			
	遵守安全规程（10 分）			
小计				
签名				

任务四　热过载继电器的检修与维护

学习目标

【知识目标】

1. 掌握热过载继电器的结构及工作原理。
2. 掌握热过载继电器的检修与维护工艺。

【技能目标】

1. 能小组合作完成热过载继电器的安装与调试。
2. 能小组合作进行热过载继电器的热脱扣实验，并完成实训报告。

【素养目标】

1. 培养分析、解决实际问题的能力。
2. 培养学生爱护设备、规范操作、安全生产的职业意识。
3. 培养学生严格遵守企业规章、制度及纪律，文明生产，规范作业的意识。

相关知识

热过载继电器是利用输入电流的热效应而做出相应动作的一种继电器，属于非电量继电器。热过载继电器主要用于对电动机过载保护，它具有反时限保护特性（被保护元件的过流允许通过时间与其电流值的大小成反比，即电流越大，所允许通过时间越短）。热过载继电器是利用流入热元件的电流产生热量，使有不同膨胀系数的双金属片发生弯曲变形，推动传动机构动作，最终实现过载保护。由于是过载发热而引起动作的电器，其动作值要低于回路中主要电器零部件的允许温度值，这样就可以限制过载电流而起到保护作用。热过载继电器在地铁车辆中的空调单元、辅助电机等工作回路中均有广泛应用。3UA 系列热继电器的基本结构如图 4-4-1 所示，其文字符号、图形符号如图 4-4-2 所示。

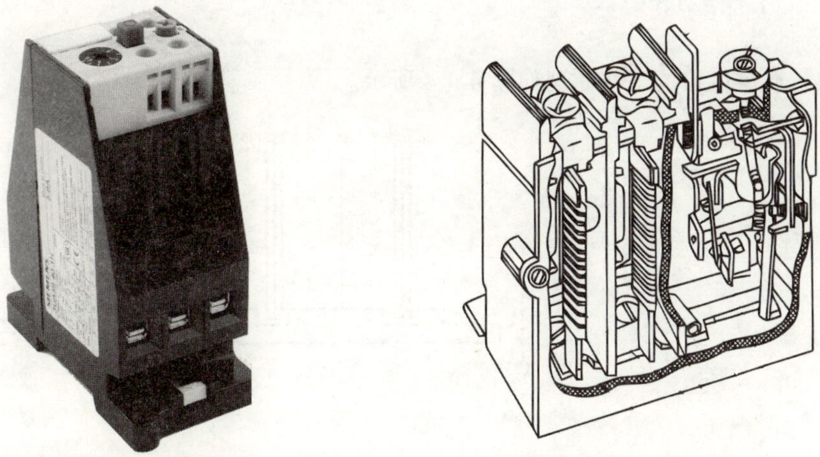

（a）外形　　　　（b）结构示意

图 4-4-1　西门子 3UA 系列热过载继电器

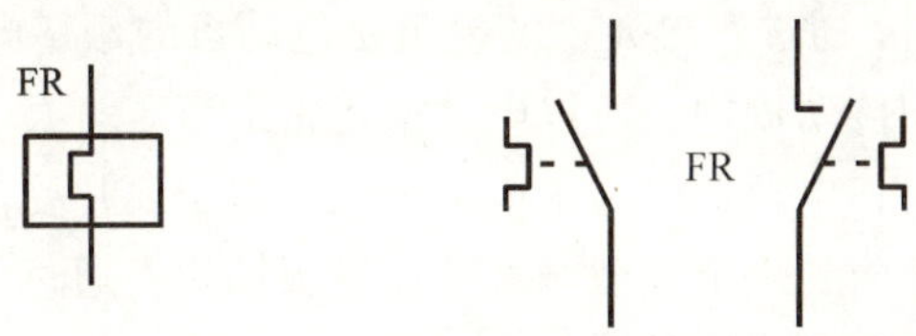

（a）热元件　　（b）常开触头（左）常闭触头（右）

图 4-4-2　热过载继电器文字符号与图形符号

一、基本结构

热过载继电器主要由发热元件、双金属片、触点、传动机构和调整机构组成。

发热元件是一段阻值不大的电阻丝，串联在被保护电动机的定子绕组中。

常闭触点串联在交流接触器的电磁线圈控制电路中。

双金属片是由两种热膨胀系数不同的金属，用机械碾压而成（或焊接而成），其一端被固定，另一端为自由端。受热后双金属片向膨胀系数小的金属一侧弯曲，如图 4-4-3 所示。

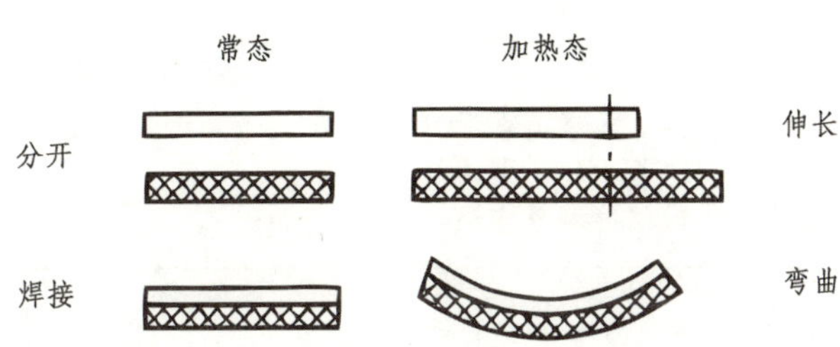

图 4-4-3　双金属片工作原理

二、工作原理

热过载继电器的工作原理如图 4-4-4 所示。

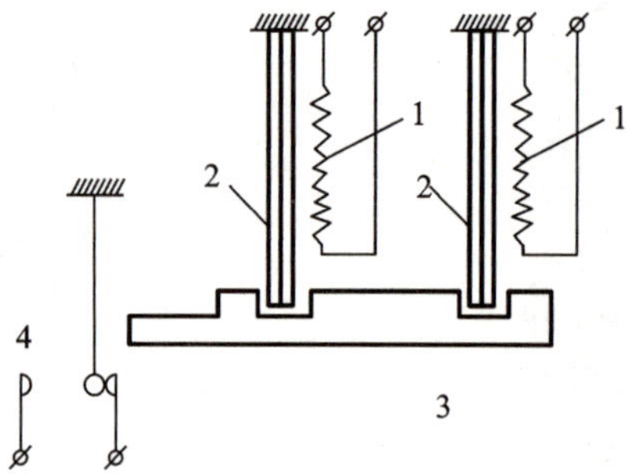

1—绕组；2—双金属片；3—导板；4—常闭触点。

图 4-4-4　热过载继电器工作原理示意

当电动机正常工作时，通过发热元件的电流是电动机的额定电流，虽双金属片受热，但变形较小，不足以推动传动机构，所以电动机正常运行。

当电动机出现过载时，电动机绕组中电流增大，双金属片受热后温度继续升高，弯曲程度加大。双金属片弯曲到一定程度时就推动导板动作，通过传动机构使常闭触点打开，切断控制电路，从而使交流接触器电磁线圈失电释放，保护电路断开，实现了电动机的过载保护。

热继电器动作后一般不能自动复位，而要等双金属片冷却后按下复位按钮才能复位。继电器动作电流的调节可以借助旋转凸轮来实现。由于热惯性，当电路短路时热过载继电器不能立即动作使电路马上断开，因此不能用作短路保护。同理，在线路短时过载时，热过载继电器也不会动作，这可避免线路不必要的断电。每一种电流等级的热元件，都有一定的电流调节范围，一般应调节到与线路额定电流相等，以便更好地起到过载保护作用。

技能训练

热过载继电器过载保护任务实训工单

姓名		班级		学号		成绩	
工作任务	1. 树立良好的安全意识、注意用电安全。 2. 掌握继电器的结构及其工作原理。 3. 掌握继电器的动作时间的测量方法						
实训场地	机车电器实训室或城市轨道交通车辆电器实训室						

续表

<table>
<tr><td>注意事项</td><td colspan="5">1. 注意用电安全，接线前先确认实验设备及测试设备是否正常，是否存在短路跳闸现象。
2. 通电测试前，报告实训教师核验接线是否正确，如无误，须在实训教师指导下通电测试。
3. 实验完成后，应整理好实训场地，将工器具放回原位，并由实训教师查验</td></tr>
<tr><td rowspan="7">实训工具及材料</td><td>序号</td><td>设备名</td><td>单位</td><td>数量</td><td>备注</td></tr>
<tr><td>1</td><td>NR2-25/Z 型热过载继电器</td><td>个</td><td>1</td><td></td></tr>
<tr><td>2</td><td>电器实训台</td><td>台</td><td>1</td><td></td></tr>
<tr><td>3</td><td>导线</td><td>根</td><td>4</td><td></td></tr>
<tr><td>4</td><td>接线端子</td><td>对</td><td>4</td><td></td></tr>
<tr><td>5</td><td>可调直流电流源（带数显）</td><td>个</td><td>1</td><td></td></tr>
<tr><td>6</td><td>计时器</td><td>个</td><td>1</td><td></td></tr>
<tr><td>实训步骤</td><td colspan="5">NR2-25/Z 型热继电器是一种过热保护继电器，适用于交流 50 Hz/60 Hz、电压 690 V，电流 0.1～150 A，长期工作或间断长期工作的交流电动机的过载与断相保护。热继电器还具有温度补偿、动作指示、自动与手动复位、停止等功能。它有 2 对触点（1 对常开“NO”，1 对常闭“NC”），其外形如图 4-4-5 所示。
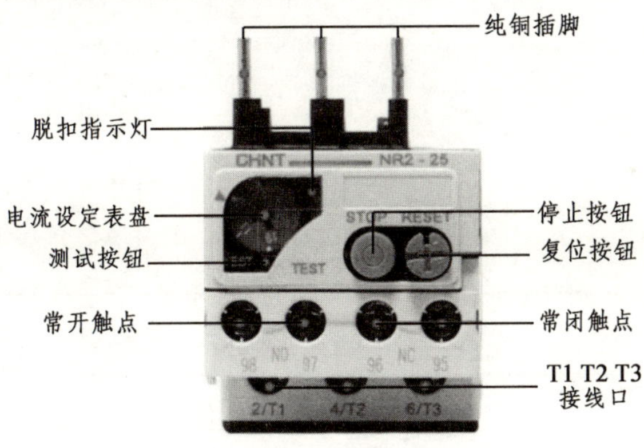

图 4-4-5　NR2-25/Z 型热继电器
实验步骤
1. 检查试验台，测试电源电压是否可调，用万用表测量电压值是否一致。
2. 检查热继电器的动作机构应工作可靠，一般可用手拨动 4～5 次进行观察；各按钮应灵活；调整部件不得松动，若有松动，则应加以紧固，重新进行试验和调整。检查和调整部件时，只能用手或改锥轻轻触动，不得用力拧或推拉。
3. 按图 4-4-6 所示电路原理完成线路连接。
4. 线路连接后，先自行检查，无误后请求实验教师核验，经过实验教师同意后，开始通电实验。
5. 试验时，先向继电器通入额定电流（继电器应不动作），通入最低倍数的动作电流使其动作，然后断电冷却到室温如此重复试验三次，并记录当前电流值和通电时间。</td></tr>
</table>

续表

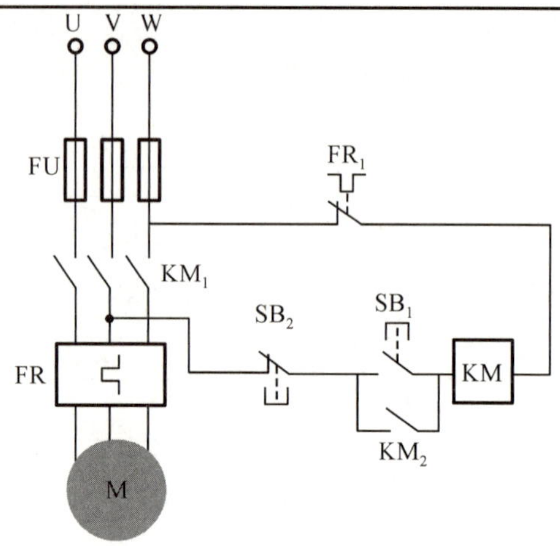

图 4-4-6　热继电器热脱扣实验电路原理

实训步骤

实训任务

1. 按图 4-4-6 进行接线，并拍照填写至后面的方框。
2. 记录脱扣时的电源电流值及其恢复时间，并记录至表 4-4-1 中。
3. 撰写实训心得。

表 4-4-1　测量数据记录表

序号	电源电流值	回复时间

心得体会

年　　月　　日

思考题

1. 简述热过载继电器的工作原理。
2. 简述热过载继电器的作用及应用场景。
3. 简述热过载继电器的型号及其意义。

任务评价

任务完成后根据表 4-4-2 所列项目由个人、组长和教师分别进行考核评价，并填入考核分数填入表中。

表 4-4-2　任务考核评价表

评价项目	子项目	个人评价（占 30%）	组长评价（占 20%）	教师评价（占 50%）
专业能力（50 分）	解答理论问题（25 分）			
	解决实际问题（25 分）			
方法能力（20 分）	获取理论与实践相关资讯（10 分）			
	完成任务后的自我总结评价（10 分）			
社会能力（30 分）	与同学和谐相处、协作完成任务（10 分）			
	遵守纪律、一丝不苟、爱岗敬业（10 分）			
	遵守安全规程（10 分）			
小计				
签名				

项目五

接触器的检修与维护

接触器是轨道交通车辆低压配电控制电路的核心元件，在车辆运行维护中接触器的检修与维护必不可少。通过本项目的学习可以掌握接触器的日常检修工艺方案，通过了解轨道交通企业检修工接触器检修训练，培养职业素养，使学生能够掌握基本的接触器故障处理方法。

任务一　接触器常识认知

学习目标

【知识目标】

1. 掌握接触器的定义和基本组成。
2. 了解接触器的种类及其作用。

【技能目标】

1. 能独立完成接触器的拆装。
2. 能独立完成接触器的功能性实验。

【素养目标】

1. 培养学生爱护设备、规范操作、安全生产的职业意识。
2. 培养学生爱岗敬业、团结协作的职业责任感。
3. 培养学生“不怕苦、不怕累”、爱岗敬业、精益求精的工匠精神。

相关知识

一、接触器的定义及种类

接触器（Contactor）是指用于频繁、远距离地接通和分断带有负载的主电路、辅助电路或大容量控制电路的自动切换电器。接触器常用于具有高电压、高电流（超过 15 A 或超过 3 kW）或两者兼有的负载类型。相对于继电器来说，接触器增加了灭弧装置。接触器通常分为直流接触器和交流接触器（见图 5-1-1），一般不能混用。

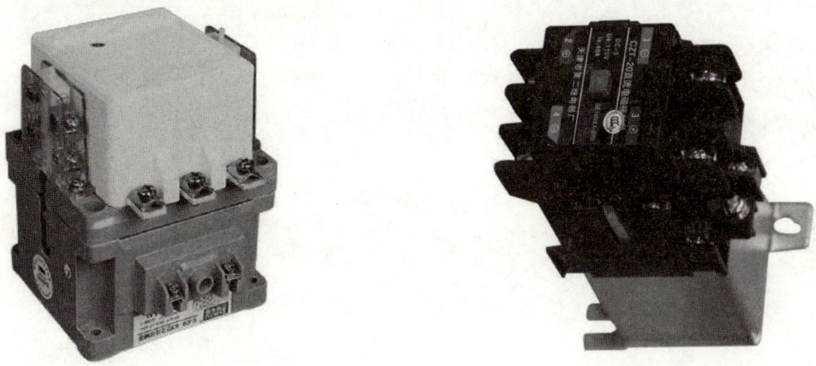

（a）交流接触器　　（b）直流接触器

图 5-1-1　接触器实物

（1）按通、断电流的种类，可分为直流接触器、交流接触器和交直流接触器。

（2）按接触器的驱动原理，可分为电磁式接触器、电空式接触器和液压式接触器。电磁式接触器又可分为串联接触器和并联接触器。电空式接触器是采用由电空阀控制的压缩空气传动的接触器，可用较小的控制功率得到较大的接触压力和行程，适用于大电流和高电压场合。

电空阀

（3）按接触器的主触头所处的介质，可分为空气式接触器、真空式接触器和油浸式接触器。

（4）按主触头数目，可分为单极接触器和多极接触器。

二、接触器的基本组成

接触器主要由传动装置、触头系统、灭弧装置和固定安装装置组成，其结构如图 5-1-2 所示。接触器的结构与继电器结构类似，主要区别在于增加了灭弧装置，根据使用环境不同，灭弧方法不同，结构有所区别。常见的灭弧装置有离子栅灭弧罩、纵缝灭弧罩、磁吹灭弧罩等。

（1）传动装置：包括驱使触头闭合的装置、开断触头的弹簧机构及缓冲装置。

（2）触头系统：主触头通断的是主电路，额定电流比较大，通常为数安到数百安，甚至可能高达数千安。

（3）灭弧装置：主要用于熄灭触头开断电路时产生的电弧，减少电弧对触头的破坏作用，保证触头可靠地工作。

（4）固定安装装置：用于安装和布置电器各部件，使接触器构成一个整体。

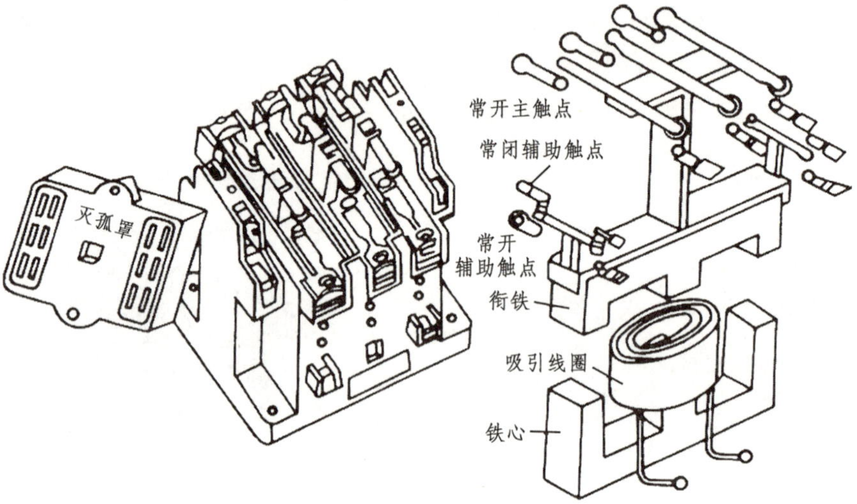

图 5-1-2　接触器结构示意

三、接触器的主要参数

市场上接触器种类繁多，以轨道交通车辆行业为例，在日常检修过程中会遇到更换接触器的情况，需要依据其参数进行选择。常见的接触器参数会标识在电器上，如图 5-1-3 所示。继电器的参数主要有动作值、接通与分断能力、操作频率、机械寿命和电气寿命、动作时间和释放时间。

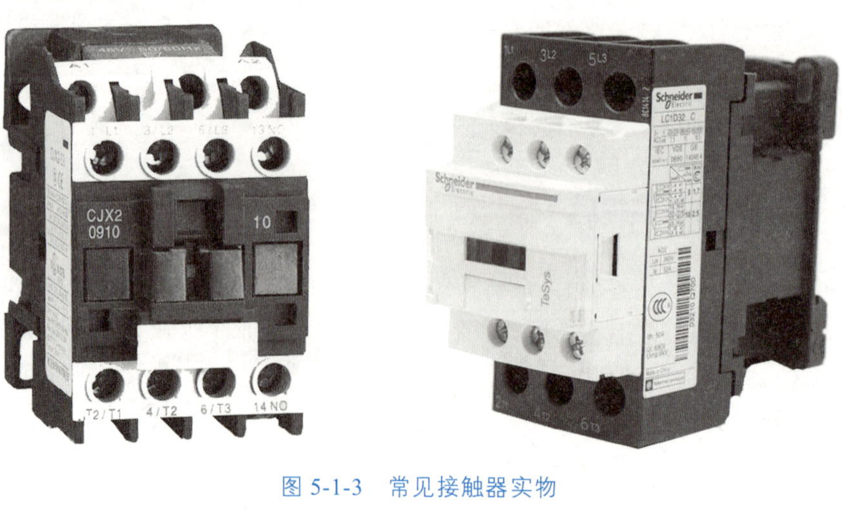

图 5-1-3　常见接触器实物

（1）动作值指接触器的动作电压（或电流、气压等）和释放电压（或电流、气压等）。

（2）接通与分断能力（又称开闭能力或切换能力）指接触器主触头在规定条件下可靠地接通和分断的电流值。

（3）操作频率指接触器每小时内允许操作的次数。

（4）机械寿命和电气寿命：后者一般为前者的 5%～20%。

（5）动作时间和释放时间。动作时间（又称闭合时间）是指从电磁铁吸引线圈通电起，到衔铁完全吸合所需要的时间。释放时间（或称开断时间）是指从电磁铁吸引线圈断电起，至衔铁返回到原始位置所需要的时间。

技能训练

接触器触头开距测量任务实训工单

<table>
<tr><td>姓名</td><td></td><td>班级</td><td></td><td>学号</td><td></td><td>成绩</td><td></td></tr>
<tr><td>工作任务</td><td colspan="7">1. 树立良好的安全意识、注意用电安全。
2. 掌握接触器的结构及其工作原理。
3. 掌握接触器的触头开距的测量方法</td></tr>
<tr><td>实训场地</td><td colspan="7">机车电器实训室或城市轨道交通车辆电器实训室</td></tr>
<tr><td>注意事项</td><td colspan="7">1. 注意用电安全，接线前先确认实验设备及测试设备是否正常，是否存在短路跳闸现象。
2. 通电测试前，报告实训教师核验接线是否正确，如无误，须在实训教师指导下通电测试。
3. 实验完成后，应整理好实训场地，将工器具放回原位，并由实训教师查验</td></tr>
<tr><td rowspan="5">实训工具及材料</td><td>序号</td><td colspan="2">设备名</td><td>单位</td><td>数量</td><td colspan="2">备注</td></tr>
<tr><td>1</td><td colspan="2">CZ0-250/20 型直流接触器</td><td>个</td><td>1</td><td colspan="2"></td></tr>
<tr><td>2</td><td colspan="2">电器实训台</td><td>台</td><td>1</td><td colspan="2"></td></tr>
<tr><td>3</td><td colspan="2">游标卡尺</td><td>个</td><td>1</td><td colspan="2"></td></tr>
<tr><td>4</td><td colspan="2">十字螺丝刀</td><td>个</td><td>1</td><td colspan="2"></td></tr>
<tr><td>实训步骤</td><td colspan="7">CZ0-250/20 型直流接触器有 1 个常开主触头和 4 个联锁触头，吸引线圈的额定电压为 110 V、220 V，操作频率为 150 次/时。其实物如图 5-1-4 所示。</td></tr>
</table>

续表

实训步骤

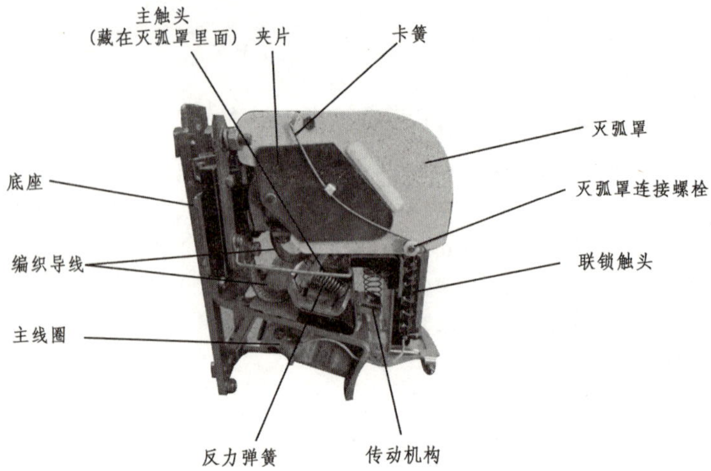

图 5-1-4　CZ0-250/20 型直流接触器

实验步骤

1. 检查工器具是否有破损、功能是否正常。
2. 清理检修工作台面，将待测接触器放置工作台上。
3. 拆解灭弧罩:先将灭弧罩连接螺栓取出，取出卡簧，灭弧罩就能拆下来，即可测量主触头开距。
4. 用游标卡尺测量主触头开距，并将数据记录至表 5-1-1 中。
5. 测量完毕，将接触器恢复原状。

实训任务

1. 拆解接触器灭弧罩，并使用游标卡尺测量主触头开距。
2. 撰写实训心得。

表 5-1-1　测量数据记录

序号	主触头开距

心得体会

年　　月　　日

思考题

1. 简述接触器的类别，至少列举 3 种。
2. 简述接触器的工作原理。
3. 如何测量接触器的触头开距？
4. 如何测量接触器的接触电阻？
5. 简述灭弧罩的作用。

任务评价

任务完成后根据表 5-1-2 所列项目由个人、组长和教师分别进行考核评价，并填入考核分数。

表 5-1-2　任务考核评价表

评价项目	子项目	个人评价（占 30%）	组长评价（占 20%）	教师评价（占 50%）
专业能力（50 分）	解答理论问题（25 分）			
	解决实际问题（25 分）			
方法能力（20 分）	获取理论与实践相关资讯（10 分）			
	完成任务后的自我总结评价（10 分）			
社会能力（30 分）	与同学和谐相处、协作完成任务（10 分）			
	遵守纪律、一丝不苟、爱岗敬业（10 分）			
	遵守安全规程（10 分）			
小计				
签名				

任务二　直流接触器的检修与维护

学习目标

【知识目标】

1. 掌握直流接触器的定义和基本组成。
2. 了解直流接触器的种类及其作用。

【技能目标】

1. 能独立完成直流接触器的拆装。
2. 能独立完成直流接触器的检修并完成实训报告。

【素养目标】

1. 培养理论联系实际的工作意识。
2. 树立实事求是的科学态度。
3. 培养学生爱岗敬业、团结协作的职业责任感。

相关知识

一、直流接触器的结构及工作原理

（一）CZT-20 型直流接触器

CZT-20 型直流接触器主要由传动系统、触头系统及灭弧系统三部分组成，其工作原理与电磁铁类似，当吸引线圈得电时，衔铁吸合，带动常开触头闭合，常闭触头打开；当吸引线圈失电时，衔铁在反力弹簧作用下打开并带动常闭触头闭合，常开触头打开，常开主触头的电弧被灭弧装置熄灭，其结构如图 5-2-1 所示。

CZT-20 型直流接触器的原理如图 5-2-2 所示，A_1、A_2 为线圈接线点，有 4 对常开触点（1/2、3/4、13/14、23/24），三对常闭触点（5/6、31/32、41/42），其中 1~5 为接触器主触点，其余为辅助触点。

图 5-2-1　CZT-20 型直流接触器结构

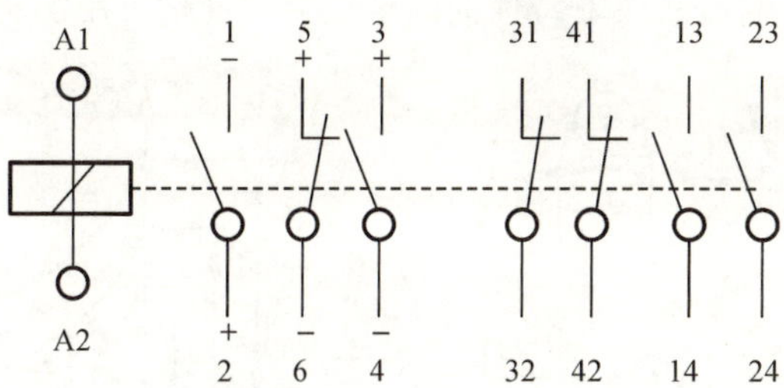

图 5-2-2　CZT-20 型直流接触器原理

（二）CZ5-22-10/ 22 型接触器

CZ5-22-10/22 型接触器主要由传动系统、触头系统及灭弧系统三部分组成（见图 5-2-3），各部分立体布置在 20 mm 厚的酚醛布板上，为板后接线方式，并通过底板安装在电器柜上。因为直流电弧不易熄弧，所以采用带有灭弧罩的磁吹灭弧装置来完成灭弧。

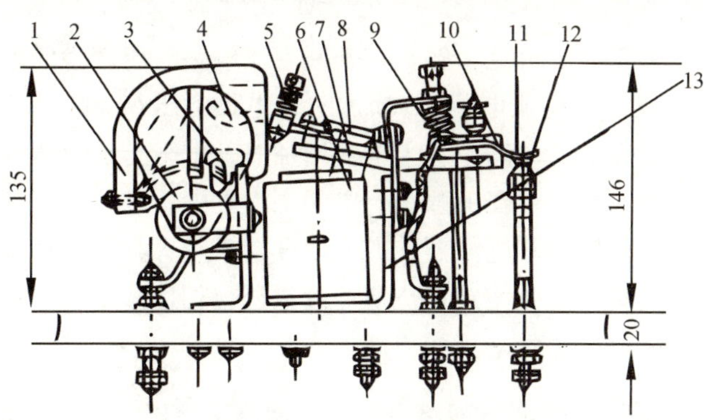

1—灭弧罩；2—吹弧线圈；3—主静触头；4—主动触头；5—触头弹簧；6—吸引线圈；
7—衔铁；8—软连接；9—反力弹簧；10—绝缘基座；
11—动联锁触头；12—静联锁触头；13—磁轭。

图 5-2-3　CZ5-22-10/ 22 型接触器结构

CZ5-22-10/22 型接触器的灭弧系统由带纵缝的灭弧罩和磁吹线圈组成。灭弧罩用石棉水泥压成左右两部分，并用螺钉紧固。吹弧线圈与主触头电路串联，它产生的磁场强度约正比于分断电流，吹弧的电动力则约正比于分断电流的平方。当主触头分断时，电弧受电动力的作用沿弧角运动，被吹进灭弧罩的纵缝中而被拉长，并将热量传递给罩壁，使电弧很快冷却，进而迅速熄灭。

近阴极效应

二、直流电弧特性与灭弧方法

（一）直流电弧伏安特性

直流电弧是指产生电弧的电路电源为直流。当直流电弧稳定燃烧时，电路仍是导通的，因而电弧中有电弧电流，电弧两端有电弧压降。电弧的伏安特性就是指电弧电压与电弧电流之间的关系曲线（见图 5-2-4），它实质上反映了电弧内的物理过程，是电弧的重要特性之一。由于影响电弧伏安特性的因素很多，通常可用实验方法求得。

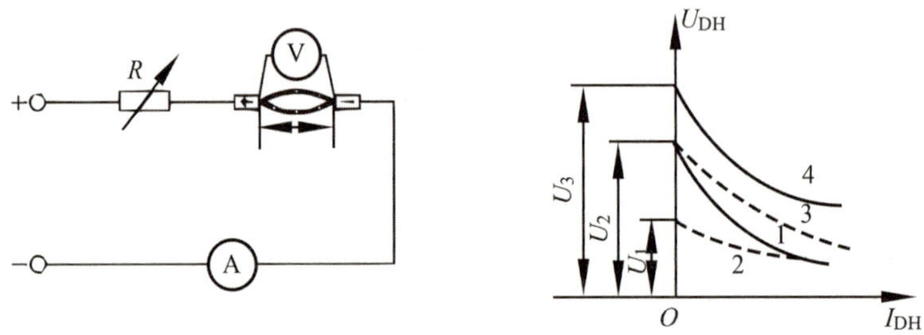

（a）实验原理　　（b）特性曲线

图 5-2-4　直流电弧伏安实验原理

此伏安特性称为直流电弧的静伏安特性（简称静特性）。静特性是指在电弧稳定燃烧$\left(\dfrac{di}{dt}=0\right)$条件下，电弧不受热惯性影响时，电弧电流与电弧压降的关系。

从图 5-2-4（a）中曲线 1 可见，触头在开断直流电路时所产生的电弧相当于在电路中串入一个非线性电阻，当电弧电流 I_{DH} 增加时，电弧电压 U_{DH} 减小。这和我们熟知的普通电路的情况相反。在普通电路中，当电流增加时，电阻上的电压也增加，这是因为电路中的电阻值不变的缘故。但在弧隙中，电弧电阻是随着电弧电流而变化。随着电流的增大，电弧内的游离作用越来越激烈，离子浓度越来越大，导电性越好，其对外所呈现的电阻值越小，从而维持电弧稳定燃烧所需的电压也相应减小；反之，当电弧电流减少时，维持电弧稳定燃烧所需的电压相应增大。

若通过调节可变电阻 R 来调节回路电流，让回路电流以一定速度增加$\left(\dfrac{di}{dt}>0\right)$或减少$\left(\dfrac{di}{dt}<0\right)$，则可得图 5-2-4（b）中的曲线 3 和 2。这时所得的伏安特性称直流电弧的动

伏安特性（简称动特性）。动特性是指在电弧不稳定燃烧条件下，电弧电流变化快，其热惯性对电弧有影响时，电弧电流与电弧压降的关系。根据电流变化速度的不同，动特性曲线有许多条。从图 5-2-4 中可得出，伏安特性曲线 1、2、3 并不重合，而且电流增加过程的伏安特性 3 位于静伏安特性 1 的上方，电流减小过程的伏安特性 2 位于静伏安特性 1 的下方。其原因是当回路电流以一定速度变化时，电弧内部有保持原来热状态（游离和消游离状态）的热惯性作用，致使电弧内部状态的变化总是滞后于回路电流的变化。当回路电流变化速度越大，这种热惯性作用就越明显。电弧的电阻也就不同于相应点应有的电阻值，电弧的压降同样就和相应点的压降不同。

在图 5-2-4 中，静特性曲线 1 与纵轴交点的电压值称为燃弧电压，用 U_2 表示。所谓燃弧电压，就是产生电弧所必需的最低电压，电压低于此值，就不足以点燃电弧。伏安特性曲线 2 与纵轴交点的电压值称为熄弧电压，用 U_1 表示。所谓熄弧电压，就是熄灭电弧的最高电压，电压高于此值，电弧将不能熄灭。熄弧电压总是小于燃弧电压的，其原因是燃弧前弧隙中介质强度高，即游离程度小，要形成电弧就必须具有较高的电压。燃弧电压应比维持电弧所需的最低电压要高。电弧在燃烧过程中游离程度高，介质强度低，维持其燃烧的最低电压就低，而熄弧电压应比这个电压还要低，所以熄弧电压 U_1 总是小于燃弧电压 U_2。

电弧的静伏安特性与弧长有关。在其他条件相同时，弧长 L 越长，静伏安特性越向上移，如图 5-2-4 中曲线 4 所示。其原因为在同一电流情况下，电弧单位长度的电阻值不变，电弧拉长后的总电阻增加，因而电弧的电压就增大了。由于静伏安特性向上平移，燃弧电压和熄弧电压也都要增加。从这个角度来说，拉长电弧，可以加速电弧的熄灭。

（二）直流电弧灭弧方法

单纯拉长电弧是常见的熄弧方法，吹弧也可以加速电弧能量的散失而使电弧熄灭。一般采用机械力拉离触头使电弧拉长，再利用磁吹［见图 5-2-5（a）］、气吹或电动力等方法，使电弧拉长的同时冷却，这样就加强了消游离作用，从而更有助于电弧的熄灭。

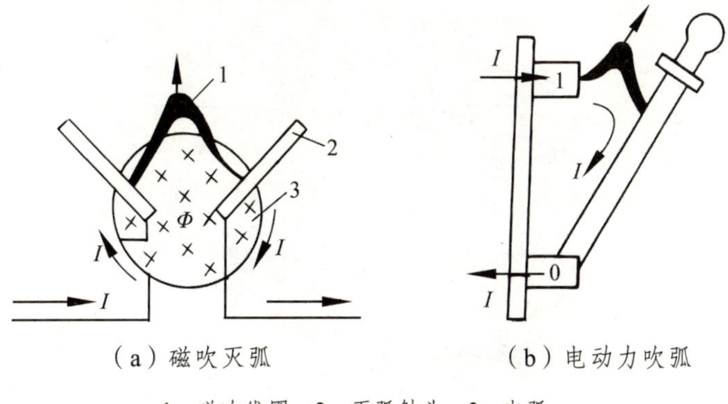

（a）磁吹灭弧　　（b）电动力吹弧

1—磁吹线圈；2—灭弧触头；3—电弧。

图 5-2-5　直流电弧灭弧方法

技能训练

直流接触器触头开距测量任务实训工单

<table>
<tr><td>姓名</td><td></td><td>班级</td><td></td><td>学号</td><td></td><td>成绩</td><td></td></tr>
<tr><td>工作任务</td><td colspan="7">1. 树立良好的安全意识、注意用电安全。
2. 掌握直流接触器的结构及其工作原理。
3. 掌握直流接触器的检修工艺</td></tr>
<tr><td>实训场地</td><td colspan="7">机车电器实训室或城市轨道交通车辆电器实训室</td></tr>
<tr><td>注意事项</td><td colspan="7">1. 注意用电安全，接线前先确认实验设备及测试设备是否正常，是否存在短路跳闸现象。
2. 通电测试前，报告实训教师核验接线是否正确，如无误，须在实训教师指导下通电测试。
3. 实验完成后，应整理好实训场地，将工器具放回原位，并由实训教师查验</td></tr>
<tr><td rowspan="5">实训工具及材料</td><td>序号</td><td colspan="2">设备名</td><td>单位</td><td>数量</td><td colspan="2">备注</td></tr>
<tr><td>1</td><td colspan="2">CZT-20 型直流接触器</td><td>个</td><td>1</td><td colspan="2"></td></tr>
<tr><td>2</td><td colspan="2">电器实训台</td><td>台</td><td>1</td><td colspan="2"></td></tr>
<tr><td>3</td><td colspan="2">十字螺丝刀</td><td>个</td><td>1</td><td colspan="2"></td></tr>
<tr><td>4</td><td colspan="2">一字螺丝刀</td><td>个</td><td>1</td><td colspan="2"></td></tr>
<tr><td>实训步骤</td><td colspan="7">CZT-20 型直流接触器是韶山系列电力机车上的常见接触器，用于控制直流主电路的电气设备，其吸引线圈额定电压为 110 V，操作频率为 150 次/时。其实物如图 5-2-6 所示。

图 5-2-6　CZT-20 型直流接触器</td></tr>
</table>

续表

<table>
<tr>
<td>实训步骤</td>
<td>
实验步骤
1. 检查工器具是否有破损、功能是否正常。
2. 清理检修工作台面，将待测接触器放置在工作台上。
3. 分离底座与触头系统，拆下两边固定螺栓即可完成分离，注意将零部件摆放整齐。
4. 分解触头系统，分解后应将零部件分门别类地放置好，并拍照留底。
5. 检查主触头与连锁触头是否存在烧损、报损的现象，如有应进行更换。
6. 检查完毕后，将接触器恢复原状。
7. 恢复接触器后，应检查接触器的各项性能指标是否正常，按照标准进行接线，测量接触器的动作时间、开距、超程等参数，并填写至表 5-2-1 中。
8. 测量完毕后，应打扫干净实训室，将工器具以及实训设备放回原位。
实训任务
1. 对直流接触器进行拆装，并使用工器具测量接触器的参数。
2. 撰写实训心得。

表 5-2-1　测量数据记录
<table>
<tr><th>序号</th><th>主触头开距</th><th>动作时间</th><th>超程</th></tr>
<tr><td></td><td></td><td></td><td></td></tr>
<tr><td></td><td></td><td></td><td></td></tr>
<tr><td></td><td></td><td></td><td></td></tr>
<tr><td></td><td></td><td></td><td></td></tr>
<tr><td></td><td></td><td></td><td></td></tr>
</table>
</td>
</tr>
<tr>
<td>心得体会</td>
<td></td>
</tr>
</table>

年　　月　　日

思考题

1. 简述直流接触器的工作原理。
2. 简述直流接触器的灭弧工作原理。
3. 如何测量直流接触器的超程、开距等参数？
4. 直流接触器的电磁铁有何特点？

任务评价

任务完成后根据表 5-2-2 所列项目由个人、组长和教师分别进行考核评价，并填入考核分数。

表 5-2-2　任务考核评价表

评价项目	子项目	个人评价（占 30%）	组长评价（占 20%）	教师评价（占 50%）
专业能力（50 分）	解答理论问题（25 分）			
	解决实际问题（25 分）			
方法能力（20 分）	获取理论与实践相关资讯（10 分）			
	完成任务后的自我总结评价（10 分）			
社会能力（30 分）	与同学和谐相处、协作完成任务（10 分）			
	遵守纪律、一丝不苟、爱岗敬业（10 分）			
	遵守安全规程（10 分）			
小计				
签名				

任务三　交流接触器的检修与维护

学习目标

【知识目标】

1. 掌握交流接触器的定义和基本组成。
2. 掌握交流接触器的种类及其作用。

【技能目标】

1. 能独立完成交流接触器的拆装。
2. 能独立完成交流接触器的性能测试，并填写实训报告。

【素养目标】

1. 培养学生爱护设备、规范操作、安全生产的职业意识。
2. 培养学生爱岗敬业，团结协作的职业责任感。

相关知识

一、交流接触器的结构及工作原理

CJ20 系列接触器的电磁系统采用单 U 直动式结构，如图 5-3-1 所示。线圈采用高强度漆包线绕制，有骨架，并经过真空加压浸漆处理，机械强度和耐热性能比较好。导磁体上装有缓冲件，以减小振动。主动触头的触桥为船形结构，具有较高的机械强度和较大的热容量，主触头材料为银-氧化镉陶冶材料，具有较高的抗熔焊性和耐电腐蚀性。

弧室采用纵缝式，灭弧罩用高强度陶土制成。联锁触头是封闭式结构，它制成单独的部件，装在无色透明聚碳酸酯制成的外壳内，放置在主触头的两侧，有 4 ~ 6 个联锁触头。

该系列交流接触器因采用了衔铁直动式，没有转动轴，动触头没有软连接，机械寿命得到较大提高；又因采用了双断点的触头结构形式，有利于低压交流电弧的熄灭，简化了灭弧装置。

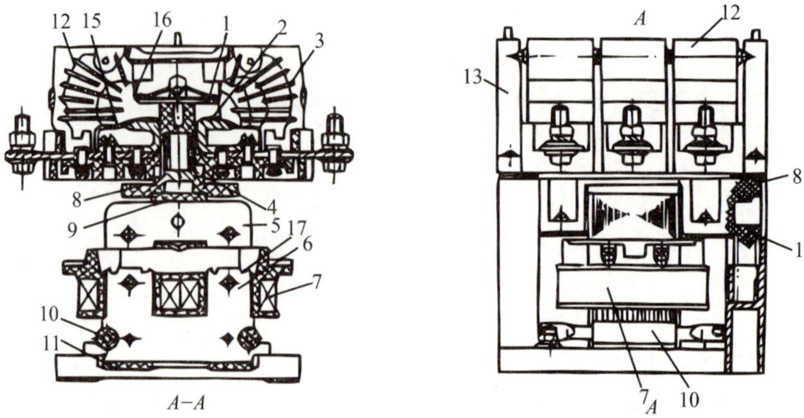

1—主动触头；2—主静触头；3—灭弧栅片；4—压缩弹簧；5—衔铁；6—静铁心；
7—线圈；8—绝缘支架；9，11—缓冲件；10—缓冲硅橡胶管；
12—灭弧室；13—联锁触头；14—反力弹簧；
15，16—弧角；17—分磁环。

图 5-3-1　CJ20 型交流接触器结构

二、交流电弧特性

交流电弧是指产生电弧的电路电源为交流。在交流电路中，电流瞬时值随时间变化，因而电弧的温度、直径以及电弧电压也随时间变化，电弧的这种特性称为动特性。由于弧柱的受热升温或散热降温都有一定过程，跟不上快速变化的电流，所以电弧温度的变化总滞后于电流的变化，这种现象称为电弧的热惯性。由于热惯性作用，电弧电流绝对值从小到大的特性曲线与电弧电流绝对值从大变小的特性曲线不重合，这种现象被称为弧滞。交流电弧的燃烧，实际上就是一连串点燃和熄灭的过程。在交流电路中，电流经过零点时，弧隙的输入能量为零，电弧温度下降，电弧自然熄灭过零后随着电压、电流的变化，电弧又重新点燃。所以，交流电弧的燃烧，实际上是一连串点燃和熄灭的过程。

图 5-3-2 所示为交流电弧在一个周期内的伏安特性曲线。图 5-3-3 所示为电弧电压电流随时间变化的关系。

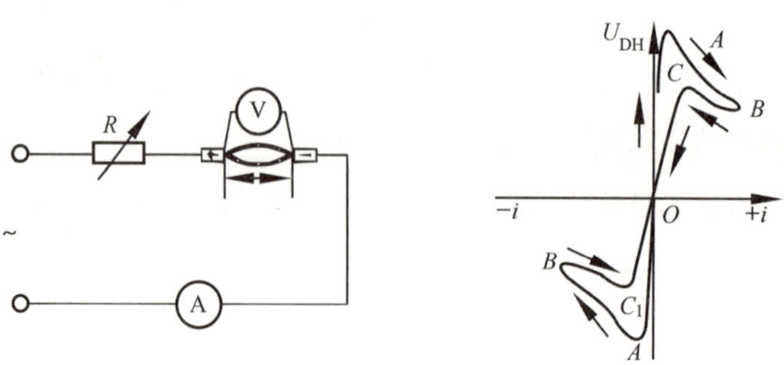

（a）实验原理　　（b）特性曲线

图 5-3-2　交流电弧伏安实验原理

图 5-3-2（b）中箭头方向表示了电流变化方向。从 O 点开始，因电弧还未产生，所以随着电压的增加只有小量的由阴极发射产生的电流；到 A 点时，电弧点燃，随着电流的增大，电弧电阻减小，电弧压降也下降，直到 B 点弧电流达到峰值；到达 B 点后，随着电流的减小，弧电阻增加，电弧压降上升；变化到 C 点时，电弧电流趋近于零，电压达到熄弧电压，电弧熄灭。

当电流过零点后，重复上述过程。如果电流过零后，电弧不发生重燃，电弧就此熄灭。显然，由于热惯性的作用，电弧电阻的变化总是滞后于电流的变化，所以，电流增加时的曲线与电流减小时的曲线是不重合的，如图 5-3-3 所示。

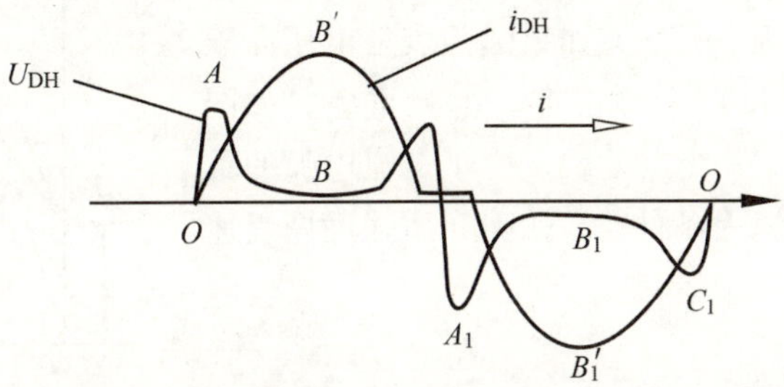

电弧产生过程

图 5-3-3　交流电弧电压、电流随时间变化的关系

图 5-3-4（a）与图 5-3-4（b）分别代表一般冷却和加强冷却的电流压变化曲线。从图 5-3-4（b）中可见，加强冷却可使电弧电压尖峰增高，电流小时，电弧电压高；电流大时，电弧电压减小且接近于常数。

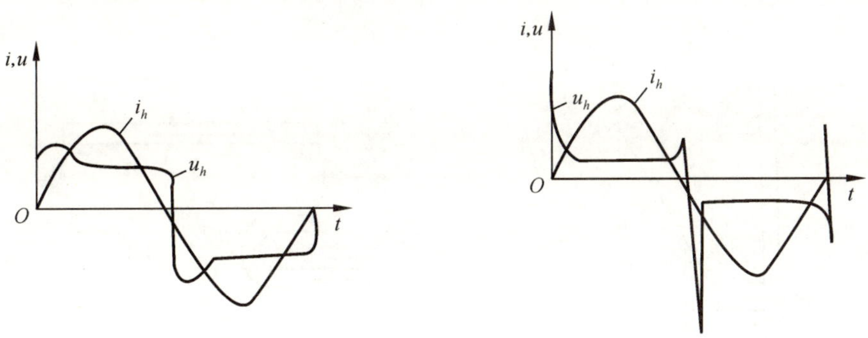

（a）一般冷却　　（b）加强冷却

图 5-3-4　交流电弧电压与电流的变化曲线

三、交流电弧的熄灭

交流电弧电流过零时，由于电源停止供给能量，电弧自然熄灭。这也是交流电弧比直流电弧容易熄灭的原因。由于交流电弧过零后还会重新燃烧，所以在交流电弧过零期间，同时存在两个对立的基本过程，即弧隙介质强度恢复过程和弧隙电压的恢复过程。电弧是否重燃，取决于弧隙介质强度恢复过程和弧隙电压的恢复过程。

电弧熄灭过程

（一）交流电弧熄灭的条件

交流电弧电流过零点时，由于电源停止供给电弧能量，热游离迅速下降，为电弧的最终熄灭创造了有利条件。此时，只要采取一定的消游离措施，使少量的剩余离子复合，就能防止电弧在下半周重燃，使电弧熄灭。我们通常把利用电弧电流自然过零的特点进行熄弧的原理称为零点熄弧原理。

电弧电流过零后，弧隙中同时存在两个作用相反的恢复过程，即弧隙间介质强度的恢复和电压的恢复。如果弧隙介质强度在任何情况下都高于恢复电压，则电弧熄灭，如图 5-3-5 中曲线 1 与曲线 3 无交点，电弧熄灭；反之，如果弧隙恢复电压高于弧隙介质强度，则弧隙就会被击穿，电弧重燃，如图 5-3-5 中曲线 2 与曲线 3 交点处就发生了交流电弧的重燃。因此交流电弧的熄灭条件是，弧隙介质强度恢复速度应大于弧隙电压的恢复速度。

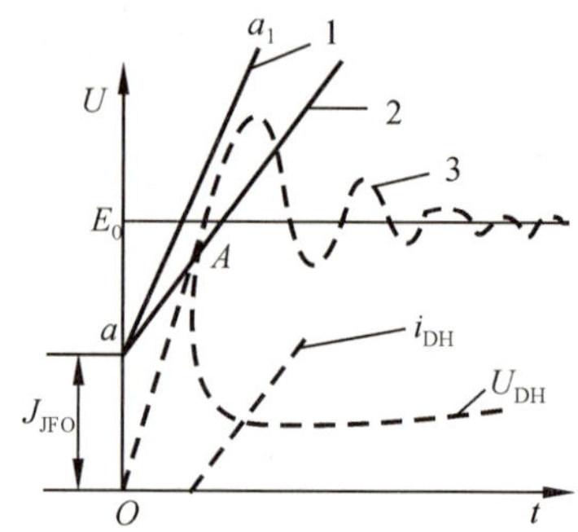

图 5-3-5　交流电弧的熄灭与重燃

（二）交流电弧的熄灭方法

1. 拉长电弧灭弧

电弧沿轴向拉长的情况很多，电器触头分断过程实际上就是将电弧不断地拉长；刀开关闸刀的拉开也拉长电弧（见图 5-3-6），电焊过程中将焊钳提高可使电弧拉长并熄灭。

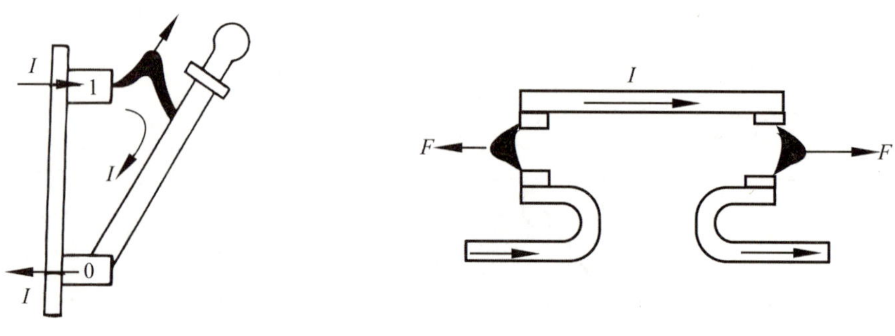

（a）刀开关灭弧　　（b）多断点灭弧

图 5-3-6　常见拉长电弧灭弧装置

2. 磁吹灭弧

因磁吹线圈与电路的连接方式不同而有串激线圈和并激线圈之分。串激线圈时，若电流方向改变但磁场力方向不变，即磁吹方向不随电流的极性变化而改变。吹弧力的大小与弧电流有关，弧电流越大，吹弧力越大，灭弧效果越好。并激线圈时，即吹弧力的方向与弧电流方向有关，产生吹弧力磁场的大小与弧电流大小无关。还有一种不需线圈和电源也能产生和并激线圈同样效果的磁吹装置，即采用永久磁铁。

技能训练

交流接触器触头开距测量任务实训工单

姓名		班级		学号		成绩	

<table>
<tr><td>工作任务</td><td colspan="5">1. 树立良好的安全意识、注意用电安全。
2. 掌握交流接触器的结构及其工作原理。
3. 掌握交流接触器的检修工艺</td></tr>
<tr><td>实训场地</td><td colspan="5">机车电器实训室或城市轨道交通车辆电器实训室</td></tr>
<tr><td>注意事项</td><td colspan="5">1. 注意用电安全，接线前先确认实验设备及测试设备是否正常，是否存在短路跳闸现象。
2. 通电测试前，报告实训教师核验接线是否正确，如无误，须在实训教师指导下通电测试。
3. 实验完成后，应整理好实训场地，将工器具放回原位，并由实训教师查验</td></tr>
<tr><td rowspan="5">实训工具及材料</td><td>序号</td><td>设备名</td><td>单位</td><td>数量</td><td>备注</td></tr>
<tr><td>1</td><td>CJX2- 6511 型交流接触器</td><td>个</td><td>1</td><td></td></tr>
<tr><td>2</td><td>电器实训台</td><td>台</td><td>1</td><td></td></tr>
<tr><td>3</td><td>十字螺丝刀</td><td>个</td><td>1</td><td></td></tr>
<tr><td>4</td><td>一字螺丝刀</td><td>个</td><td>1</td><td></td></tr>
<tr><td>实训步骤</td><td colspan="5">CJX2 交流接触器适用于交流 50 Hz 或 60 Hz，电压至 660 V，电流至 95 A 的电路中，供远距离接通与分断电路及频繁启动、控制交流电动机。接触器还可加装积木式辅助触头组，空气延时触头、机械联锁机构等附件，组成延时接触器、可逆接触器、星三角启动器，并且可以和热继电器直接安装组成电磁启动器。其实物如图 5-3-7 所示。

图 5-3-7　CJX2 交流接触器
实验步骤
1. 检查工器具是否有破损、功能是否正常。</td></tr>
</table>

续表

<table>
<tr><td>实训步骤</td><td>
2. 清理检修工作台面，将待测接触器放置工作台上。
3. 分离底座与触头系统，拆下两边固定螺栓即可完成分离，注意将零部件摆放整齐。
4. 分解触头系统，分解后应将零部件分门别类地放置好，并拍照留底。
5. 检查主触头与联锁触头是否存在烧损、报损的现象，如有应进行更换。
6. 检查完毕后，将接触器恢复原状。
7. 恢复接触器后，应检查接触器的各项性能指标是否正常，按照标准进行接线，测量接触器的动作时间、开距、超程等参数，并填写至表 5-3-1 中。
8. 测量完毕后，应打扫干净实训室，将工器具以及实训设备放回原位。
实训任务
1. 实验步骤对交流接触器进行拆装，并使用工器具测量接触器的参数。
2. 撰写实训心得。
表 5-3-1　测量数据记录
<table>
<tr><th>序号</th><th>主触头开距</th><th>动作时间</th><th>超程</th></tr>
<tr><td></td><td></td><td></td><td></td></tr>
<tr><td></td><td></td><td></td><td></td></tr>
<tr><td></td><td></td><td></td><td></td></tr>
<tr><td></td><td></td><td></td><td></td></tr>
<tr><td></td><td></td><td></td><td></td></tr>
</table>
</td></tr>
<tr><td>心得体会</td><td></td></tr>
</table>

年　月　日

思考题

1. 简述交流接触器的工作原理。
2. 简述交流接触器的灭弧工作原理。
3. 如何测量交流接触器的超程、开距等参数？
4. 交流接触器的电磁铁有何特点？
5. 简述直流接触器与交流接触器的电磁铁的区别。

任务评价

任务完成后根据表 5-3-2 所列项目由个人、组长和教师分别进行考核评价，并填入考核分数。

表 5-3-2　任务考核评价表

评价项目	子项目	个人评价（占 30%）	组长评价（占 20%）	教师评价（占 50%）
专业能力（50 分）	解答理论问题（25 分）			
	解决实际问题（25 分）			
方法能力（20 分）	获取理论与实践相关资讯（10 分）			
	完成任务后的自我总结评价（10 分）			
社会能力（30 分）	与同学和谐相处、协作完成任务（10 分）			
	遵守纪律、一丝不苟、爱岗敬业（10 分）			
	遵守安全规程（10 分）			
小计				
签名				

项目六

主令电器的检修与维护

主令电器是在轨道交通车辆电气系统中发出指令或作程序控制的电器，它使电路接通或分断，以达到控制生产机械的目的。主令电器只能用于控制电路，不能用于通断主电路。常用的主令电器有按钮、位置开关、万能转换开关等。通过本项目的学习可以使学生掌握主令电器的日常检修工艺，及故障处理方法。

任务一　按钮开关的检修与维护

学习目标

【知识目标】

1. 掌握按钮开关的定义和基本组成。
2. 掌握按钮开关的种类及其作用。

【技能目标】

1. 能独立完成按钮开关的功能性测试。
2. 会使用万用表检测按钮开关。
3. 会对按钮开关进行日常维护。

【素养目标】

1. 培养学生具有精益求精的职业素养。
2. 培养学生团结协作的职业责任感。
3. 培养学生“不怕苦、不怕累”、爱岗敬业、精益求精的工匠精神。

相关知识

一、按钮开关的定义和种类

按钮是一种用人力（一般为手指或手掌）操作，并具有储能复位功能的一种控制开关，通常用来接通和断开电路。按钮的触头允许通过的电流较小，一般不超过 5 A，因此一般情况下它不直接控制主电路，而是在控制电路中发出指令或信号去控制接触器、继电器等电器，再由它们去控制主电路的通断、功能转换或电气联锁。

按钮按照其触头的结构不同，可分为以下几种。

（1）常开按钮：手指未按下时，触头是断开的；当手指按下时，触头接通。手指松开后，在复位弹簧作用下触头又返回原位断开。它常用作启动按钮（通常为绿色）。

（2）常闭按钮：手指未按下时，触头是闭合的；当手指按下时，触头被断开。手指松开后，在复位弹簧作用下触头又返回原位闭合。它常用作停止按钮（通常为红色）。

（3）复合按钮：将常开按钮和常闭按钮组合为一体。当手指按下时，其常闭触头先断开，然后常开触头再闭合；手指松开后，常开触头先恢复断开，常闭触头再恢复闭合。它常用在控制电路中作电气联锁（通常为蓝色）。

二、按钮开关的结构及工作原理

按钮一般由按钮帽、复位弹簧、桥式动触头、静触头、支柱连杆及外壳等部分组成，其外形结构如图 6-1-1 所示。

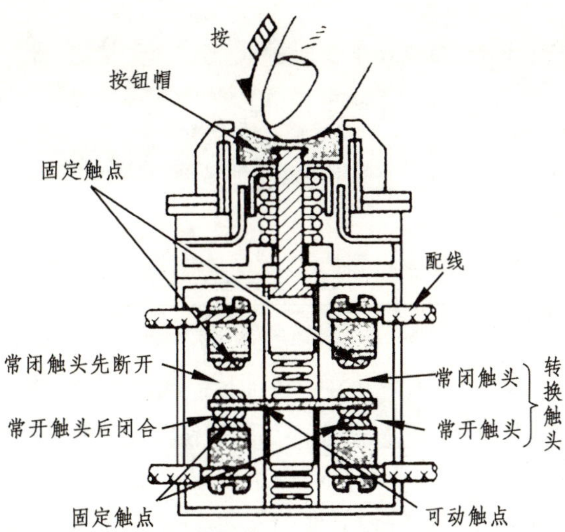

图 6-1-1　按钮开关结构

按钮的原理如图 6-1-2（a）所示，操作时将按钮帽往下按，桥式动触头随着推杆一起往下移动，常闭静触头先分断，再与常开静触头接通。一旦操作人员的手指离开按钮帽，在复位弹簧的作用下，桥式动触头向上运动，恢复初始位置。按钮在电路图中的图形符号如图 6-1-2（b）所示，文字符号用 SB 表示。

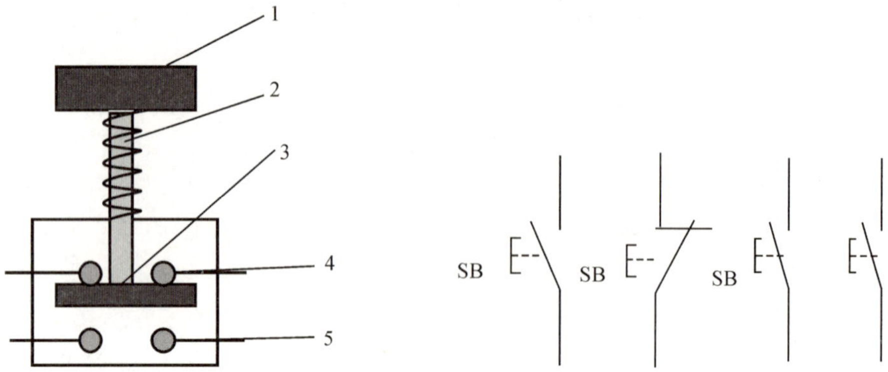

（a）原理图　　（b）符号

1—按钮帽；2—复位弹簧；3—桥式动触头；
4—常闭静触头；5—常开静触头。

图 6-1-2　按钮示意

三、按钮开关的主要技术产生和型号说明

（1）按钮的主要技术要求为规格、结构形式、按钮颜色和触头对数。按钮的结构形式有多种，适合不同的场合。为了便于操作人员识别，避免发生误操作，生产中用不同的颜色标志来区分按钮的功能及作用，按钮的颜色有红、绿、黑、黄、白、蓝等多种。

（2）按钮的型号表示方法如图 6-1-3 所示。

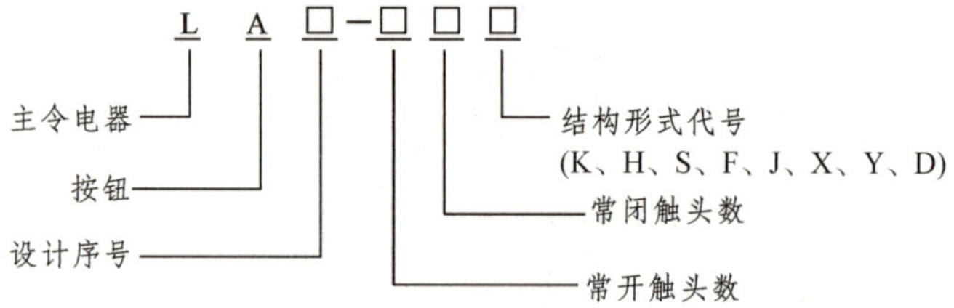

图 6-1-3　按钮的型号表示方法

K——开启式，适用于联装固定在开关板、控制柜或控制台的面板上。

H——保护式，带保护外壳，可以防止内部的按钮零件受机械损伤或人触及带电部分。

S——防水式，带密封的外壳，可防止雨水侵入。

F——防腐式，能防止化工腐蚀性气体的侵入。

J——紧急式，紧急情况下切断电源用。

X——旋钮式，用手把旋转操作触头，有通、断两个位置，一般为面板安装式。

Y——钥匙操作式（钥匙式），用钥匙插入旋转进行操作，可防止误操作或供专人操作。

D——带灯按钮，按钮内装有信号灯，除用于发布操作命令外，兼作信号指示，多用于控制柜、控制台的面板上。

四、按钮的常见故障及处理方法

表 6-1-1 所列为按钮的常见故障、故障原因及处理方法。

表 6-1-1 按钮的常见故障及处理方法

故障现象	可能原因	处理方法
触头接触不良	触头烧损	修整触头或更换产品
	触头表面有尘垢	清洁触头表面
	触头弹簧失效	重绕弹簧或更换产品
触头间短路	塑料受热变形导致接线螺钉相碰短路	查明发热原因排除故障并更换产品
	杂物或油污在触头间形成通路	清洁按钮内部

技能训练

按钮开关的检测任务实训工单

<table>
<tr><td>姓名</td><td></td><td>班级</td><td></td><td>学号</td><td></td><td>成绩</td><td></td></tr>
<tr><td>工作任务</td><td colspan="7">1. 树立良好的安全意识、注意用电安全。
2. 掌握按钮开关的结构及其工作原理。
3. 掌握按钮开关的常开、常闭触点的测量方法</td></tr>
<tr><td>实训场地</td><td colspan="7">机车电器实训室或城市轨道交通车辆电器实训室</td></tr>
<tr><td>注意事项</td><td colspan="7">1. 注意用电安全，接线前先确认实验设备及测试设备是否正常，是否存在短路跳闸现象。
2. 通电测试前，报告实训教师核验接线是否正确，如无误，须在实训教师指导下通电测试。
3. 实验完成后，应整理好实训场地，将工器具放回原位，并交实训教师查验</td></tr>
<tr><td rowspan="6">实训工具及材料</td><td>序号</td><td colspan="2">设备名</td><td>单位</td><td>数量</td><td colspan="2">备注</td></tr>
<tr><td>1</td><td colspan="2">LAY39 系列按钮开关</td><td>个</td><td>1</td><td colspan="2"></td></tr>
<tr><td>2</td><td colspan="2">电器实训台</td><td>台</td><td>1</td><td colspan="2"></td></tr>
<tr><td>3</td><td colspan="2">导线</td><td>根</td><td>8</td><td colspan="2"></td></tr>
<tr><td>4</td><td colspan="2">接线端子</td><td>对</td><td>8</td><td colspan="2"></td></tr>
<tr><td>5</td><td colspan="2">万用表</td><td>个</td><td>1</td><td colspan="2"></td></tr>
</table>

续表

<table>
<tr>
<td>实训步骤</td>
<td>

LAY39 系列按钮开关适合在交流 50 Hz 或 60 Hz，额定工作电压 380 V 及以下或直流工作电压 220 V 的工业控制电路中，作为电磁启动器、接触器、继电器及其他电气线路的控制元件。带有指示灯的按钮还适用于灯光信号指示的场合。其实物如图 6-1-4 所示。

图 6-1-4　LAY39 系列按钮开关

实验步骤

1. 测试试验台电源电压是否可调，用万用表测量电压值是否一致。
2. 检查待测按钮开关是否正常，用手按压按钮开关，观察常开、常闭触点是否动作。
3. 使用万用表测量按钮开关功能是否正常，将万用表调整至蜂鸣挡，先后测量常开、常闭触点是否导通。
4. 使用万用表测量按钮开关触点电阻，将万用表调整至欧姆挡，先后测量常开、常闭触点闭合时的电阻值，并记录至表 6-1-2 中。
5. 如按钮开关功能正常，按图 6-1-5 所示电路接线，对按钮开关进行功能测试。
6. 线路连接后，先自行检查，无误后请求实验教师核验，经实验教师同意后，开始通电实验。
7. 测量完毕后，应打扫干净实训室，将工器具以及实训设备放回原位。

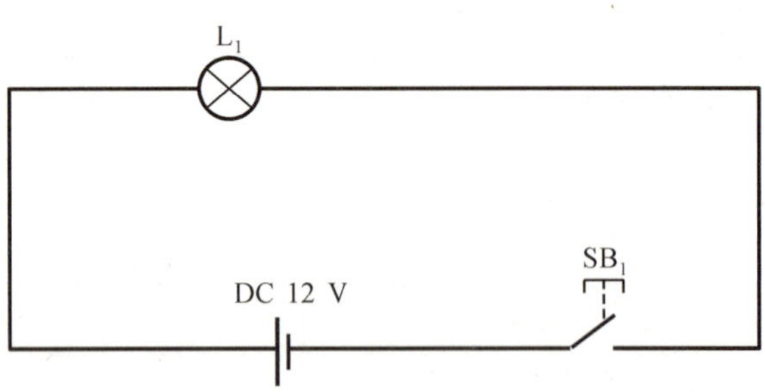

图 6-1-5　按钮开关功能性试验电路原理

实训任务

1. 按图 6-1-5 进行接线并拍照填写至后面的框中。
2. 记录的按钮开关的触点电阻，并记录至表 6-1-2 中。
3. 撰写实训心得。

</td>
</tr>
</table>

续表

实训步骤

表 6-1-2　测量数据记录

序号	常开触点 1 电阻值	常闭触点 2 电阻值

心得体会

年　　月　　日

思考题

1. 简述按钮开关的工作原理及其作用。
2. 简述按钮开关常见故障的处理方法。
3. 如何测量按钮开关的接触电阻?
4. 如何测量按钮开关的绝缘电阻?

任务评价

任务完成后根据表 6-1-3 所列项目由个人、组长和教师分别进行考核评价，并填入考核分数。

表 6-1-3　任务考核评价表

评价项目	子项目	个人评价（占 30%）	组长评价（占 20%）	教师评价（占 50%）
专业能力（50 分）	解答理论问题（25 分）			
	解决实际问题（25 分）			
方法能力（20 分）	获取理论与实践相关资讯（10 分）			
	完成任务后的自我总结评价（10 分）			
社会能力（30 分）	与同学和谐相处、协作完成任务（10 分）			
	遵守纪律、一丝不苟、爱岗敬业（10 分）			
	遵守安全规程（10 分）			
小计				
签名				

任务二　万能转换开关的检修与维护

学习目标

【知识目标】

1. 掌握万能转换开关的定义和基本组成。
2. 掌握万能转换开关的种类及其作用。

【技能目标】

1. 能独立完成万能转换开关的功能性测试。
2. 会使用万用表检测万能转换开关。
3. 能独立完成万能转换开关的拆装。

【素养目标】

1. 树立实事求是的科学态度。
2. 培养铁路员工的质量意识、安全意识及工艺流程意识。
3. 培养学生爱岗敬业、团结协作的职业责任感。

相关知识

一、万能转换开关的定义

万能转换开关是手动控制电器，由于它的触头挡位多、换接线路多、能控制多个回路，能适应复杂线路的要求，故有“万能”转换开关之称，其实物如图 6-2-1 所示。它

图 6-2-1　万能转换开关实物

具有寿命长、使用可靠、结构简单等优点，主要用于配电装置的远距离控制、电气控制线路的换接、电气测量仪表的开关转换及小容量电动机的启动、制动、调速和换向的控制等场合。

二、万能转换开关的结构

万能转换开关主要由接触系统、操作系统、转轴、定位机构、手柄等主要部件组成，这些部件通过螺栓紧固为一个整体。其外形及结构如图 6-2-2 所示。

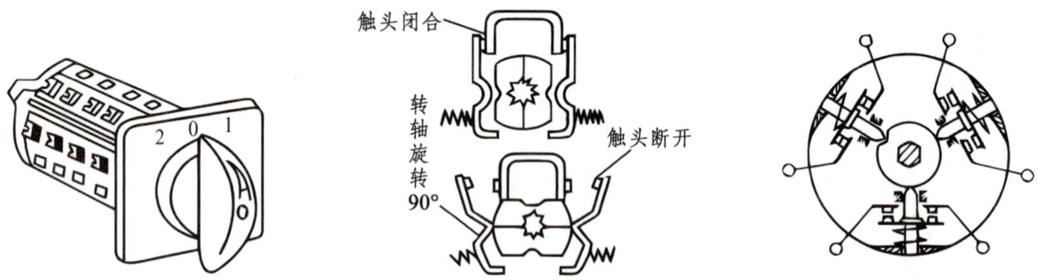

（a）外形　（b）凸轮通断触头　（c）单层结构

图 6-2-2　万能转换开关示意图

万能转换开关的接触系统由许多接触元件组成，每一接触元件均有一胶木触头座，中间装有一对或三对触头，分别由凸轮通过支架操作。操作时，手柄带动转轴和凸轮一起旋转，凸轮即可推动触头，使其按预定的顺序接通或断开电路，如图 6-2-2（b）所示。由于凸轮的形状不同，当手柄处于不同的操作位置时，触头的分合情况也不同，从而达到换接电路的目的。同时，万能转换开关有定位和限位机构来保证动作的准确可靠。

万能转换开关在电路图中的图形符号如图 6-2-3（a）所示，文字符号用 SA 表示。图中“—o o—”代表一对触头，每根竖的点画线表示手柄操作的联动线。当手柄置于某一位置上时，就在处于接通状态的触头下方的点画线上标注黑点“•”，没涂黑点表示在该操作位置不通。

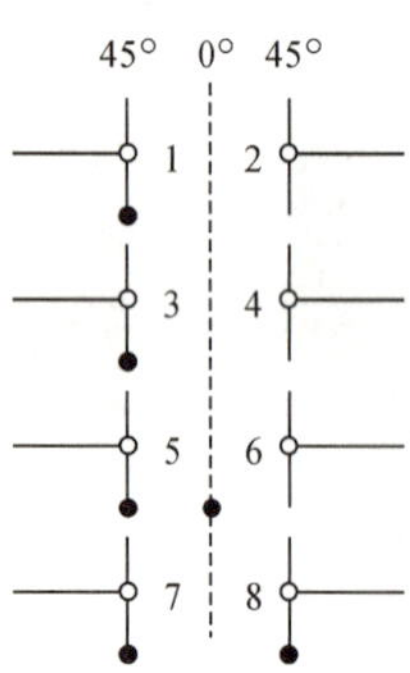

（a）符号

LW5-15D0403/2				
触头编号		转换角度/(°)		
		45	0	45
	1—2	×		
	3—4	×		
	5—6	×	×	
	7—8			×

（b）触头分合表

图 6-2-3　LW5 系列万能转换开关示意

万能转换开关的手柄操作位置是以角度表示的，不同型号的万能转换开关的手柄有不同的触头，但由于其触头的分合状态与操作手柄的位置有关，所以除在电路图中画出触头图形符号外，还应画出操作手柄与触头分合状态的关系，即触头分合表，如图 6-2-3（b）所示。表中“×”号表示触头闭合，空白表示触头断开。在图 6-2-3（a）中当万能转换开关转向左 45° 时，其触头 1—2、3—④5—6 闭合，触头 7—8 打开；转向 0° 时，只有触头 5—6 闭合，其余打开；转向右 45° 时，触头 7—8 闭合，其余打开。

技能训练

万能转换开关的拆装训练任务实训工单

<table>
<tr><td>姓名</td><td></td><td>班级</td><td></td><td>学号</td><td></td><td>成绩</td><td></td></tr>
<tr><td>工作任务</td><td colspan="7">1. 树立良好的安全意识、注意用电安全。
2. 掌握万能转换开关的拆卸与装配工艺，并能对常见故障进行正确检修。
3. 掌握万能转换开关的校验和调整方法</td></tr>
<tr><td>实训场地</td><td colspan="7">机车电器实训室或城市轨道交通车辆电器实训室</td></tr>
<tr><td>注意事项</td><td colspan="7">1. 注意用电安全，接线前先确认实验设备及测试设备是否正常，是否存在短路跳闸现象。
2. 通电测试前，报告实训教师核验接线是否正确，如无误，须在实训教师指导下通电测试。
3. 实验完成后，应整理好实训场地，将工器具放回原位，并由实训教师查验</td></tr>
<tr><td rowspan="8">实训工具及材料</td><td>序号</td><td colspan="2">设备名</td><td>单位</td><td>数量</td><td colspan="2">备注</td></tr>
<tr><td>1</td><td colspan="2">LW5D 系列万能转换开关</td><td>个</td><td>1</td><td colspan="2"></td></tr>
<tr><td>2</td><td colspan="2">电器实训台</td><td>台</td><td>1</td><td colspan="2"></td></tr>
<tr><td>3</td><td colspan="2">十字螺丝刀</td><td>个</td><td>1</td><td colspan="2"></td></tr>
<tr><td>4</td><td colspan="2">一字螺丝刀</td><td>个</td><td>1</td><td colspan="2"></td></tr>
<tr><td>5</td><td colspan="2">开口扳手</td><td>把</td><td>1</td><td colspan="2"></td></tr>
<tr><td>6</td><td colspan="2">尖嘴钳</td><td>把</td><td>1</td><td colspan="2"></td></tr>
<tr><td>7</td><td colspan="2">镊子</td><td>把</td><td>1</td><td colspan="2"></td></tr>
<tr><td>实训步骤</td><td colspan="7">LW5D 系列万能转换开关主要适用于交流 50～60 Hz、电压至 380 V，直流电压至 440 V 的电路中转换电气控制线路（电磁线圈、电气测量仪表和伺服电动机等），也可直接控制 5.5 kW 三相笼型感应电动机（启动、可逆转换、变速）。其实物如图 6-2-4 所示。</td></tr>
</table>

续表

实训步骤	 图 6-2-4　LW5D 系列万能转换开关 实验步骤 1. 检查工器具是否有破损、功能是否正常。 2. 清理检修工作台面，将待测接触器放置工作台上。 3. 拆卸 （1）拆卸手柄、正面板、防尘罩。 （2）取下后侧紧固螺钉、铭牌、面板。 （3）取下凸轮，静、动触头，反作用弹簧等。 （4）每层依次按上面操作。 （5）解体完毕。 4. 分解触头系统，分解后应将零部件分门别类地放置好，并拍照留底。 5. 检修 （1）检查触头磨损程度，磨损严重时应更换触头。若不需要更换，则清除触头表面上电弧喷溅的颗粒。 （2）清除凸轮端面的油垢，检查凸轮有无变形及是否平整。 （3）检查触头压力弹簧及反作用弹簧是否变形或弹力不足。如有，则更换弹簧。 6. 装配 （1）检查开关芯杆灵活度，按拆卸的逆顺序进行装配。 （2）测量静、动触头接触电阻，应小于 50 mΩ。 7. 自检 （1）用万用表欧姆挡检测各触头是否良好；用手按住触头检查运动部分是否灵活，以防接触不良、振动和噪声。 （2）万能转换开关的校验。 ① 将装配好的万能转换开关各组触头按图接入校验电路。 ② 调整电压源电压调整旋钮，记录电压值、电流值并计算出接触电阻值。 （3）触头压力的测量与调整。用纸条凭经验判断触头压力是否合适。 将一张厚约 0.01 mm，比触头稍宽的纸条夹在 CJ10-20 型接触器触头间，使触头处于闭合位置，用手拉动纸条， ① 若触头压力合适，稍用力纸条即可拉出。 ② 若纸条很容易被拉出，即说明触头压力不够。 ③ 若纸条被拉断，说明触头压力太大，可调整触头弹簧或更换弹簧，直至符合要求。 8. 测量完毕后，应打扫干净实训室，将工器具以及实训设备放回原位。

续表

<table>
<tr>
<td>实训步骤</td>
<td>
实训任务
1. 对万能转换开关进行拆装，并使用工器具测量电器的参数，记入表 6-2-1。
2. 撰写实训心得。

表 6-2-1　测量数据记录
<table>
<tr><th>序号</th><th>主触头开距</th><th>动作时间</th><th>超程</th></tr>
<tr><td></td><td></td><td></td><td></td></tr>
<tr><td></td><td></td><td></td><td></td></tr>
<tr><td></td><td></td><td></td><td></td></tr>
<tr><td></td><td></td><td></td><td></td></tr>
<tr><td></td><td></td><td></td><td></td></tr>
</table>
</td>
</tr>
<tr>
<td>心得体会</td>
<td></td>
</tr>
</table>

年　　月　　日

思考题

1. 简述万能转换开关的应用场景。
2. 简述万能转换开关的工作原理。
3. 如何测量万能转换开关的通断？

任务评价

任务完成后根据表 6-2-2 所列项目由个人、组长和教师分别进行考核评价，并填入考核分数。

表 6-2-2　任务考核评价表

评价项目	子项目	个人评价（占 30%）	组长评价（占 20%）	教师评价（占 50%）
专业能力（50 分）	解答理论问题（25 分）			
	解决实际问题（25 分）			
方法能力（20 分）	获取理论与实践相关资讯（10 分）			
	完成任务后的自我总结评价（10 分）			
社会能力（30 分）	与同学和谐相处、协作完成任务（10 分）			
	遵守纪律、一丝不苟、爱岗敬业（10 分）			
	遵守安全规程（10 分）			
小计				
签名				

项目七

低压断路器的检修与维护

低压断路器又称自动空气断路器、低压断路器、自动空气开关，是一种结构较为复杂、动作性能较为完善的配电保护电器，能自动切断短路、严重过载、电压过低等故障，也可用作手动不频繁地接通和分断正常电路。

学习目标

【知识目标】

1. 掌握低压断路器的定义和基本组成。
2. 掌握低压断路器的种类及其作用。

【技能目标】

1. 能独立完成低压断路器的功能性测试。
2. 会使用万用表检测低压断路器。
3. 能独立完成低压断路器的拆装。

【素养目标】

1. 培养学生具有精益求精的职业素养。
2. 培养学生团结协作的职业责任感。
3. 培养学生“不怕苦、不怕累”、爱岗敬业、精益求精的工匠精神。

相关知识

一、低压断路器的定义和种类

（一）低压断路器的定义及特点

低压断路器又称自动空气断路器、自动空气开关，是一种结构较为复杂，动作性能较为完善的配电保护电器，具有以下特点：

（1）能开断较大短路电流，分断能力较强。

（2）允许操作频率低。

（3）具有对电路过载、短路的双重保护功能。

（4）动作值可调，动作后一般不需要更换零部件。

（二）低压断路器的种类

（1）按用途分，保护配电线路用、保护电动机用、保护照明电路用漏电保护用自动开关。

（2）按结构形式分，框架式（见图 7-1-1）、塑料外壳式（见图 7-1-2）。

（3）按极数分，单极、两极、三极（见图 7-1-3）和四极。

（4）按限流性能分，不限流型和快速限流型。

（5）按操作方式分，直接手柄操作式、杠杆操作式、电磁铁操作式和电动机操作式。

图 7-1-1　框架式断路器

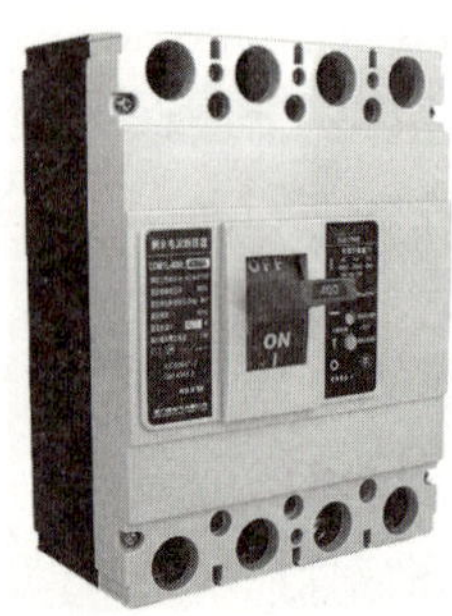

图 7-1-2　塑壳式断路器

图 7-1-3 低压断路器（1P、2P、3P）实物

二、低压断路器的结构及工作原理

（一）低压断路器的结构

低压断路器的内部结构如图 7-1-4 所示，其内部结构可划分 7 个部分：操作手柄、联动机构、触头闭合连杆装置、接线端子、热脱扣触发装置、电磁脱扣触发装置和灭弧装置。

低压断路器工作原理

1—操作手柄；2—联动机构；3—触头闭合连杆装置；4—接线端子；5—热脱扣触发装置；6—电磁脱扣触发装置；7—灭弧装置。

图 7-1-4　低压断路器结构

（二）低压断路器的工作原理

低压断路器的主触头是靠操作机构（手动或电动）合闸的。在图 7-1-5 中 2 为低压断路器的三副主触点，串联在被保护的三相主电路中。当压下按钮时，主电路中三副主触点 2 由锁链 3 钩住搭钩 4，克服弹簧 5 的拉力，保持在闭合状态。搭钩 4 可以绕轴 6 转动。当电路正常工作时，电磁脱扣器 15 线圈所产生的吸力不能将它的衔铁 14 吸合。如果电路发生短路和产生很大的过电流时，电磁脱扣器的吸力增加，将衔铁 14 吸合，并撞击杠杆 8，把搭钩 4 顶上去，切断主触点 2（过流脱扣器）。如果电路上电压下降或失去电压时，欠电压脱扣器 11 的吸力减小或失去吸力，衔铁 10 被弹簧 9 拉开，撞击杠杆 8，把搭钩 4 顶开，切断触点 2（失压脱扣器）。电路发生过载时，过载电流流过发热元件 13 使双金属片 12 受热弯曲，将杠杆 8 顶开，切断主触点 2。脱扣器有过电流脱扣器、热脱扣器、失压脱扣器与分励脱扣器。分励脱扣器在正常工作时，其线圈是断电的，而在需要从远方进行操作使开关分闸的时候，应使线圈通电，让铁心吸引衔铁，使自由脱扣机构脱钩，开关随即分闸。热脱扣器的构造与热继电器相同。可见在正常情况下，触头能接通和分断工作电流；在故障情况下，能有效并及时地切断高达数十倍额定电流的故障电流，从而保护电路及电路中的电气设备。断路器的自由脱扣机构是一套连杆机构，当主触头闭合以后将主触头锁在合闸位置上。如果电路发生故障，自由脱扣机构就在有关脱扣器的操动下动作，使钩子脱开。于是，主触头在释放弹簧的作用下迅速分断。

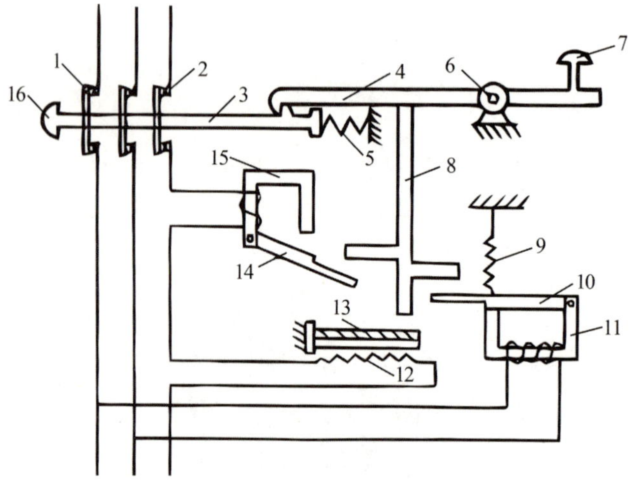

1—动触点；2—静触点；3—锁链；4—搭钩；5—复位弹簧；6—转轴；7—停止按钮；
8—杠杆；9—拉力弹簧；10—欠压脱扣器衔铁；11—欠压脱扣器；12—热元件；
13—双金属片；14—电磁铁脱扣器衔铁；15—电磁铁脱扣器线圈。

图 7-1-5　低压断路器工作原理

技能训练

低压断路器短路保护任务实训工单

<table>
<tr><td>姓名</td><td></td><td>班级</td><td></td><td>学号</td><td></td><td>成绩</td><td></td></tr>
<tr><td>工作任务</td><td colspan="7">1. 树立良好的安全意识、注意用电安全。
2. 掌握低压断路器的结构及其工作原理。
3. 掌握低压断路器的选用及其使用方法</td></tr>
<tr><td>实训场地</td><td colspan="7">机车电器实训室或城市轨道交通车辆电器实训室</td></tr>
<tr><td>注意事项</td><td colspan="7">1. 注意用电安全,接线前先确认实验设备及测试设备是否正常,是否存在短路跳闸现象。
2. 通电测试前，报告实训教师核验接线是否正确，如无误，须在实训教师指导下通电测试。
3. 实验完成后，应整理好实训场地，将工器具放回原位，并由实训教师查验</td></tr>
<tr><td rowspan="7">实训工具及材料</td><td>序号</td><td colspan="2">设备名</td><td>单位</td><td>数量</td><td colspan="2">备注</td></tr>
<tr><td>1</td><td colspan="2">EA9 系列小型断路器</td><td>个</td><td>1</td><td colspan="2"></td></tr>
<tr><td>2</td><td colspan="2">电器实训台</td><td>台</td><td>1</td><td colspan="2"></td></tr>
<tr><td>3</td><td colspan="2">导线</td><td>根</td><td>4</td><td colspan="2"></td></tr>
<tr><td>4</td><td colspan="2">接线端子</td><td>对</td><td>4</td><td colspan="2"></td></tr>
<tr><td>5</td><td colspan="2">可调直流电流源（带数显）</td><td>个</td><td>1</td><td colspan="2"></td></tr>
<tr><td>6</td><td colspan="2">计时器</td><td>个</td><td>1</td><td colspan="2"></td></tr>
</table>

续表

实训步骤

EA9 系列小型断路器又称空气开关，也称自动开关、低压断路器。该断路器由操作机构、触点、保护装置（各种脱扣器）、灭弧系统等组成，其主触点是靠手动操作或电动合闸的，主触点闭合后自由脱扣机构将主触点锁在合闸位置上。其外形如图 7-1-6 所示。

图 7-1-6 EA9 系列小型断路器

实验步骤

1. 检查试验台电源电流是否可调，用万用表测量电流值是否一致。

2. 检查断路器的动作机构应工作可靠，一般可用手拨动 4～5 次进行观察。

3. 按图 7-1-7 所示电路原理完成线路连接。

4. 线路连接后，先自行检查，无误后请求实验教师核验，经过实验教师同意后，开始通电实验。

5. 首先合上低压断路器 QF，按下按钮开关 SB_1，灯 L_1 亮表示接触器得电，滑动变阻器 R_p 开始工作，不断调整 R_p 的电阻，使得 QF 脱扣，此时接触器线圈失电，KM 断开，此时记录电流表的脱扣电流数值。

6. 测量完毕后，应打扫干净实训室，将工器具以及实训设备放回原位。

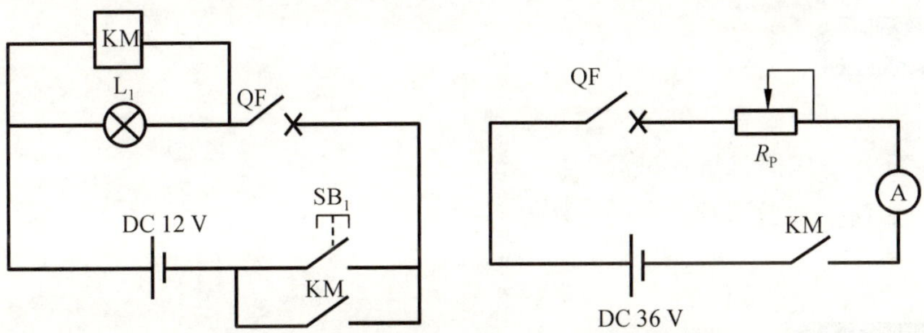

图 7-1-7 低压断路器短路保护实验电路原理

实训任务

1. 按图 7-1-7 进行接线并拍照填写至后面方框中。

2. 记录的脱扣时的电源电流值及其恢复时间，并记录至表 7-1-1 中。

3. 撰写实训心得。

续表

<table>
<tr><td rowspan="6">实训步骤</td><td colspan="2">表 7-1-1　测量数据记录</td></tr>
<tr><td>序号</td><td>脱扣电流值</td></tr>
<tr><td></td><td></td></tr>
<tr><td></td><td></td></tr>
<tr><td></td><td></td></tr>
<tr><td></td><td></td></tr>
<tr><td>心得体会</td><td colspan="2"></td></tr>
</table>

年　　月　　日

思考题

1. 简述低压断路器的过流脱扣原理。
2. 简述低压断路器的过载保护原理。
3. 如何鉴别低压断路器的好坏？
4. 简述低压断路器的结构组成及其作用。

任务评价

任务完成后根据表 7-1-2 所列项目由个人、组长和教师分别进行考核评价，并填入考核分数。

表 7-1-2　任务考核评价表

评价项目	子项目	个人评价（占 30%）	组长评价（占 20%）	教师评价（占 50%）
专业能力（50 分）	解答理论问题（25 分）			
	解决实际问题（25 分）			
方法能力（20 分）	获取理论与实践相关资讯（10 分）			
	完成任务后的自我总结评价（10 分）			
社会能力（30 分）	与同学和谐相处、协作完成任务（10 分）			
	遵守纪律、一丝不苟、爱岗敬业（10 分）			
	遵守安全规程（10 分）			
小计				
签名				

项目八

高速断路器的检修与维护

高速断路器是城市轨道交通车辆电源的总开关和总保护，一旦车辆发生过流、接地、过电压、欠电压等故障时，故障信号通过一定电路使断路器自动断开，切断车辆总电源。通过学习本项目，学生可以掌握高速断路器的日常检修工艺方案，了解企业检修流程及其所必备的素养，通过训练能够掌握基本的高速断路器故障处理方法。

学习目标

【知识目标】

1. 掌握高速断路器的定义和基本组成。
2. 掌握高速断路器的种类及其作用。

【技能目标】

1. 能独立完成高速断路器拆装。
2. 能独立完成高速断路器的性能测试并完成实训报告。

【素养目标】

1. 培养学生爱护设备、规范操作、安全生产的职业意识。
2. 培养学生爱岗敬业、团结协作的职业责任感。
3. 严格遵守企业规章制度及纪律，文明生产，规范作业。

相关知识

一、高速断路器的定义和基本组成

（一）高速断路器的定义

高速断路器（High Speed Circuit Breaker，HSCB）作为列车主电路断路器（Line Circuit Breaker，LCB）用于主电路的供电与保护。当列车启动，升起受电弓，闭合高速断路器后，向主电路供应高压主电流；当主电路发生短路、过载、接地等故障时，高速断路器可快速断开主电路的高压供电电流，从而实现对主电路的保护。本节将以应用范围较广的 UR6 型高速断路器进行讲解。

城市轨道交通车辆中，每列 6 节编组的地铁车辆会配备 4 个高速断路器，高速断路器安装在 B 车左侧车位端 1 处的高压箱内。从对应箱子的安装盖后面可以直接接触到高速断路器，如图 8-1-1 所示。

图 8-1-1　高速断路器

（二）高速断路器的基本组成

UR6 型高速断路器外部由绝缘材料（玻璃纤维）制成的固定绝缘框架，主要由 5 个部分组成：主电路、闭合装置、跳闸装置、灭弧装置和辅助触头，图 8-1-2 所示。

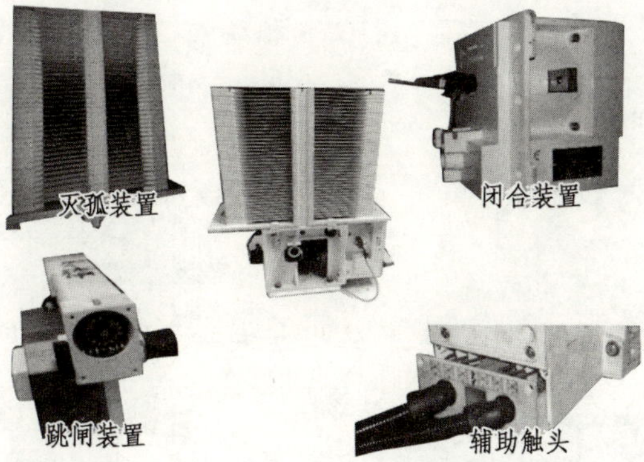

图 8-1-2　UR6 型高速断路器基本组成

二、高速断路器结构

UR6 型高速断路器基本结构如图 8-1-3 所示，主要由主电路（6.100）、跳闸装置（6.200）、闭合装置（6.300）、辅助触点（6.400）和灭弧装置（6.600）组成。

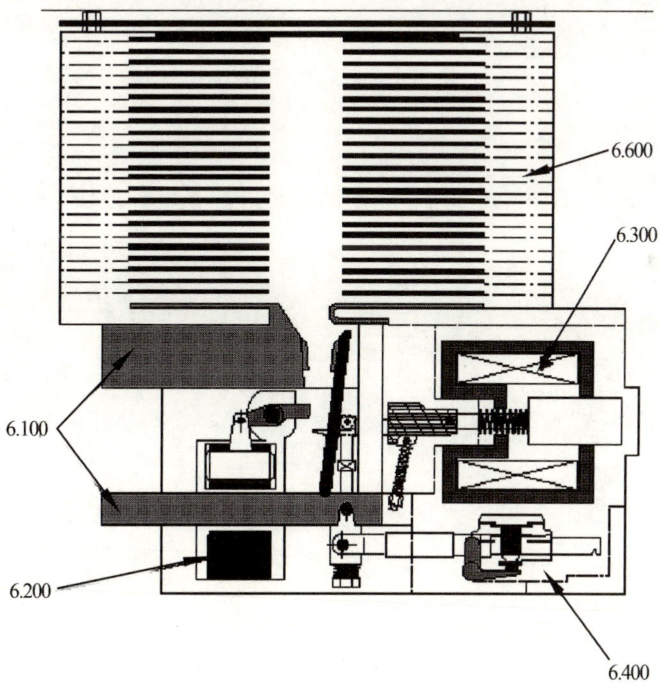

6.100—主电路；6.200—跳闸装置；6.300—闭合装置；6.400—辅助触点；6.600—灭弧罩。

图 8-1-3　UR6 型高速断路器结构

（一）主电路

装配在坚硬的聚酯玻璃纤维绝缘框架（6.101）上的主电路（6.100）如图 8-1-4 所示，其由下部连接（6.104）[带动触点（6.102）]、上部连接（6.103）和固定触点组成。固定触点和动触点的接触面，即上部连接（6.103）和动触点（6.102）都是银合金。

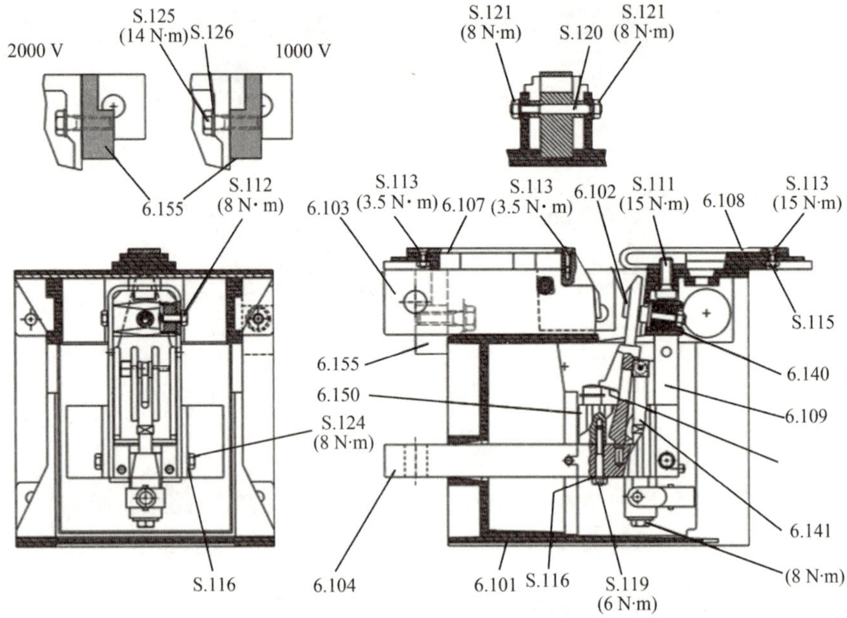

图 8-1-4　主电路结构

（二）跳闸装置

跳闸装置（6.200）如图 8-1-5 所示，形状像环并放在下部连接（6.104）周围，它由

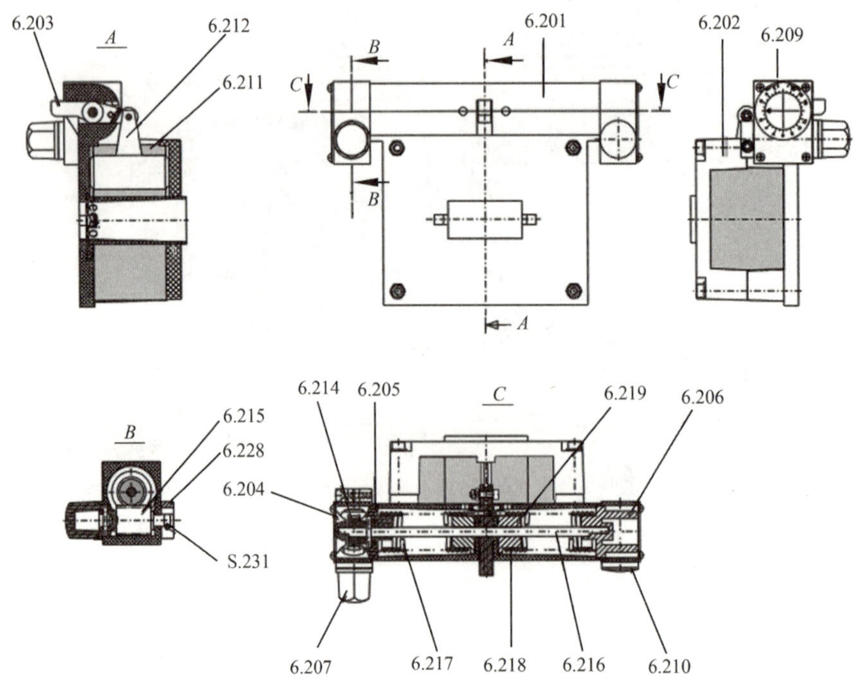

图 8-1-5　跳闸装置结构

一套装入箱（6.201）中的层压磁板（6.211）、一个动磁铁（6.212）、一个由两个弹簧（6.217 和 6.218）支撑的控制杆（6.203）和调整响应值（I_{ds}）组成，由盖（6.202）密封。动磁铁（6.212）启动拉伸弹簧的控制杆（6.203），形成磁路，弹簧（6.217 和 6.218）提供调整力把装置调整到需要的（I_{ds}）值。

（三）闭合装置

闭合装置（6.300）控制主电路（6.100）的接合，叉（6.307）把动触点（6.102）压向上部连接。闭合装置（6.300）如图 8-1-6 所示，由一条含有闭合线圈（6.303）（又称接合线圈）的磁路组成。线圈（6.303）和磁路组成安装在箱（6.301）内，加盖（6.302）密封。磁路包含一个固定部分，即缸（6.310）、前板（6.308）、后板（6.309 或 6.349）、带衬套（6.319 或 6.343）的动件（6.330 或 6.340）、启动动触点（6.102）的叉（6.307）安装在接触压力弹簧（6.320）和杆（6.306）上。

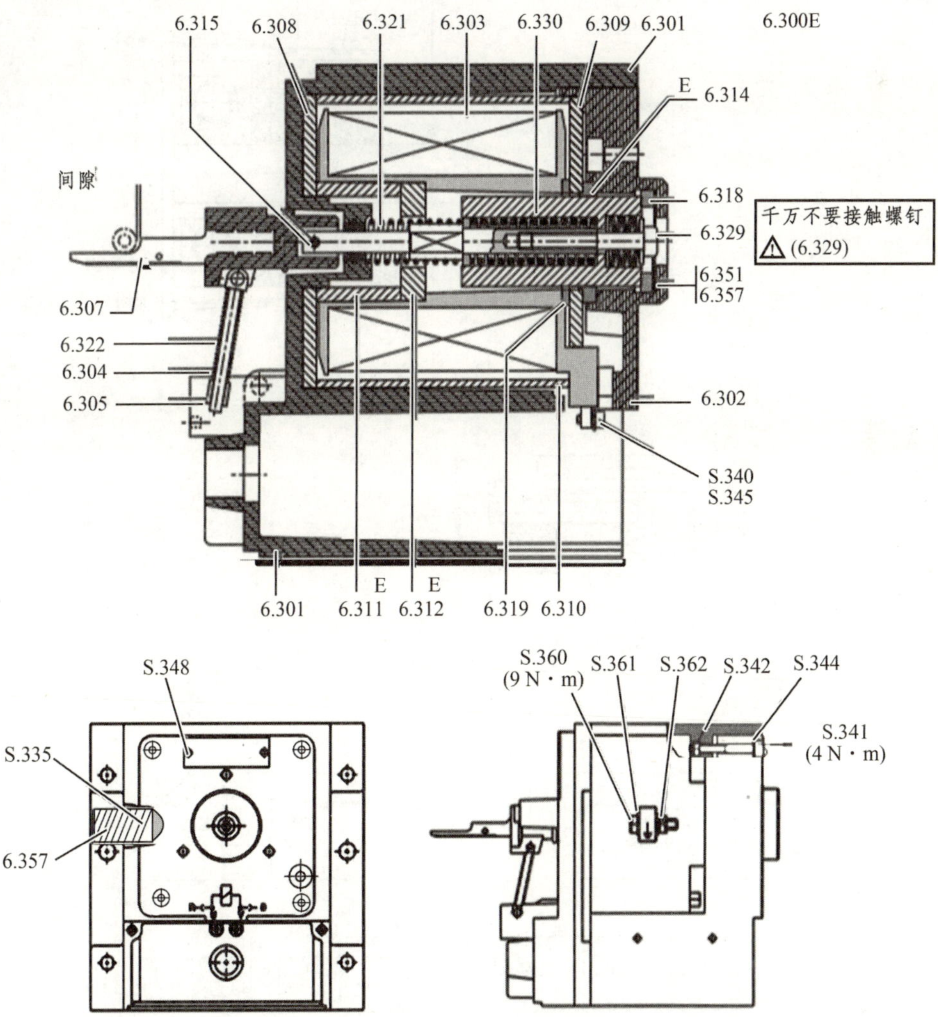

图 8-1-6　闭合装置结构

（四）辅助触点

辅助触点（6.400）如图 8-1-7 所示，包括 6 个安装在辅助箱（6.401）上的双触点开关（6.414）。

双触点开关（6.414）由 6 对触点组成，如图 8-1-8 所示。它由控制杆（6.403）启动，由动触点通过枢轴承（6.105）、叉（6.106）和销（6.402）构成的导块组成（6.141）控制。

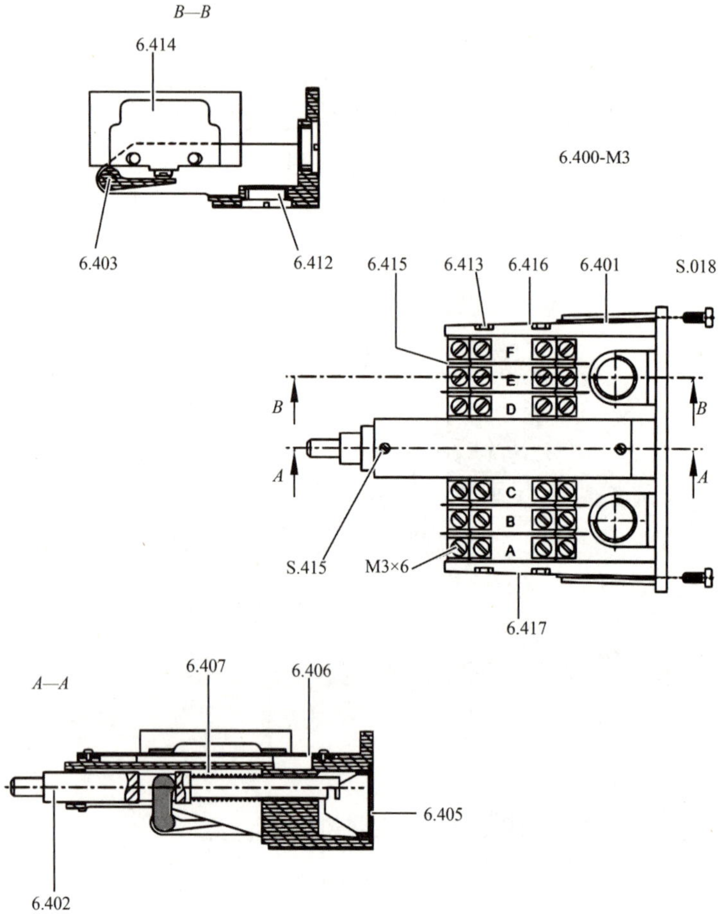

图 8-1-7　辅助触点结构图

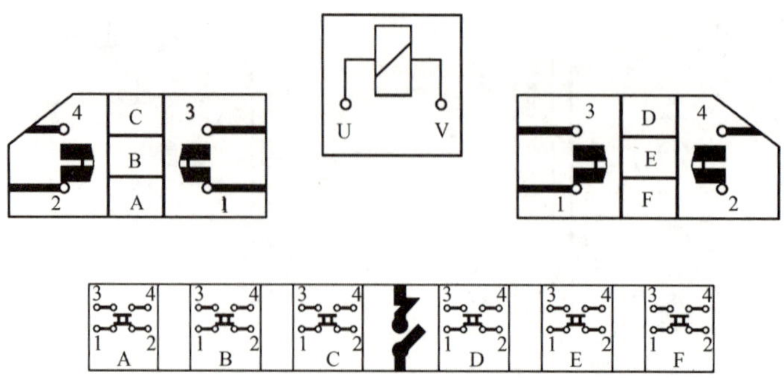

图 8-1-8　双触点开关

（五）灭弧装置

灭弧装置又称为灭弧罩（6.600），如图 8-1-9 所示，由一套抗电弧绝缘板组成：去离子器（6.602）、金属板、变流装置（6.603 和 6.604）。抗电弧绝缘板由顶板（6.606）封住并用螺杆（6.607）安装在灭弧罩板（6.601）上。

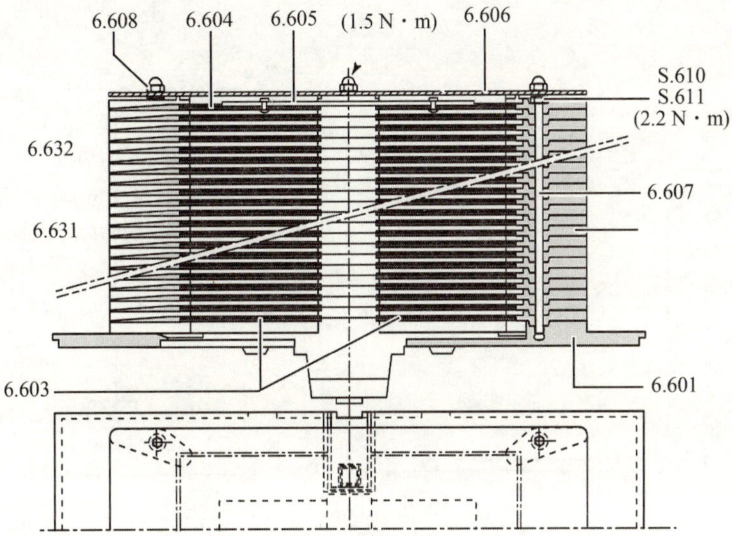

图 8-1-9　灭弧装置结构

三、高速断路器工作原理

高速断路器通过主电路中的动触点与上部连接控制受电弓、接地故障隔离开关电机逆变器 MCM 间的电连接，对高压电路起过载保护作用。其各部分的工作原理分述如下。

高速断路器工作原理

（一）主电路工作原理

动触点（6.102）和下部连接（6.104）之间的机械和电气连接由动触点（6.102）枢轴和下部连接（6.104）之间的固定触点提供，导块（6.110）上轴承（6.105）的弹簧（6.113）保持永久压力。

当控制线圈失电或过载电流过大导致断路时，由轴承（6.105） 的弹簧（6.113）保证，动触点快速返回。

（二）闭合装置工作原理

E 型的闭合线圈接线如图 8-1-10 所示。外加直流控制电源，当高压电路正常时（短路开关 S 闭合），司机发出合闸指令，使高速断路器保持接触器所控制的开关 K_1 闭合、高速断路器合闸接触器所控制的开关 K_2 闭合，闭合线圈得电动作，使其主触点闭合，接通高压电路，同时使其常开联锁触点闭合，产生一个回馈信号。

0.5 s 脉冲后，开关 K_2 断开，保护电阻 R_m 接入，使闭合线圈的电流维持在合闸瞬间电流的 5%。电流脉冲（0.5 ~ 1 s）送入闭合线圈，这将产生把叉和动心吸引到一起的磁场。移动过程中，心组成（6.330）移动产生的压力使提供接触压力的弹簧压缩。当开关 S 或 K_1 断开后，闭合线圈失电，复位弹簧（6.321）拉回叉，动触点（6.102）回到断开位置。

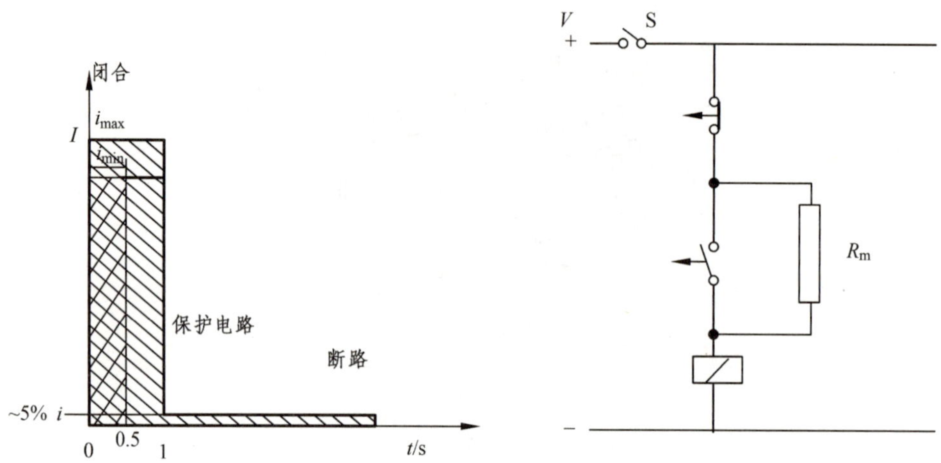

R_m—保护电阻（E）；S—自动短路。

图 8-1-10　E 型的闭合线圈接线

（三）跳闸装置工作原理

如果发生过载电流（短路或过载），主电路形成的线圈在断路磁铁（6.211）中产生一个磁场。动磁铁（6.212）被上拉，控制杆（6.203）向下压叉，这样松开动触点（6.102）。

安装在框架（6.101）上的“Ids”标签标出的刻度值对应每个单元的测量电流值。过载响应值（I_{ds}）在 450 ~ 900 A，600 ~ 1 200 A，900 ~ 1 800 A，1 200 ~ 2 400 A 或 1 500 ~ 3 200 A 之间调整。旋钮（6.207）可调节过载响应值，刻度板（6.209）上的刻度可读出断路指示器（6.204）指示的响应值。

（四）辅助触点工作原理

6 个辅助开关（6.414）位于辅助箱（6.401）中，并由控制杆（6.403）启动，后者由销（6.402）的变位抬起或松开。

当主电路（6.100）断开或者接通时，轴承（6.105）随着动触点（6.102）运动。动触点（6.102）通过叉（6.106）推动销（6.402），以松开控制杆（6.403）及辅助开关（6.414）。销（6.402）由一个弹簧（6.407）重新设定。断路器断开时，启动辅助开关（6.414）；断路器接通时释放辅助开关（6.414）。

（五）灭弧原理

断路器通电时，如果主电路（6100）断开，固定触点（上部连接 6.103）和动触点（6.102）之间产生的电弧，被主电路产生的一个自动消除系统迅速推入灭弧罩（6.600），如图 8-1-11 所示。

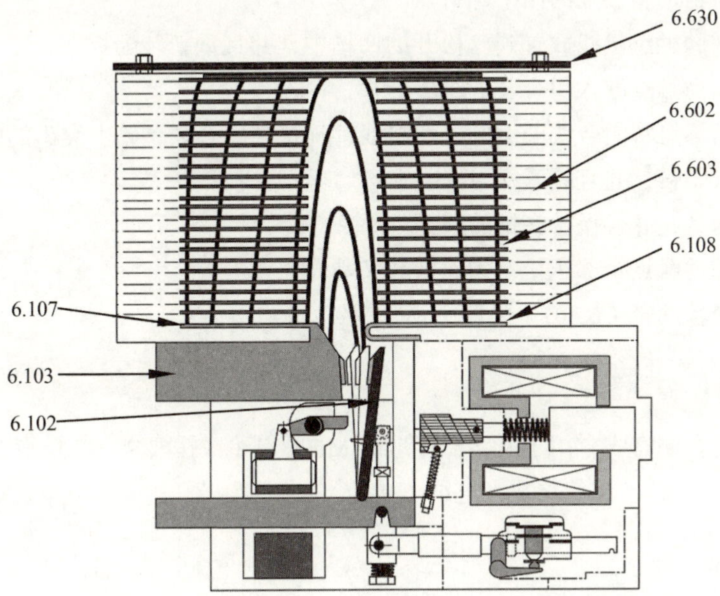

图 8-1-11 灭弧原理

当动触点（6.102）移位时，电弧从这里反射到右部连接（6.108）上，使右连接与左连接（6.107）之间进行桥接。

当电弧进入灭弧罩（6.600）时，电弧分散进入导流片（6.603），直到消失。

去离子器（6.602）间的气体从灭弧罩（6.600）的四周散开。

四、调试高速断路器

（一）主电路连接

通常情况下，主电路（6.100）中接线极性：

+（到正极端）= 上部连接（6.103）

-（到设备）= 下部连接（6.104）

采用电缆或母线进行连接，连接时的力矩约为 35 N·m，进行连接时避免在断路器连接（6.103 和 6.104）中产生机械应力，且在断路器连接（6.103 和 6.104）和第一母线支座之间使用的母线不超过 400 mm。

（二）闭合线圈连接

接线时无极性要求，按图 8-1-10 进行接线。

（三）辅助触点连接

（1）拆下辅助箱板上的两个螺钉。

（2）把辅助触点接线放置到已松开的凹槽中，并且重新装配板。

（3）把辅助触点导入闭合装置箱中。

（4）使用螺钉将闭合线圈上的电缆接线片连接到闭合装置箱上突出的端子上。

（5）拧入螺钉，并且拧紧密封管。

（6）提起叉，并且保持在销的前部。

（7）将辅助触点全部压接，确保销和叉啮合。

（8）拧紧辅助箱（6.401）的两个锁紧螺钉。

（四）接地点连接

闭合装置左侧有一个用于断路器接地的 M6 螺钉（或按要求 M8），使用接触面积最小为 35 mm^2 的导体（编织层或者电缆）接地。

五、闭合线圈性能测试

（1）闭合线圈特征值见表 8-1-1。

表 8-1-1　闭合线圈特征值

线圈特征				闭合电路（脉冲 = 0.5 ~ 1 s）			保护电路（型号 E）			
U_n/V	R_b/Ω	$U_{最小}$/V	$U_{最大}$/V	I_n/A	$I_{最小}$/A	$I_{最大}$/A	R_1^*/Ω	I_n/A	$I_{最小}$/A	$I_{最大}$/A
110	14.43	77	137.5	7.6	4.1	12.9	253	0.41	0.28	0.51

注：电阻值为 20 °C 时的电阻值。
最大值 = 额定值 ×（1 + 25%），最小值 = 额定值 ×（1 − 30%）。

（2）性能测试接线，如图 8-1-12 所示。

（3）测试要求。

① 闭合线圈控制电压在额定值、最小值和最大值情况下，高速断路器能连续关闭 3 次以上，而无意外情况发生。

② 闭合线圈控制电压为额定值时，保持电流为启动电流的 5%。

③ 在设定电流范围（I_{ds} 值）内，当出现最大电流时，能直接跳闸。

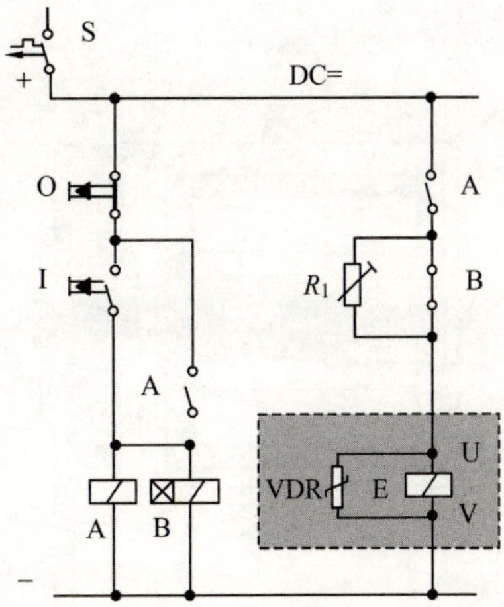

S—自动断路；A—带切断延迟的接触器（型号 M）；B—带接通延迟的接触器（型号 E）；C—反向接触器（型号 M）；E—断路器的闭合线圈（6.603）；R_1—保护电阻器（型号 E）；R_s—串联断路电阻器（型号 M）；R_p—并联断路电阻器（型号 M）。

图 8-1-12　E 型闭合线圈测试线路

技能训练

UR6 型高速断路器的检修

高速断路器检修作业流程

一、UR6 型高速断路器的检修类型

（1）VL：不拆下断路器，现场进行的小型检查。

（2）VG：拆下断路器，进行主要检查。

（3）EPU：根据已操作次数或者测量尺寸更换已经到达规定磨损极限的零件。

（4）EPA：随机更换零件。

二、小型检查

当高速断路器过载产生 10 000 次断路，或高速断路器使用了 18 个月，需进行小型检查，采用目测检查电弧产生的磨损情况和检查机械零件磨损情况。

电弧产生的磨损分为触点磨损和灭弧罩磨损两个方面。

（一）触点磨损

高速断路器的主电路（主触点）为接通状态时，使深度计（W6）通过盖（6.302）插向螺钉（6.329），当工具标记与盖（6.302）前部齐平时：$W=15^{+0.5}_{0}$ mm，即触点磨损到限，须进行更换。否则不用换。测量原理如图 8-1-13 所示。

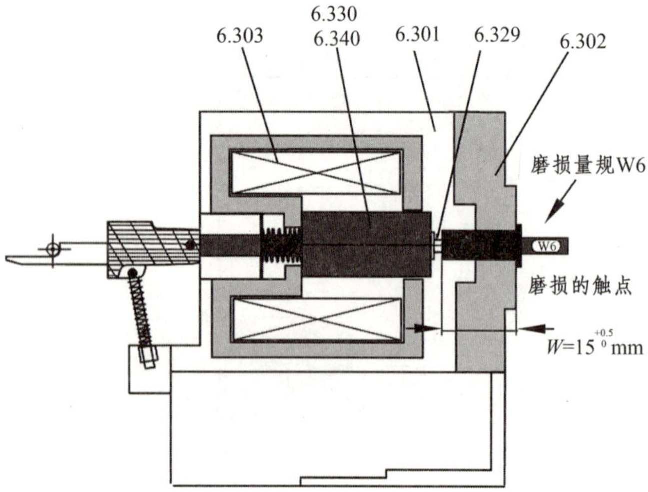

图 8-1-13　测量触点的磨损程度

（二）检修灭弧罩

高速断路器处于断开状态，使用测隙规（80 mm × 200 mm），从灭弧罩板（6.601）上的两个去离子器（6.602）之间开始测量灭弧罩内导流片间的间隙，要求达到 100 mm，如图 8-1-14 所示。若达不到要求，则拆卸灭弧罩，更换导流片。

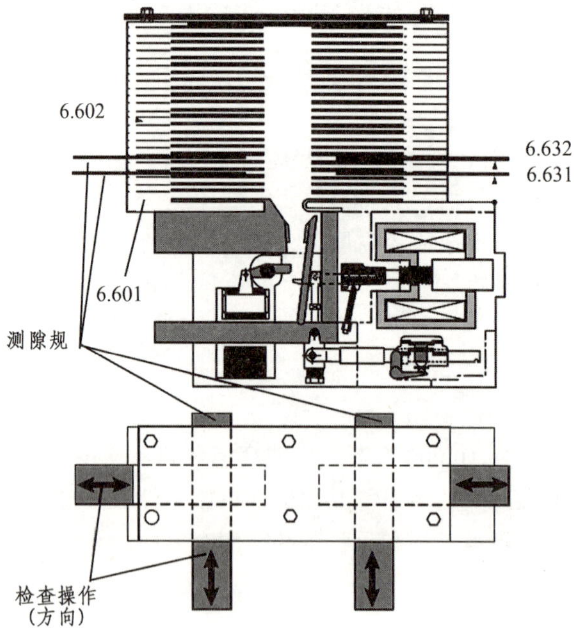

图 8-1-14　导流片间隙测试示意

（三）检查机械零件

接通断路器，进行检查：

（1）叉（6.307）上销（6.315）的弹簧圈（6.336）是否可以应用，如图 8-1-15（a）所示。目检或触摸检查，如果发现缺少簧环，更换新件。

（2）垫圈（6.117）位置，如图 8-1-15（b）所示：当断路器设置为接通时，它应该与底边平齐或者放回轴承（6.105）之中；另外，使用 8 N · m 力矩拧紧螺钉。

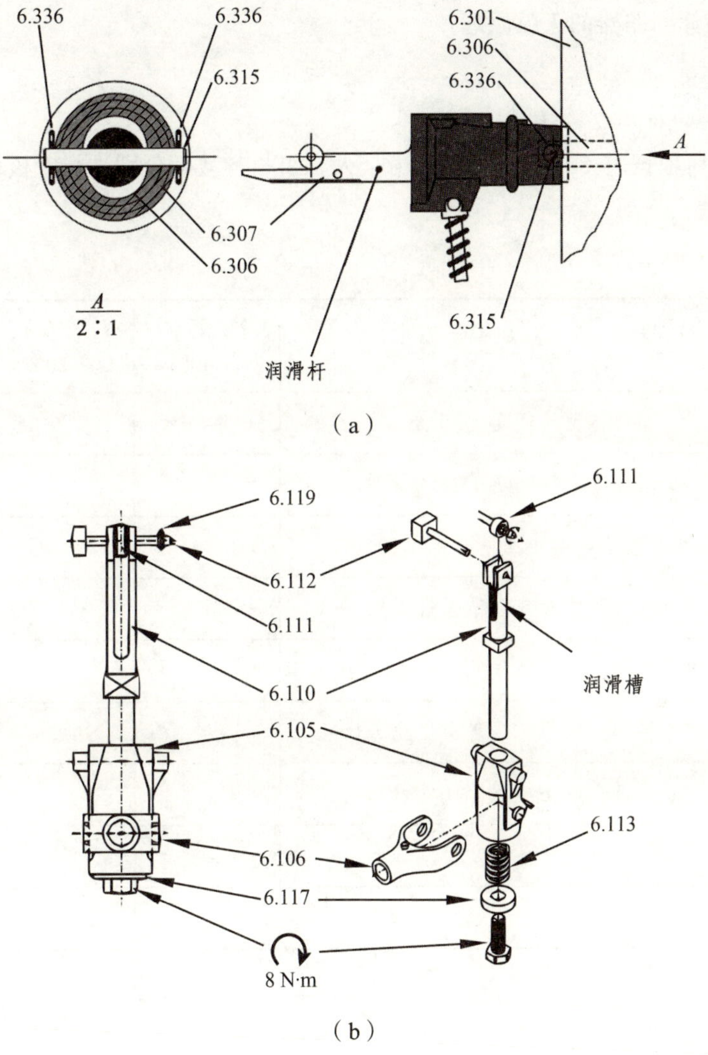

图 8-1-15　检查机械零件

三、主要检查（VG）

当高速断路器过载产生 20 000 次断路，或高速断路器使用了 36 ~ 48 个月后需进行主要检查。拆卸高速断路器后，清洗完，按技术要求检修。

思考题

1. 简述高速断路器的闭合原理。
2. 简述高速断路器的过流脱扣工作原理。
3. 如何测量高速断路器的触头磨耗?
4. 简述高速断路器的灭弧原理。

任务评价

任务完成后根据表 8-1-2 所列项目由个人、组长和教师分别进行考核评价，并填入考核分数。

表 8-1-2 任务考核评价表

评价项目	子项目	个人评价（占 30%）	组长评价（占 20%）	教师评价（占 50%）
专业能力（50 分）	解答理论问题（25 分）			
	解决实际问题（25 分）			
方法能力（20 分）	获取理论与实践相关资讯（10 分）			
	完成任务后的自我总结评价（10 分）			
社会能力（30 分）	与同学和谐相处、协作完成任务（10 分）			
	遵守纪律、一丝不苟、爱岗敬业（10 分）			
	遵守安全规程（10 分）			
小计				
签名				

项目九

受电弓的日常维修与维护

受电弓是一种电力机车上的受流装置，一般安装在车辆顶部，通过与接触网接触而获取电能。每列车通常安装两个受电弓，在城市轨道交通车辆中，按六节车编组的列车，一般安装在 B 车顶部。目前，在国内城市轨道交通车辆中，常见的主要为弹簧式受电弓和气囊式受电弓，气囊式受电弓因其安全维护少等特点已成为主流受电弓。

任务一　认知受电弓

学习目标

【知识目标】

1. 掌握受电弓的定义和基本组成。
2. 掌握受电弓的种类及其作用。

【技能目标】

1. 能小组合作完成受电弓的拆装。
2. 能小组合作完成受电弓的性能测试并完成实训报告。

【素养目标】

1. 树立实事求是的科学态度。
2. 培养学生“不怕苦、不怕累”、爱岗敬业、精益求精的工匠精神。
3. 培养学生的质量意识、安全意识及工艺流程意识。

相关知识

一、受电弓的定义

安装于电力机车、地铁车辆、轻轨车辆等车辆的顶部，与接触网接触而获取电能的装置，称为受电弓。受电弓通过绝缘子安装在城市轨道交通车辆的车顶，是一种铰接式的机械构件。受电弓升起时，其滑板与接触网导线直接接触，从接触网导线上获取电流，并将电流通过母线传送至车辆内部，供车辆使用。受电弓实物如图 9-1-1 所示。

图 9-1-1　受电弓实物

二、受电弓的种类

受电弓按结构形式分为单臂型和双臂型。

双臂受电弓也称为菱形受电弓，因其形状为菱形而得名，其外形如图 9-1-2（a）所示。双臂受电弓结构对称、侧向稳定性好，但结构复杂、调整难度大，因其维护成本较高以及容易在故障时拉断接触网而逐渐被淘汰。近年来多采用单臂弓。

单臂受电弓也称为之（Z、く）字形的受电弓，其外形如图 9-1-2（b）所示。单臂受电弓结构简单、尺寸小，质量轻，调整容易，具有良好的动态特性，与双臂式受电弓比噪声较小，故障时也较不易扯断接触网，因而广泛用于现代、高速、大负荷的干线电力机车及电动车辆上。

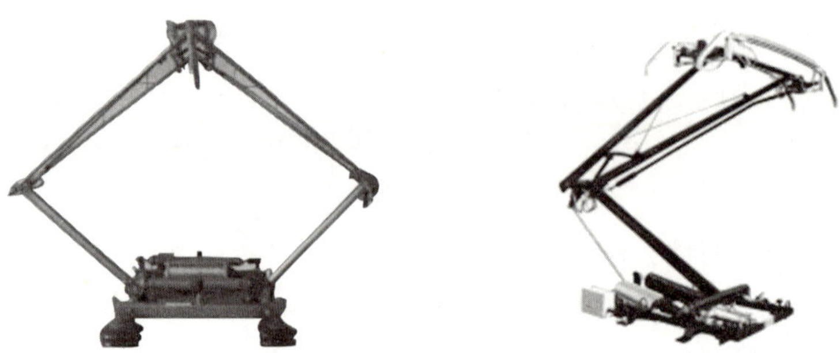

（a）双臂型受电弓　　（b）单臂型受电弓

图 9-1-2　受电弓外形

三、弓网电接触要求

实际运行过程中，弓网电接触（见图 9-1-3）状况复杂多变，在其接触界面不断发生着电、热、力等效应转换以及与环境的相互作用，且与运行速度、接触压力等运行参数密切相关。

接触电阻是弓网电接触可靠性的主要表征参数。当弓网电接触状态不佳时，接触电阻会急剧增大，在接触区引发严重的过热现象，从而影响受电弓滑板与接触网导线的材料性能，甚至威胁列车的安全。

图 9-1-3　受电弓与接触网

弓网电接触热效应主要热量来源由三部分构成，即受电弓滑板、接触导线自身电阻和弓网接触电阻产生的焦耳热，弓网相对滑动时产生的机械摩擦热及弓网离线时产生的电弧热（见图 9-1-4）。随着列车运行速度和电流传输密度的提高，弓网电接触热效应就越大，会使受电弓及接触网的使用寿命缩短，甚至会影响到轨道运输生产。

图 9-1-4　受电弓与接触网分离出现拉弧现象

为保证滑板和接触导线接触可靠，减少接触电阻及其热效应，其间应有一定的接触压力。滑板和接触导线分别属于两个弹性系统——受电弓系统与接触网系统，两个弹性系统相互接触提供了滑板和接触导线之间的接触力。弓网相对滑动时，会产生磨损，为保证轨道运输生产，必须保证接触网的使用寿命较长，延长其导线更换周期。同时，受流器是通过与固定导线的滑动接触而受流的，滑板的质量是影响受流质量的关键因素之一，优质滑板应满足以下的要求：

（1）力学性能好，能承受一定的冲击载荷。

（2）摩擦系数低，对接触导线及滑板自身的磨耗小。

（3）电阻率低，耐弧性强。

（4）质轻。

更换导线的费用较为昂贵，因此在实际应用中以保护导线为原则，滑板以碳纤维滑板［见图 9-1-5（a）］、金属纤维滑板、带有润滑功能的金属基复合材料［如 Cu-C，见图 9-1-5（b）］、具有自润滑功能的无机非金属基复合材料（如 Ti_3SiC_2/SiC）取代了铜滑板、碳滑板、粉末冶金滑板。未来将会有更多符合要求的新滑板材料涌现。

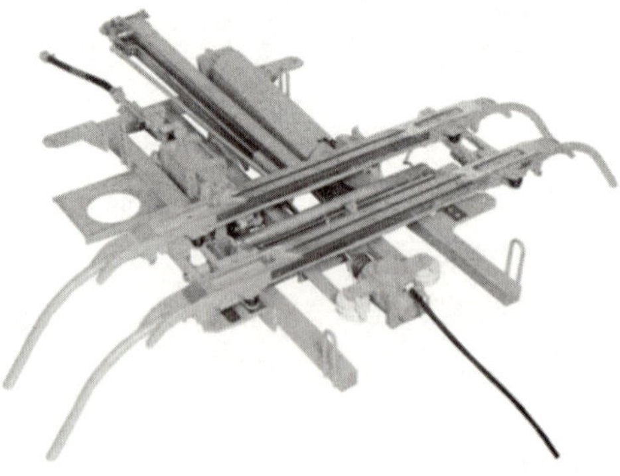

（a）日本新干线碳滑板（铜系烧结合金）

（b）中国 Fb 系列碳滑板（浸碳铜合金）

图 9-1-5　不同种类碳滑板材质

思考题

1. 简述受电弓的种类及其特点。
2. 简述单臂弹簧式受电弓的组成及其各个部件的作用。

任务评价

任务完成后根据表 9-1-1 所列项目由个人、组长和教师分别进行考核评价，并填入考核分数。

表 9-1-1 任务考核评价表

评价项目	子项目	个人评价（占 30%）	组长评价（占 20%）	教师评价（占 50%）
专业能力（50 分）	解答理论问题（25 分）			
	解决实际问题（25 分）			
方法能力（20 分）	获取理论与实践相关资讯（10 分）			
	完成任务后的自我总结评价（10 分）			
社会能力（30 分）	与同学和谐相处、协作完成任务（10 分）			
	遵守纪律、一丝不苟、爱岗敬业（10 分）			
	遵守安全规程（10 分）			
小计				
签名				

任务二 Fb 系列单臂受电弓的检修与维护

学习目标

【知识目标】

1. 掌握 Fb 系列单臂受电弓的结构及其组成。
2. 掌握 Fb 系列单臂受电弓的工作原理。
3. 掌握 Fb 系列单臂受电弓的日常维护方法。

【技能目标】

1. 能小组合作完成 Fb 系列单臂受电弓的拆装。
2. 能小组合作完成 Fb 系列单臂受电弓的性能测试。
3. 能小组合作处理 Fb 系列单臂受电弓的日常故障。

【素养目标】

1. 培养学生的质量意识、安全意识及工艺流程意识。
2. 培养学生“不怕苦、不怕累”、爱岗敬业、精益求精的工匠精神。
3. 培养学生爱护设备、规范操作、安全生产的职业意识。

相关知识

一、Fb 系列单臂受电弓的基本结构

Fb 系列单臂受电弓主要由底架、集流头、框架、升弓弹簧、电磁阀和传动气缸等组成，如图 9-2-1 所示。

（一）底　架

底架通过 4 个绝缘子安装在车顶。它由方形的中空管、角钢及板的焊接构件组成，作为下臂的支撑装置，包括轴承、下导杆的轴承滑轮、拉伸弹簧的悬挂及气压升弓传动装置，主要的电气连接位于底架后部的镀铜部件，如图 9-2-2 所示。其中，阻尼器用来吸收降弓时所产生的振动。

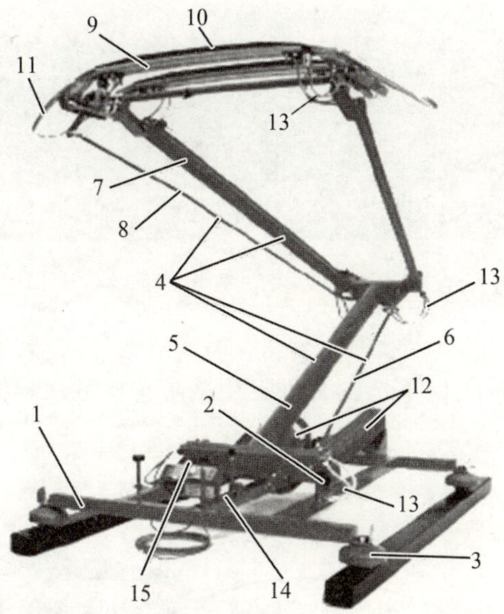

Fb 系列单臂受电弓结构爆炸图及升降弓动画

1—底架；2—高度止档；3—绝缘子；4—框架；5—下臂；6—下导杆；7—上臂；8—上导杆；9—弓头；10—碳滑板；11—端角；12—升降装置；13—电流传输装置；14—锁钩；15—最低位置指示器。

图 9-2-1　FB 系列单臂受电弓基本结构

图 9-2-2　底架

（二）弓　头

弓头由全套簧片、弹簧装置、接触滑板及端角等组成，用枢轴安装在上臂的上部。

1. 滑板（含簧片）

滑板直接与接触网导线进行滑动接触，把电能引入车内。Fb 系列单臂受电弓共有 4 条 800 mm 长的滑板，剖面为 35 mm × 22 mm，弓头宽度为 1 550 mm，如图 9-2-3 所示。簧片使弓头与接触导线接触时有一定弹性，若失去弹性则需更换。

图 9-2-3 滑板

2. 端 角

端角是每侧接触滑板上向下弯的部件，用来防止接触网导线滑入滑板下方从而造成弓网故障，如图 9-2-4 所示。

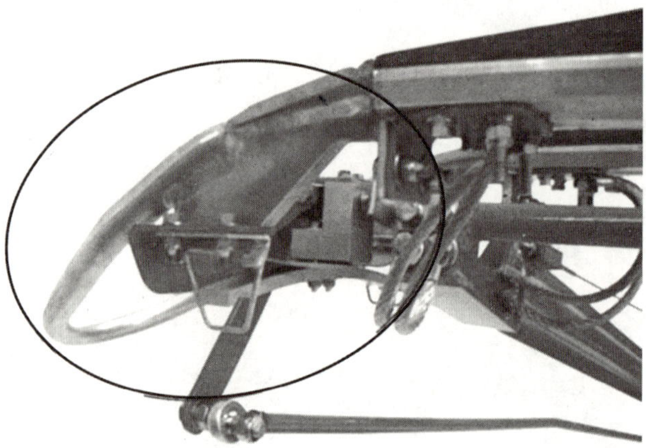

图 9-2-4 端角

3. 弹簧装置

弓网滑动接触过程中，弹簧装置可吸收因线路变化而产生的纵向振动。日常保养时，检查弓头接触滑板的不平均磨耗（目测，可用直尺），凹槽不大于 5 mm 时应用锉刀锉平，否则必须更换。接触滑板上有磨耗痕迹时应及时更换，通常情况下接触滑板上没有磨损痕迹。固定器上部边缘和接触滑板上部边缘间的距离为 2 ~ 3 mm，如低于此范围应更换。

（三）框 架

框架用来安装弓头零部件并且使弓头按垂直方向上下运动。框架由上导杆、上臂、下导杆和下臂形成两个连杆机构。

1. 下 臂

下臂由一个焊接钢管构成，它一头通过中心连接与上导杆、上臂相接，支撑起上导杆、上臂及弓头，支撑点由密封的重型旋转头组成，如图 9-2-5 所示；另一头与底架上的滚子链相接。

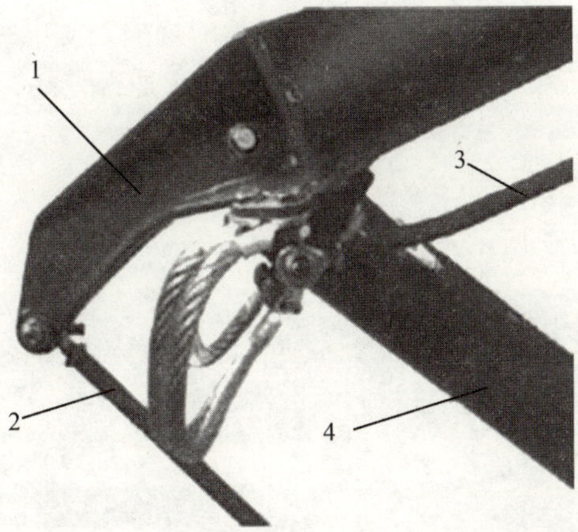

1—上臂延伸部分；2—下导杆；3—上导杆；4—下臂。

图 9-2-5　下臂中心连接

2. 下导杆

下导杆引导多边形接点，它由精密的钢管组成，其长度从任意一侧的右（左）侧转头开始计算。

3. 上　臂

上臂为封闭的框架设计，由焊接裙结构组成，它由拉伸型管、环形的上管 + 字管和上臂连接。它支撑下臂的旋转头和下导杆，框架由斜的不锈钢支柱支撑。

底架、下臂、下臂的中心连接和下导杆构成下部四连杆机构，上臂、上导杆、弓头和下臂的中心连接构成上部四连杆机构，保证弓头的运动轨迹是一垂线，4 条滑板保持水平状态。四连杆机构的集合模型如图 9-2-6 所示，各杆件的长度会影响受电弓的接触压力和升弓的高度。

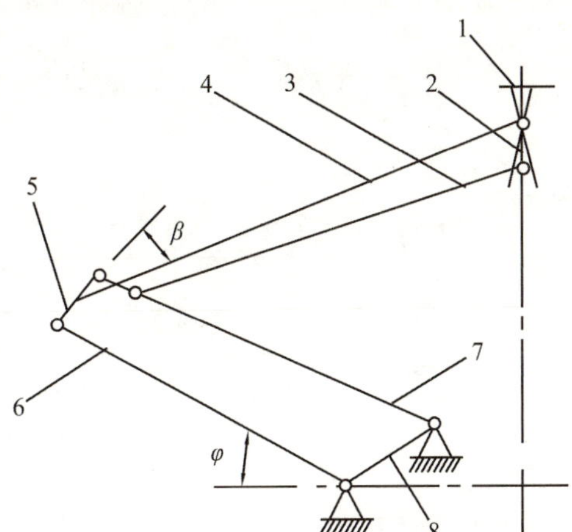

1—弓头滑板；2—枢轴；3—上导杆；4—上臂；5—中心连接；
6—下臂；7—下导杆；8—底架。

图 9-2-6　四连杆机构的几何模型

为了保证导电良好，且为了防止电流对轴承的烧损，受电弓所有的关节部位都采用导电编织线进行短接。日常维护时须检查导电编织线是否完好，如破损超限应及时更换。

（四）升降弓装置

升降弓装置如图 9-2-7 所示。

1—升弓弹簧；2—传动气缸。

图 9-2-7　升降弓装置

1. 升弓弹簧

升弓弹簧传递和控制升弓力矩，决定了弓网电接触时的接触压力大小。升弓弹簧一端固定在底架上，另一端与链条相接；链条另一端固定在链导向板上；链导向板固定在下臂的连接上、下臂的连接通过轴安装在底架上，如图 9-2-8 所示。受电弓降弓状态时，升弓弹簧处于拉伸状态；当升弓弹簧收缩时，带动链条动作，所产生的力使下臂杆向上抬起，从而使下部四连杆机构动作，带动上部四连杆动作，弓头沿垂直线方向抬升。

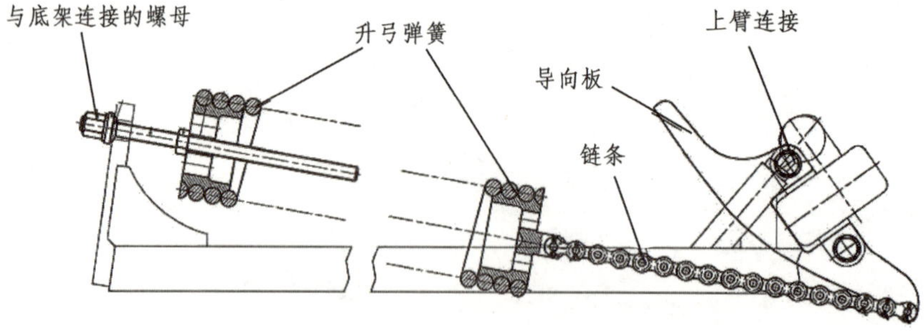

图 9-2-8　升弓弹簧的连接

2. 气缸传动机构

气缸传动机构传递和控制升降弓的作用力矩，由缸体、活塞、活塞杆、活塞杆导向装置、风箱、橡胶环和降弓弹簧等组成，如图 9-2-9 所示。当有控制信号时，压缩空气进入气缸，克服缸内降弓弹簧的作用，即降弓弹簧被压缩，活塞左移，带动活塞杆左移，通过连接带动下臂逆时针转动。当信号消失（失电）时，缸内压缩空气排出，在降弓弹簧的作用下，活塞右移，带动活塞杆右移，通过克服升弓弹簧的拉伸力，使下臂顺时针转动，同时强制升弓弹簧拉伸。缸内橡胶环起绝缘作用。受电弓通过支持绝缘子和橡胶环来保证受电弓导电部分与气缸传动部分及控制部分电隔离。

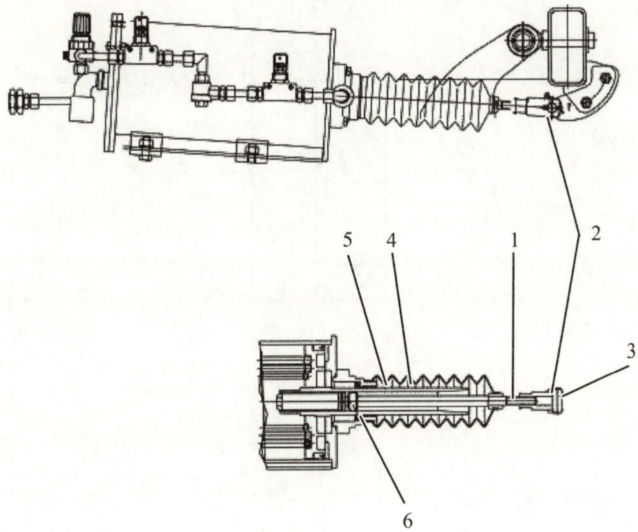

1—活塞杆；2—开口销；3—螺栓；4—风箱；5—活塞杆导向装置；6—橡胶环。

图 9-2-9　气缸传动机构

（五）控制部分

受电弓属于气动电器，它由压缩空气进行驱动，可通过控制压缩空气的通断来控制受电弓的升降。控制部分就是指控制气路通断的部分，它包含电磁阀、降压阀、节气止回阀（升弓）、快速空气释放阀、节气止回阀（降弓）等，其中节气止回阀（升弓）和节气止回阀（降弓）结构相同，但装配是相反的。受电弓的气路组成如图 9-2-10 所示，控制信号加到电磁阀控制线圈上，电磁阀得电动作，来自总风缸的压缩空气，经电磁阀进入降压阀降压后，再通过节气止回阀（升弓）中的节气阀调整进风量，直通快速空气释放阀、节气止回阀（降弓），进入传动气缸，克服降弓弹簧压力，推动活塞活动，从而使弓升起。受电弓升弓先快后慢的控制由两个方面来实现，一是节气止回阀（升弓）控制风量大小，二是降弓弹簧被压缩后其反力逐步加大，活塞运动速度变慢。当加在电磁阀控制线路上的信号消失后，电磁阀释放，传动气缸内的压缩空气经节气止回阀（降弓）中的节气阀排出，一路从快速空气释放阀中迅速排往大气，另一路经止回阀（升弓）、降压阀、电磁阀排往大气。这样导致信号消失初期传动气缸内压力骤降，降弓弹簧迅速反应，使活塞快速移动，带动弓迅速下降。后期缸内外压力差变小，活塞运动速度变慢，从而使弓下降速度变慢。

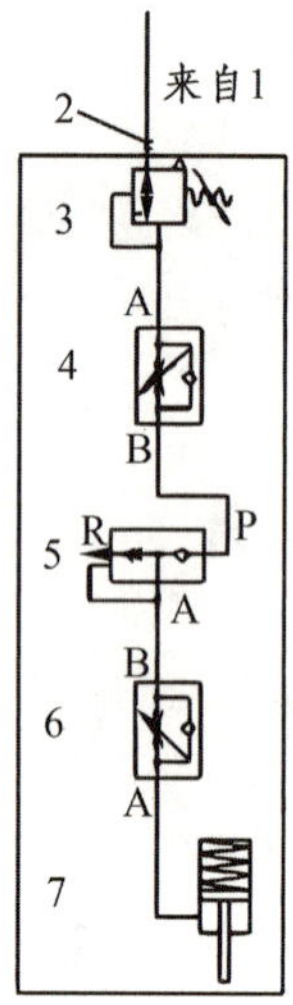

1—总风缸；2—受电弓气压提升传动装置的连接点；3—降压阀；4—节气止回阀（升弓）；
5—快速空气释放阀；6—节气止回阀（降弓）；7—含降弓弹簧的传动气缸。

图 9-2-10 受电弓气路

二、Fb 系列单臂受电弓的工作原理

当收到升弓信号后，电磁阀控制圈得电，电磁阀动作，使压缩空气从总风缸进入受电弓的气路，使传动气缸内的降弓弹簧被压缩，活塞左移，带动活塞杆、连杆及下臂连接；同时，升弓弹簧被放松（原来受传动气缸作用而被压缩），带动链条及下臂连接，使下臂逆时针旋转，带动框架动作，从而使弓头按铅垂线轨迹运动，弓升起。

降弓时，电磁阀控制线圈失电，电磁阀释放，传动气缸内压缩空气经气路排往大气，在降弓弹簧的作用下，升弓弹簧被强制拉伸，同时与连杆相接的下臂连接受其力的作用顺时针旋转，带动框架动作，使弓降下。

三、受电弓的特性

要使受电弓弓头滑板与接触网导线正常接触，可靠地受流，受电弓必须具备如下性能。

（1）静态接触压力与静特性：静态接触压力——在静止状态下，受电弓弓头滑板在工作高度范围内对接触网导线的压力。在静止状态，接触压力与受电弓工作高度的关系称为受电弓的静特性，如图 9-2-11 所示。

（2）工作高度：在此高度范围内，弓头滑板与接触网导线的静态接触压力为额定值。

（3）最高升弓高度：受电弓能升起的最高限度。

（4）升降弓时间：处在额定气压时，由落弓位升到最大工作高度和由最大工作高度降至落弓位所需的时间。

（5）弓头运行轨迹：弓头应始终处于机车转向架的回转中心上。

（6）动特性：归化质量与受电弓提升高度的关系称为受电弓的动特性。

（7）归化质量：把受电弓运动系统的质量归化到滑板上。实践和研究表明，受电弓的归化质量应控制在 8 ~ 25 kg。受电弓的归化质量越小，它的跟随性就越好，适应接触网的能力就越强，能有效降低受电弓的动态振幅。

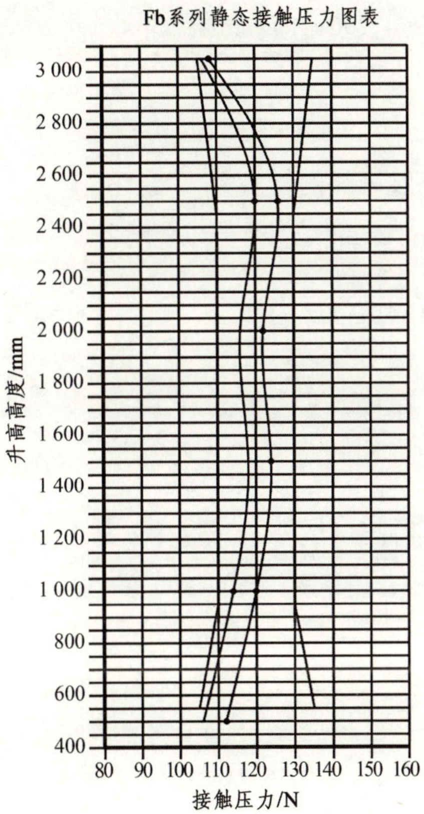

图 9-2-11　受电弓的静态接触压力

四、Fb700 型单臂受电弓的技术参数

（一）供电

系统额定电压：DC 1 500 V

额定运行电压：DC 1 800 V（污染程度 PD4，上部电压种类 OV3）

运行电流：1 400 A

启动电流：最大为 1 600 A（启动阶段的 RMS 电流约 30 s）

最大电流：2 400 A

停车电流：最大值为 460 A

（二）受电弓的主要尺寸

最大提升高度：2 880 mm – 25 mm
最低位置：342 mm + 10 mm
最低位置的拉伸长度：约 2 480 mm
附属装置的纵向尺寸：（1 300 ± 1）mm
附属装置的横向尺寸：（1200 ± 1）mm
接触条长度：（800 ± 1）mm
弓头宽度：1 550 mm

（三）受电弓逆着接触导线的接触力

120 N，可调范围：100 ~ 140 N

（四）空气传动装置的运行压力

最小：300 kPa
最大：1 000 kPa
额定：750 ~ 900 kPa

（五）空气传动装置的运行次数

提升时额定空气压力的作用范围：750 ~ 900 kPa
提升时间：7 ~ 8 s
落下时间：7 ~ 8 s
提升高度：2 050 mm

（六）运行速度

v = 100 m/s

（七）质　量

总质量：190 ~ 195 kg

技能训练

Fb 系列单臂受电弓的检修作业

Fb 系列单臂受电弓的日常维护

受电弓的日常维护是列车日常运用维护中的重要工作。受电弓与空调位于车顶，因此受电弓和空调的日常维护通常是一起进行，受电弓的修程也被称为特别修。

受电弓的日常维护分为以下 14 个部分：

一、作业前安全检查

（1）作业前确认列车已断电收车，将 B 车高压箱闸刀开关打至“接地”位置。

（2）作业前确认相应股道接触网隔离开关已断开，并挂好接地线。

（3）车顶作业必须佩挂好安全带，且高挂低用。

（4）工器具准备：受电弓支撑杆 1 个、对讲机 2 个、游标卡尺 1 副、世达 32 套件 1 套、卷尺 1 把、秒表 1 块、纱布 1 块、润滑油 1 瓶（20 g）、肥皂水 1 瓶（200 mL）、安全带 2 副、乙醇溶液 1 瓶。

二、准备工作

对受电弓弓头作业时，不能用手直接拉起受电弓弓头部分，必须两人抬起受电弓上框架，使用专用的支撑杆撑起受电弓。

三、浪涌吸收器（避雷器）检查

（1）检查浪涌吸收器（避雷器）无裂损，无放电、灼伤痕迹。

（2）检查紧固螺栓及各接线螺栓防松线清晰无错位。

（3）检查编制电缆无断股，电缆最低位置距离车体间距超过 50 mm。

（4）检查底座排气口，如有堆积杂物，及时清理。

四、绝缘子检查

（1）用抹布蘸少量乙醇清洁受电弓绝缘子和避雷器表面，确保表面应没有覆盖污垢或杂质。

（2）检查绝缘子表面无裂纹，无放电痕迹。

（3）检查紧固螺栓及各接线螺栓防松线清晰无错位。

五、底架、下壁杆、平衡杆检查

检查底架、下壁杆、平衡杆无变形，漆面无损坏、无锈蚀，焊缝紧密无裂纹。

六、上框架检查

检查上框架表面无裂纹、无锈蚀，焊缝紧密无损伤，各紧固件齐全，螺栓防松线清晰无错位。

七、拉杆检查

（1）检查拉杆表面及中间卡子无裂纹，杆端轴承要求清洁后目视螺杆、轴承表面无裂纹。

（2）检查各紧固件齐全，螺栓防松线清晰无错位。

八、阻尼器检查

（1）检查阻尼器外观无破损、无油污。

（2）检查阻尼器两端螺栓齐全、防松线清晰无错位。

九、导流编织线检查

（1）检查导流编织线，连接牢固，不与其他部件摩擦、不拉紧、不起皱。

（2）检查导线编织线无断股（如有断股必须更换新导流线，在更换新的导流线时，注意按照原有的垫片安装顺序进行安装，且在导流线的线鼻子和安装座间需涂抹一层导电膏，弓头导流线 M8 螺栓紧固力矩为 20 N·m，上框架与下壁杆间导流线紧固力矩为 40 N·m，下壁杆与底架间的导流线的紧固力矩为 40 N·m）。

十、弓头部件检查

（1）检查弓头各部件外观无损伤、无变形。轻轻转动弓角，弓角应转动灵活、无卡滞，弓头其余各转动部件转动灵活，否则使用乙醇清洁轴套。股道螺栓防松线清晰、无错位。

（2）清洁弓角金属部件，确认弓角各焊缝无裂纹。

（3）检查弓头橡胶弹簧元件表面无裂纹，紧固状态良好。

十一、碳滑板检查

（1）检查碳滑板与基座之间的紧固状态，目视检查有无脱胶、电烧伤痕迹。

（2）检查碳条与铝板粘贴处的电腐蚀（电灼伤）或裂纹长度不能大于 50 mm。

（3）检查滑板状态，无纵向裂纹、缺块不超过滑板宽度的 1/3。

（4）检查碳滑板定位螺钉状况良好，防松线清晰、无错位。

十二、降弓位置指示器检查

（1）检查降弓位置指示器外观无损伤，安装牢固，各紧固螺栓防松线清晰无错位。

（2）测量间隙不大于 15 mm，且两者不得接触。

（3）在降弓位置，检查橡胶缓冲止挡与上框架横杆接触良好无间隙。

十三、受电弓灵活性检查

两人抬起受电弓上框架上下移动，检查各活动部件应转动灵活、无卡滞现象。

十四、收尾工作

（1）测试合格后锁上受电弓锁钩并挂上良好备件指示牌。

（2）清理现场，保证作业场地整洁、无工器具遗漏。

（3）检修过程中及时填写受电弓架修作业记录表格，完成后整理记录表格。

（4）将作业工时及物料消耗录入 EAM 系统。

思考题

1. 简述 Fb 系列单臂受电弓的工作原理。
2. 简述 Fb 系列单臂受电弓的组成及其作用。
3. 如何调整 Fb 系列单臂受电弓的升降弓时间？
4. 如何调整 Fb 系列单臂受电弓的接触压力？

任务评价

任务完成后根据表 9-2-1 所列项目由个人、组长和教师分别进行考核评价，并填入考核分数。

表 9-2-1　任务考核评价表

评价项目	子项目	个人评价（占 30%）	组长评价（占 20%）	教师评价（占 50%）
专业能力（50 分）	解答理论问题（25 分）			
	解决实际问题（25 分）			
方法能力（20 分）	获取理论与实践相关资讯（10 分）			
	完成任务后的自我总结评价（10 分）			
社会能力（30 分）	与同学和谐相处、协作完成任务（10 分）			
	遵守纪律、一丝不苟、爱岗敬业（10 分）			
	遵守安全规程（10 分）			
小计				
签名				

任务三　TSG18F 型单臂气囊式受电弓的检修与维护

学习目标

【知识目标】

1. 掌握 TSG18F 型单臂气囊式受电弓的结构及其组成。
2. 掌握 TSG18F 型单臂气囊式受电弓的工作原理。
3. 掌握 TSG18F 型单臂气囊式受电弓的日常维护方法。

【技能目标】

1. 能小组合作完成 TSG18F 型单臂气囊式受电弓的拆装。
2. 能小组合作完成 TSG18F 型单臂气囊式受电弓的性能测试。
3. 能小组合作处理 TSG18F 型单臂气囊式受电弓的日常故障。

【素养目标】

1. 培养学生的质量意识、安全意识及工艺流程意识。
2. 培养学生“不怕苦、不怕累”、爱岗敬业、精益求精的工匠精神。
3. 培养学生爱护设备、规范操作、安全生产的职业意识。

相关知识

一、TSG18F 型单臂气囊式受电弓的基本结构

TSG18 型受电弓是一种通过空气回路控制升、降动作的铰接式机械构件。由框架、气囊升弓装置和弓头等结构组成，具有占用车顶空间小、质量轻、弓头归算质量小的特点。TSG18F 型受电弓实物和结构分别如图 9-3-1 和图 9-3-2 所示。

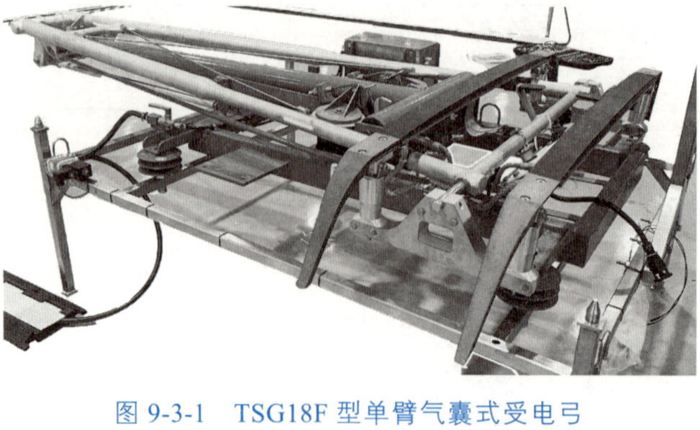

图 9-3-1　TSG18F 型单臂气囊式受电弓

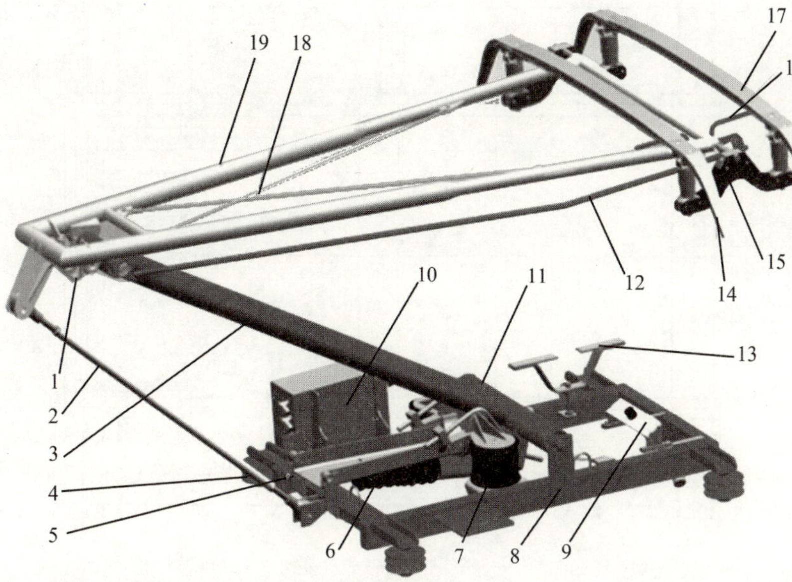

1—编制导线；2—下导杆；3—下臂杆；4—绝缘子；5—蝴蝶座；6—阻尼器；7—气囊；8—底架；9—最低位置指示器；10—气阀箱；11—钢丝绳；12—拉杆；13—支撑座；14—弓角；15—缓冲器；16—平衡杆；17—碳滑板；18—对角线杆；19—上框架。

图 9-3-2　TSG18F 型受电弓结构示意

（一）绝缘子组装

TSG18F 型受电弓安装有 4 个支持绝缘子。绝缘子采用硅橡胶材料，具有很高的绝缘等级及机械强度，其通过一个 M16×35 螺栓及弹簧接触垫圈 16 将其与受电弓底架连接，如图 9-3-3 所示，绝缘子有两个功能：

（1）将带电的受电弓与车顶进行电隔离。

（2）使受电弓同车顶进行机械连接。

使用时，绝缘子应保持清洁，无裂纹或碰痕。安装时在绝缘子与受电弓之间采用球形垫圈调平受电弓安装面，从而保证受电弓安装在一个相对水平的平面上。

图 9-3-3　绝缘子组装实物

（二）底架组装

受电弓底架是一个由矩形钢管焊接而成的口字形钢结构。在受电弓的升降弓过程中，底架是不运动的，它只起到一个固定支撑的作用。底架上的电流接线板是受电弓对外的电接口。电流接线板采用不锈钢材料；支撑架上 ϕ18 mm 的通孔用于安装支持绝缘子的安装螺钉 M16×35；支撑板上安装有受电弓对外的气路接口，支撑板采用不锈钢材料。底架结构如图 9-3-4 所示。

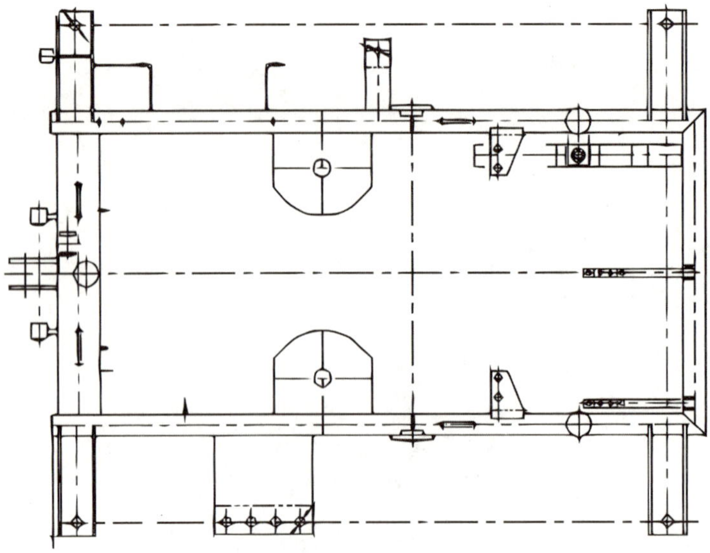

图 9-3-4　底架组装结构

（三）铰链系统

铰链系统包括下臂杆组装、上框架组装和拉杆组装。铰链系统与底架一起构成了受电弓的四杆机构，该四杆机构保证了上框架中顶管的运动轨迹呈一条近似垂直的直线。

（四）下臂杆组装

下臂杆是由无缝钢管组焊而成的工字形钢结构，其结构如图 9-3-5 所示，在底架轴承管上焊接有连接升弓气囊和阻尼器的扇形调整板，肘接轴承管上焊接有平衡杆连接块。下臂杆的两端分别与底架和上框架采用轴承连接，与底架连接的轴承安装在下臂杆的底架轴承管内，与上框架连接的轴承安装在下臂杆的肘接轴承管内。轴承具有良好密封能力，而且在其使用期内免维护。受电弓升降弓运动时其绕着底架上的固定点做圆周运动。

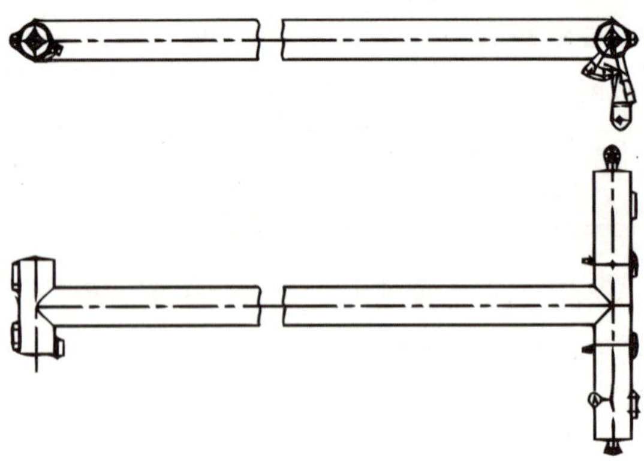

图 9-3-5　下壁杆结构

（五）上框架组装

上框架是由顶管、阶梯铝管和肘接处的连接管组焊而成的铝合金框架结构，如图 9-3-6 所示。上框架上安装有对角线杆，用于增加上框架的刚度。上框架通过轴承分别与拉杆、下臂杆及弓头连接。

上框架的这种设计减轻了受电弓的整体质量，提高了受电弓的弓网跟随性。

图 9-3-6　下壁杆实物

（六）拉杆组装

拉杆构成四杆机构的闭环，其结构如图 9-3-7 所示。可以通过调节拉杆上螺母和螺杆的相对位置来改变拉杆长度，从而实现对四杆机构的几何尺寸进行调整以修正偏差。

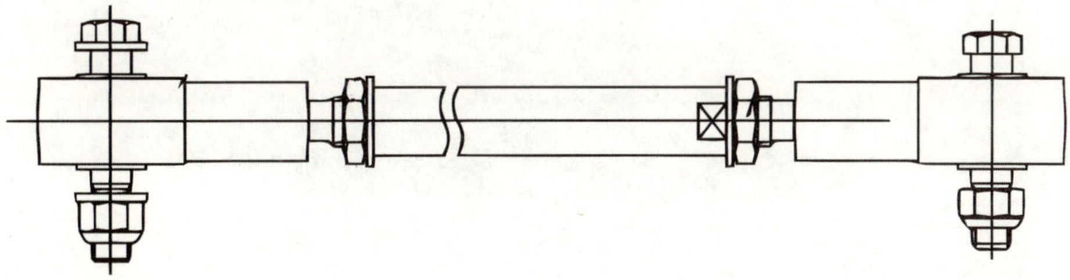

图 9-3-7　拉杆结构

（七）电流连接组装

电流连接组装分为弓头电流连接组装、肘接电流连接组装和底架电流连接组装，如图 9-3-8 所示。

（a）弓头电流连接　（b）肘接电流连接　（c）底架电流连接

图 9-3-8　电流连接组装实物

弓头电流连接组装将网线上的电流由弓头导流至上框架上，从而使电流绕过了顶管内的轴承和弓头悬挂装置，以避免轴承和弓头悬挂装置大的温升导致损坏。肘接电流连接组装保护安装于肘接轴承管内的轴承，底架电流连接组装保护安装于底架轴承管内的轴承。

（八）弓头组装

弓头是与供电网线直接接触的部件（见图 9-3-9）。为保证弓头与供电网线能够保持良好的恒定接触，弓头具有尽可能小的惯性质量。弓头分两部分：与网线接触的部分及与上框架连接的部分。前者主要包括滑板、弓角；后者主要包括弓头悬挂装置。弓头悬挂装置的应用使得弓头具有一定的自由度，同时弓头集电时，弓头与网线之间的高频振动可以通过弓头悬挂装置吸收缓冲。弓角位于弓头端部，用以保证接触线与弓头的平滑过渡。

图 9-3-9　弓头组装实物

弓头悬挂装置由 4 个对称布置的弹簧筒（对称布置）和支板组成，其结构如图 9-3-10 所示。其两侧通过螺栓与弹簧筒连接，支板上端与上框架顶管连接，实现弓头绕转轴的自由。弹簧筒通过螺栓与弓角及碳滑板连接。弓头转轴由压入上框架顶管内的免维护衬套支撑。弹簧筒是免维护的，其良好的性能可吸收弓网之间的冲击振动力。

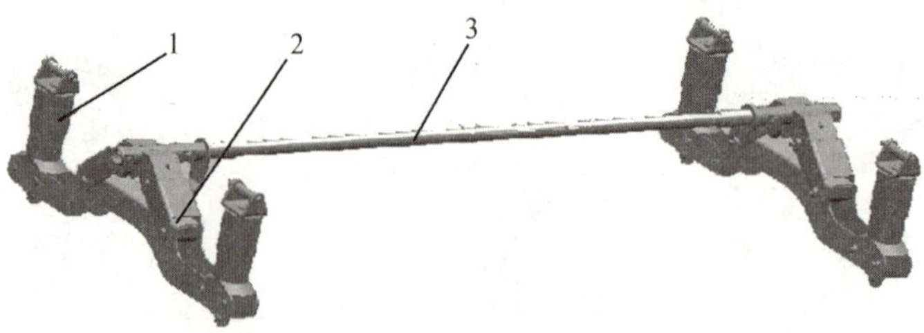

1—弹簧筒；2—支板；3—顶管。

图 9-3-10　弓头悬挂装置结构

如图 9-3-11 所示，弹簧筒的结构较为简单，使用时，可以松开非金属嵌件六角锁紧螺母 M8 及止挡垫片，然后从上方抽出轴杆组焊，同时防尘盖和盖板被一起取出，如此，弹簧裸露在外面，可对弹簧进行更换。更换弹簧时，需在弹簧表面涂抹 7253 航空润滑脂。

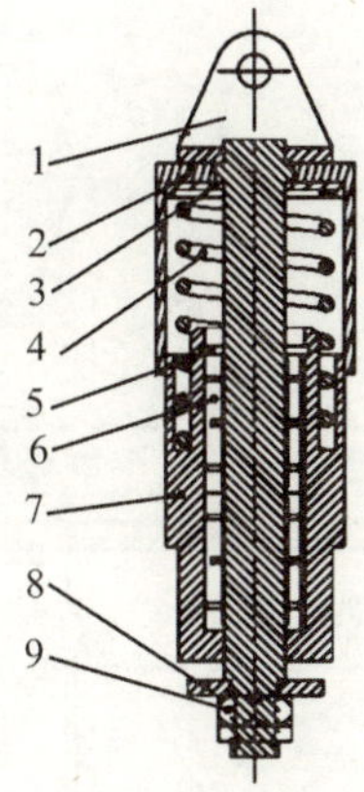

1—轴杆组焊；2—防尘盖；3—盖板；4—弓头悬挂压缩弹簧；5—孔用弹性挡圈；6—直线球轴承；7—盒体；8—止挡垫片；9—非金属嵌件六角锁紧螺母 M8。

图 9-3-11　弹簧筒结构

（九）平衡杆组装

平衡杆组装主要由平衡杆导杆和止挡杆组焊而成，如图 9-3-12 所示。平衡杆导杆一端与下臂杆上的平衡杆连接块连接，另一端与上框架连接。

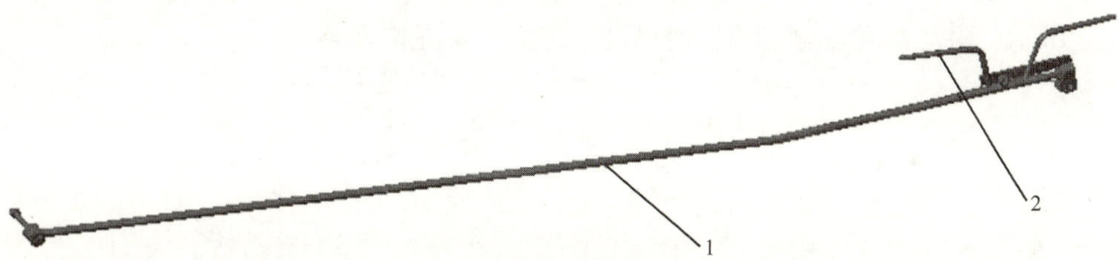

1—平衡杆导杆；2—止挡杆。

图 9-3-12　平衡杆组装结构

弓头具有一定的自由度，可以绕弓头转轴自由摆动。在运行过程中，弓头将通过接触线使其保持在正确的工作姿态，而在升降弓过程中，由于有平衡杆的作用，避免了弓头的翻转。

（十）升弓装置组装

受电弓升降弓是依靠升弓装置进行的，其结构如图 9-3-13 所示。受电弓升弓时所需的升弓转矩及升起后与网线间的接触压力是由两个充满压缩空气的气囊、与气囊连接并被拉伸的钢丝绳及紧固在下臂杆上的扇形调整板产生的。升弓气囊安装在底架上，通过钢丝绳与受电弓下臂杆连接在一起，给受电弓升降弓提供动力。升弓时气囊充气后胀起，通过钢丝绳带动下臂杆转动，从而实现受电弓升弓运动。

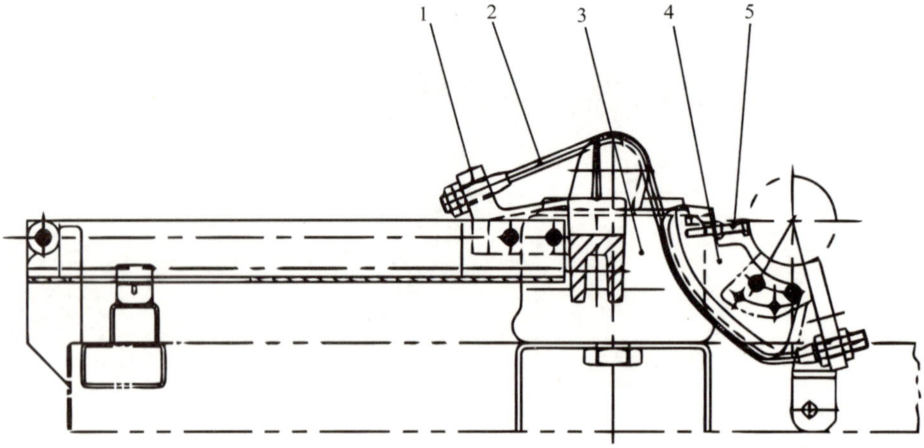

1—调节螺栓；2—钢丝绳；3—气囊；4—扇形调整板；5—调整螺钉。

图 9-3-13　升弓装置组装结构

（十一）阻尼器组装

受电弓阻尼器一头安装在底架上，另一头与受电弓下臂杆连接，在受电弓的下降过程中起缓冲的作用，以避免受电弓降弓时对底架上的部件造成冲击损坏，其结构如图9-3-14所示。阻尼器在受电弓出厂时已经设定好，不允许调整。

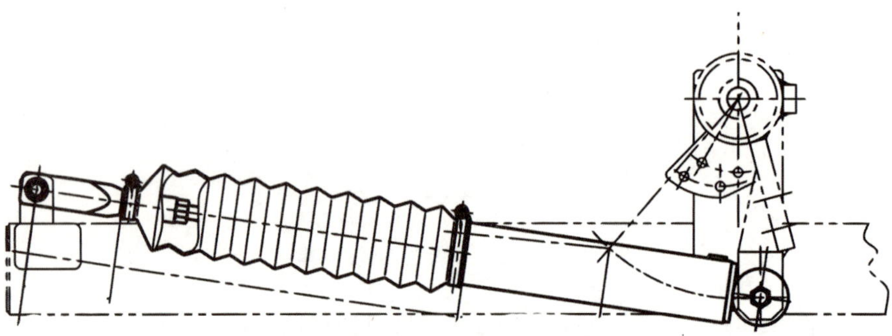

图 9-3-14　受电弓阻尼器组装

（十二）降弓位置指示器

电感式降弓位置指示器（见图 9-3-15 和图 9-3-16）的电感应器用两个自带的非金属螺母安装在受电弓底架的绝缘安装板上，正对着上框架顶管上的感应板组焊，两者之间的距离最大不超过 10 mm。受电弓降弓时，感应板组件进入电感应器的感应范围，电感应器自动闭合，给出受电弓降弓到位信号；升弓时，感应板组件超出电感应器的感应范围，电感应器断开，给出升弓信号。

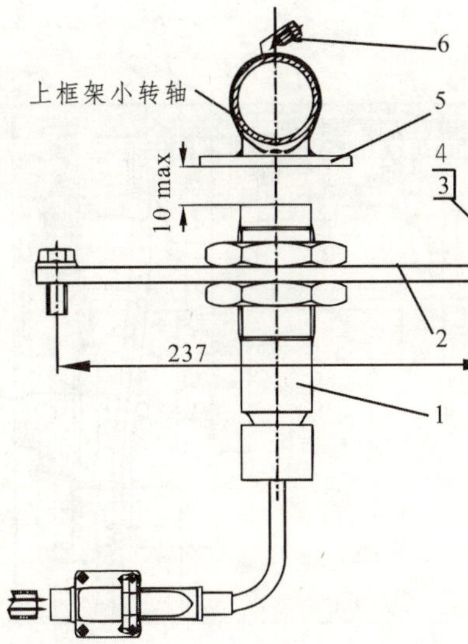

1—电感应器；2—绝缘安装板；3，4—固定螺栓；5—感应板组件；6—调整螺钉。

图 9-3-15　降弓位置指示器结构

图 9-3-16　降弓位置指示器实物

（十三）气阀箱

受电弓气控箱是由空气过滤器、单向节流阀、精密调压阀、安全阀等几部分组装，如图 9-3-17 所示。

空气过滤器将机车压缩空气中的水雾分离出来，保证提供的压缩空气是干燥而且纯净的。

升弓节流阀通过控制压缩气体的过流量来调整受电弓升弓时间。

精密调压阀为受电弓提供恒定的压缩空气，精度误差为 ± 0.002 MPa，精密调压阀用于调节接触压力，因为气压每变化 0.01 MPa 就会使接触压力变化 10 N。

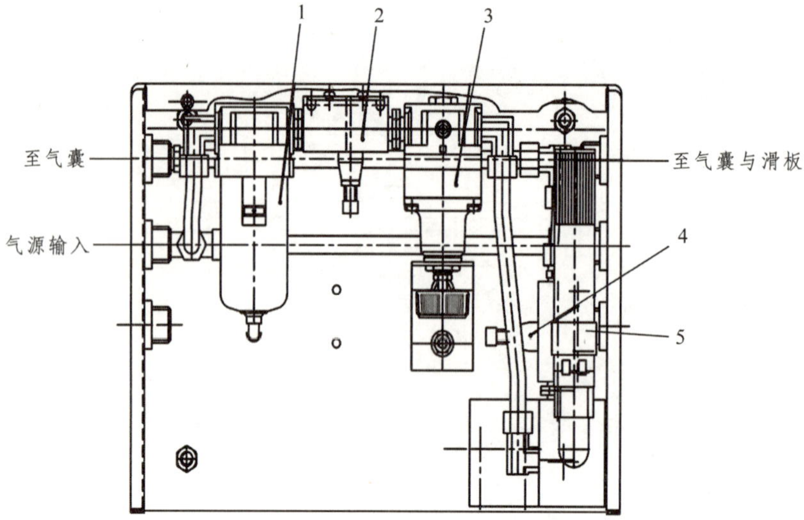

1—空气过滤器；2—升弓节流阀；3—精密调压阀；4—降弓节流阀；5—安全阀。

图 9-3-17　气阀箱内部

安全阀在精密调压阀出现故障时起到保护气路的作用。

降弓节流阀通过控制排放气体的过流量来调整受电弓降弓时间。

二、TSG18F 型单臂受电弓的工作原理

受电弓通过空气回路控制升、降弓动作，工作原理如图 9-3-18 所示。司机按下受电弓升弓按钮后，受电弓供风单元内的升弓电磁阀得电动作，向受电弓供压缩空气。压缩空气经过车内的管路、车顶的受电弓绝缘软管，进入受电弓底架上的气阀箱。

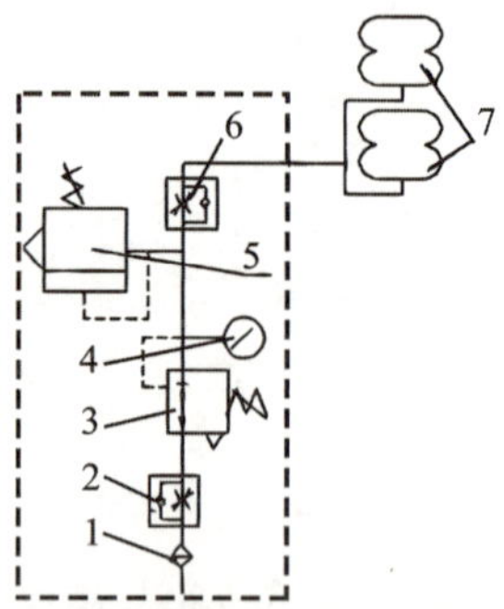

TSG18F 型受电弓升降弓动画

1—过滤器；2—升弓节流阀；3—调压阀；4—压力表；
5—安全阀；6—降弓节流阀；7—气囊。

图 9-3-18　受电弓气路工作原理

进入气阀箱的压缩空气依次经过空气过滤阀、单向节流阀、精密调压阀、单向节流阀、安全阀后分为两条支路分别向受电弓的两个升弓气囊供气。压缩空气进入升弓气囊后，气囊膨胀抬升，抬升的气囊带动钢丝绳拉拽下臂杆，使下臂杆转动，从而实现受电

弓逐渐升起，直到受电弓弓头与网线接触并保持规定的静态接触压力。此时，升弓气囊中的气压稳定在气阀箱内精密调压阀的设定值。

受电弓工作时，升弓气囊被持续供以压缩空气，弓头与接触网之间的接触压力保持基本恒定。

司机按下降弓按钮后，升弓电磁阀失电，向受电弓供应的压缩空气被切断。同时，升弓电磁阀将受电弓气路与大气连通，气囊升弓装置排气，受电弓靠自重下降，直到顶管降下并保持在底架的两个橡胶止挡上。

三、TSG18F 型单臂受电弓的技术参数

额定电压：	DC 1 500 V
电压范围：	DC 1 000 ~ 2 000 V
额定工作电流：	1 500 A
最大工作电流：	2 500 A
车辆静止时最大电流：	450 A
工作环境温度：	－25 ~ ＋40 °C
运行速度：	120 km/h
折叠高度（包括绝缘子）：	320_{-10}^{0} mm
最低工作高度（从落弓位置滑板面起）：	120 mm
最高工作高度（从落弓位置滑板面起）：	1 950 mm
最大升弓高度（从落弓位置滑板面起）：	≥2 550 mm
绝缘子高度：	80 mm
弓头长度：	（1 550 ± 10）mm
弓头宽度：	（325 ± 3）mm
弓头高度：	（235 ± 10）mm
滑板长度：	（950 ± 1）mm
滑板宽度：	60 mm
滑板材质：	浸金属碳
标称静态力：	（120 ± 10）N
静态力的可调节范围：	70 ~ 140 N
额定工作气压：	约 550 kPa
气源的工作压力：	500 ~ 1 000 kPa
颜色：	RAL3020 交通红
升弓时间：	≤8 s
降弓时间：	≤8 s
质量（包括支持绝缘子）：	≤140 kg
安装尺寸（四点）：	（1100 ± 1）mm ×（900 ± 1）mm

电气间隙：≥30 mm
气路接口：G1/4″
最小工作高度 120 mm 时受电弓前后高差：≥40 mm
电气区域：≤290 mm

技能训练

TSG18F 型单臂受电弓的性能检查及调试

一、最大升弓高度调试方法

检测方法：用卷尺测量橡胶止挡上表面与上框架顶管下表面距离（设计值：不小于 2 550 mm）。

升弓高度小于设计值时，可将钢丝绳上的拧紧螺母向里旋或缩短拉杆长度；升弓高度大于设计值时，可将钢丝绳上的拧紧螺母向外旋或缩短拉杆长度。

调整拉杆长度后，重新检测受电弓静态接触压力是否符合设计要求。

二、静态接触压力调试方法

（一）检查方法

测量受电弓静态接触力：如图 9-3-19 所示，气囊供风额定工作压力，在受电弓上框架顶管中间挂一重量为 130 N 的重物，受电弓从 1 950 mm 升弓高度开始无初速度地放松，应能自行下降到 120 mm 升弓高度；在上框架顶管上挂一重量为 110 N 的重物，受电弓从 120 mm 升弓高度开始无初速度地放松，应能自行地上升到 1 950 mm 升弓高度。如果受电弓在运动过程中停止下来，必须调整静态接触压力。或用弹簧秤拉住上框架顶管中心位置，检测在受电弓工作高度范围内的上中下三个位置接触压力是否为 110 ~ 130 N。第 1 点碳滑板刚刚脱离接触网，第 2 点距离车顶 1.2 m 处，检测在受电弓工作高度范围内接触压力应在 110 ~ 130 N；第 3 点最低位置保持不小于 50 N。

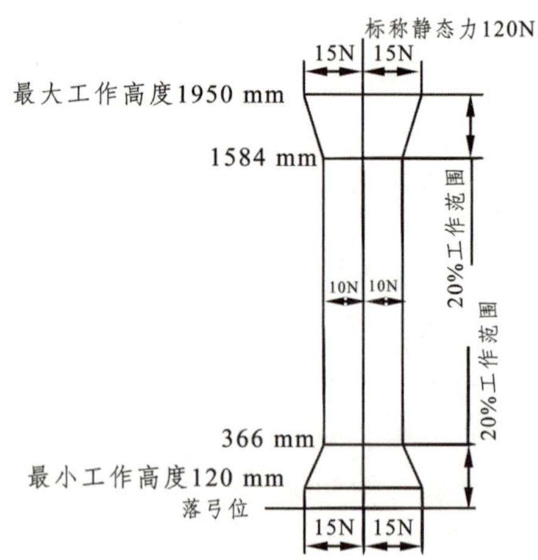

图 9-3-19　受电弓静态接触压力测量范围

（二）调整方法一

（1）通过气阀箱内精密调压阀 R 调节气囊气压。

（2）使用绳索或手限制受电弓升起高度。

（3）将弹簧秤挂钩挂在受电弓上框架顶管中间位置。

（4）垂直方向拉动弹簧，按上述方法检测静态接触压力。记录两次拉力值。

（5）用扳手松开精密调压阀 R 手动按钮上的锁紧螺母，旋转手动旋钮调节接触压力。

（6）减小接触力→逆时针旋转手动旋钮。

（7）增加接触力→顺时针旋转手动旋钮。

（8）调节直到下降和上升拉力值均为 110 ~ 130 N。

（9）紧固锁紧螺母。

（三）调节方法二

如果调节精密调压阀 R 不能满足要求时，需要通过调整气囊升弓装置中调整板上的螺钉（T1，T2）来进行细调，必要时也可调整拉杆的长度。

三、升降弓时间调试方法

（一）检查方法

气囊供风额定工作压力，测量受电弓由落弓位升起到最高工作高度 1 950 mm 的升弓时间为 T_s，及由最高工作高度 1 950 mm 下降到落弓位的降弓时间为 T_j。升、降弓时间指从弓头启动瞬间直至弓头停止不动为止的时间。

（二）调整方法

（1）将受电弓的升起高度用绳索限制在 1 950 mm。

（2）受电弓升弓。

（3）用扳手松开升弓节流阀 DRH 和（或）降弓节流阀 DRS 的锁紧螺母。

（4）向左或向右旋转节流阀手动旋钮，调节升弓节流阀 DRH 和（或）降弓节流阀 DRS，直到达到所需的升、降弓时间。

（5）拧紧升弓节流阀 DRH 和（或）降弓节流阀 DRS 的锁紧螺母（应满足秒表显示升弓时间 $T_s \leqslant 8$ s，降弓时间 $T_j \leqslant 8$ s）。

四、检查落弓保持力

落弓保持力 F_1 为受电弓保持在橡胶止挡上的力。

检查方法：气囊装置应排气，受电弓处于落弓位，用 10 ~ 300 N 的测力计挂于受电弓上框架顶管中央位置，测量使上框架顶管离开橡胶止挡约 5 mm 时的垂直力。（注意落弓保持力在升弓高度、静态接触压力调整后检查，应得 $F_1 \geqslant 150$ N。）

五、气密性试验方法

（1）对受电弓充以额定工作气压，在受电弓整个气路各接头处涂肥皂水，检测气路接头处是否有冒泡现象。或将受电弓气路连接在与受电弓气囊等容积的储气缸上，给受电弓充以额定气压，10 min 后，检查气路压力下降不超过起始气压的 5%。

（2）如有泄漏，拧紧或更换相应气动元件。

六、弓头转动自由度

让受电弓升起 500 mm 左右高度，检查受电弓弓头能够绕上框架中转轴转动夹角不小于 10°；检查受电弓弓头能够绕各自转轴转动，不得卡滞，如被卡滞，需用金属万能保养剂 WD-40 沿配合轴承的间隙喷洒进行清洁，或拆卸下弓头更换衬套或涂抹润滑油脂。

七、碳滑板检查方法

（1）碳滑板应规则无缺损，摩擦面应光滑。

（2）滑板碳层根部厚为 6 mm 时，更换滑板。

（3）滑板出现槽纹或刃部有冲击时，更换滑板。

（4）碳滑板的碳层上如果出现裂纹，且裂纹上任何点距滑板侧边距离小于 10 mm 或裂纹长度大于 100 mm 时，需更换滑板。

（5）更换滑板时保证滑板和弓角间的间隙为 0.5 ~ 1.5 mm，如图 9-3-20 和图 9-3-21 所示；平整碳滑板的端面，保证弓角与碳滑板平滑过渡。

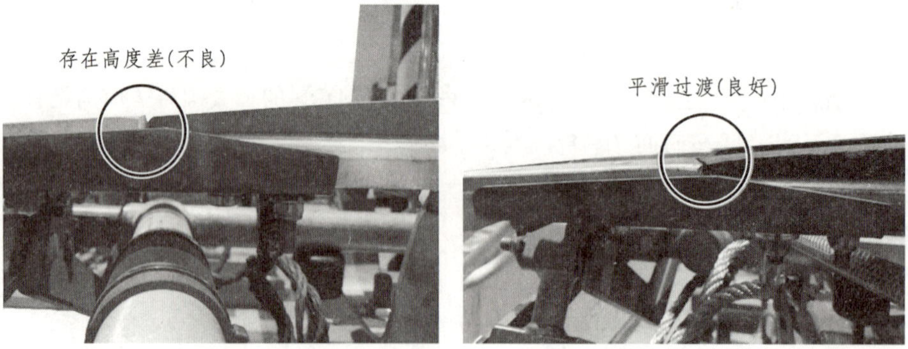

图 9-3-20　弓角与碳滑板端角存在高度差与平滑过渡对比

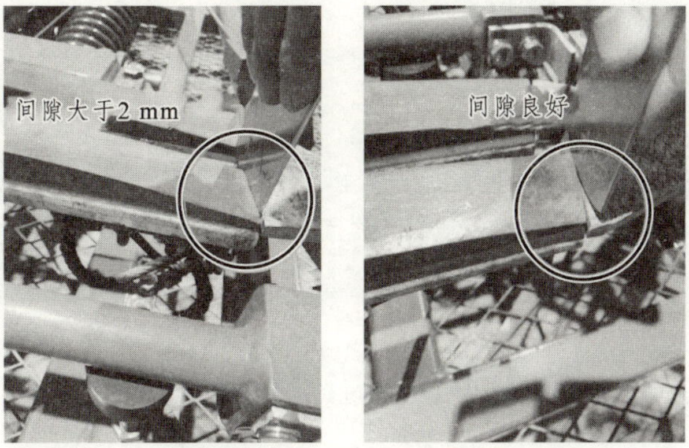

图 9-3-21　使用塞规检查弓角与碳滑板端角间隙超差

思考题

1. 简述 TSG18F 型单臂受电弓的工作原理。
2. 简述 TSG18F 型单臂受电弓的组成及其作用。
3. 如何调整 TSG18F 型单臂受电弓的升降弓时间?
4. 如何调整 TSG18F 型单臂受电弓的接触压力?
5. 如何测量 TSG18F 型单臂受电弓的静态特性?
6. 怎么判断碳滑板需要更换?

任务评价

任务完成后根据表 9-3-1 所列项目由个人、组长和教师分别进行考核评价，并填入考核分数。

表 9-3-1　任务考核评价表

评价项目	子项目	个人评价（占 30%）	组长评价（占 20%）	教师评价（占 50%）
专业能力（50 分）	解答理论问题（25 分）			
	解决实际问题（25 分）			
方法能力（20 分）	获取理论与实践相关资讯（10 分）			
	完成任务后的自我总结评价（10 分）			
社会能力（30 分）	与同学和谐相处、协作完成任务（10 分）			
	遵守纪律、一丝不苟、爱岗敬业（10 分）			
	遵守安全规程（10 分）			
小计				
签名				

项目十

集电靴的维修与维护

集电靴，又称取流靴，是指城市轨道电动车组与第三轨接触的集电装置，是受流器的一种，与受电弓的功能类似。每列车设置 24 台受流器，每辆车分别设置 4 台，其中动车一位转向架的受流器带位置开关，其他受流器不带位置开关；所有受流器通过牵引母线贯通，当列车速度低于 2 km/h 时（BLB 将断开），牵引母线分断为独立的两段。目前，在国内城市轨道交通车辆中配备的集电靴种类较多，按接触形式可分为三种：上部接触、下部接触和侧部接触式；按供电电压可分为 DC 750 V 和 DC 1 500 V 两种。其中，武汉、昆明、北京地铁采用 DC 750 V 供电模式，广州、深圳地铁均采用 DC 1 500 V 下部受流供电模式。

学习目标

【知识目标】

1. 掌握集电靴的接触类型。
2. 掌握集电靴基本结构及其工作原理。

【技能目标】

1. 能小组合作完成集电靴的拆装。
2. 能小组合作完成集电靴的性能测试，并完成实训报告。

【素养目标】

1. 树立实事求是的科学态度。

2. 培养学生“不怕苦、不怕累”、爱岗敬业、精益求精的工匠精神。
3. 培养学生的质量意识、安全意识及工艺流程意识。

相关知识

一、集电靴的分类

集电靴与导电轨接触时，按接触形式可分为上部接触式、下部接触式和侧部接触式，如图 10-1-1 所示。

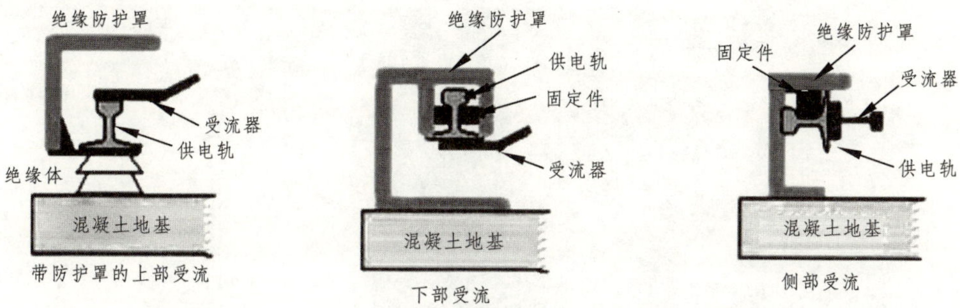

（a）上部接触式　　（b）下部接触式　　（c）侧部接触式

图 10-1-1 集电靴的接触形式

（一）上部接触式

集电靴位于导电轨上方，通过导电轨顶部接触面受电于车辆集电靴。上接触式接触轨直接放在支持绝缘子上，安装于走行轨的一侧，车辆的集电靴从接触轨上表面取流。接触轨的上方和一侧有防护罩保护，对人员接近和冰雪侵扰有一定防护作用。上接触式接触轨的结构简单、造价低廉，其导电轨直接放置于支持瓷绝缘子上，导电轨质量对结构的稳定有利，日常检查也一目了然，维护工作量小，机械故障的可能性也小。北京地铁 1 号线采用 DC 750 V 上部受流供电，如图 10-1-2 所示。

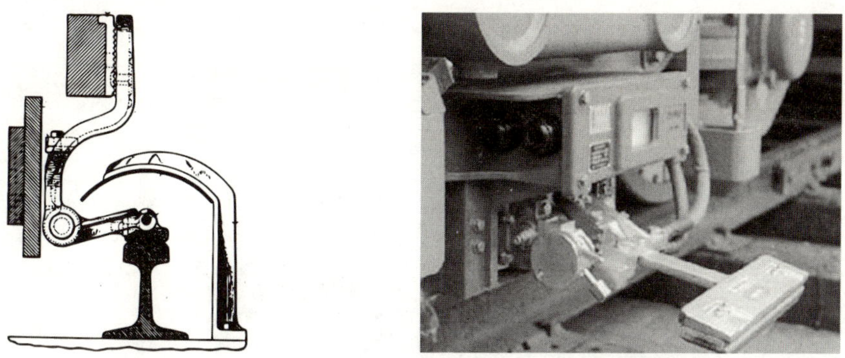

（a）示意图　　（b）实物图

图 10-1-2 上部接触式集电靴

（二）下部接触式

下接触式接触轨向下安装在特殊的防护罩的内侧，防护罩集防护和支持功能于一体，安装在走行轨的一侧。接触轨的上方和两侧都被防护罩屏蔽，车辆的集电靴从接触轨下表面取流。其优点是相对安全、美观、耐候性较好。在某些特殊的情况下（如乘客掉下站台、车辆在区间发生停车故障、需要紧急疏散乘客、车辆维修工作人员疏忽等），由于暴露在外的导电面相对隐蔽，对可能产生的人身安全问题有一定的防护效果。武汉地铁、昆明地铁和北京地铁机场线采用 DC 750 V 下部受流供电，广州地铁和深圳地铁采用 DC 1 500 V 下部受流供电，如图 10-1-3 所示。

图 10-1-3　下部接触式集电靴

（三）侧部接触式

侧接触式接触轨类似于上接触式接触轨，都是安装在瓷绝缘子的上部，主要区别是接触轨外形不同，对着车辆受流器的侧立面较为平直，如图 10-1-4 所示。其主要优缺点也与上部受流方式基本相同。与上述两种受流方式相比，侧面受流方式有两个较突出的优点：一是接触轨的终端弯头向侧面外弯，不占下部空间，离积雪较远，也不占上部空间，容易处理与车体的距离关系；在线间距较宽的道岔区，它可以顺道岔导曲线延伸，缩短道岔区的无电区长度。二是它所受到的受流器侧向压力较为稳定，不会因为受流器脱轨而对接触轨和支架产生过大的侧向推力，运行更加安全可靠。

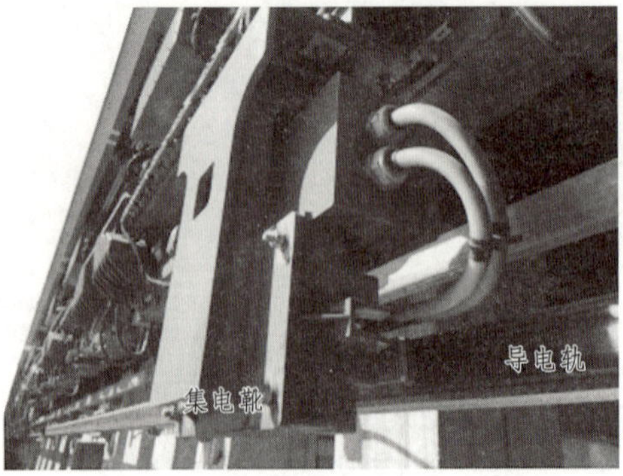

图 10-1-4　侧部接触式集电靴

二、集电靴的基本结构

集电靴系统有许多种类，本节以下部接触式集电靴为例对其结构进行讲解。下部接触式集电靴主要由集电靴整体、集电靴供风单元、集电靴熔断器箱等组成。集电靴主体主要由绝缘框架、气动回退装置、调整支架、滑靴臂、碳铜合金滑板、拉簧压力系统、手动回退装置、锁闭机构和电缆线等部件组成。下部接触式集电靴基本结构如图 10-1-5 所示。

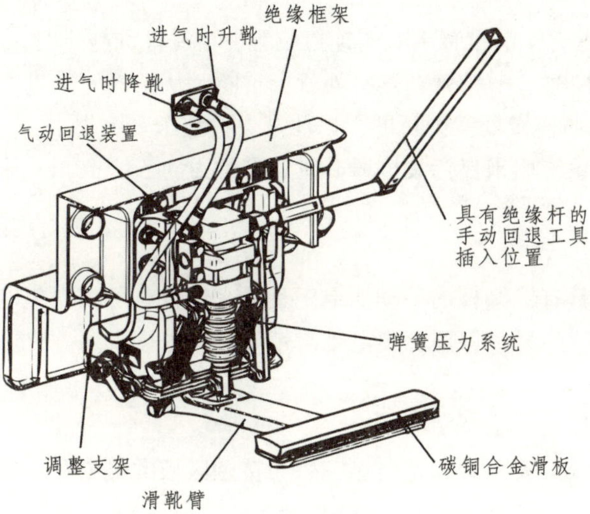

图 10-1-5　下部接触式集电靴的基本结构

（一）绝缘框架

绝缘框架的作用是确保载流受流器与转向架间绝缘，它还负责承载受流器的全部其他元件。绝缘框架与转向架为螺栓连接结构。

绝缘板上装有齿条结构，这种结构在确保受流器动力单元与绝缘框架安全连接的同时，还便于竖直方向的调整和受流器水平校准，绝缘框架的全部紧固件均采用不锈钢或镀锌碳钢。

（二）气动回退装置

当车辆发生故障时，需要滑靴臂脱离三轨，这时使用气动回退装置，使滑靴臂安全地脱离第三轨。气动回退装置主要由集电靴气缸和回退柄组成，控制集电靴升降。

（三）摆臂组装

在车辆沿轨道运行过程中，第三轨处于非连续状态，为避免集电靴撞击第三轨发生折断，摆臂组装应能使滑板与之适应。摆臂组装包括调整支架、上下止挡、滑靴臂等。

（1）调整支架通过螺栓可整体调整集电靴高度，主要是调整臂轴的高度。

（2）在摆臂组装上设置上下止挡限制受流器滑靴臂的运动。上下止挡的位置需要综合考虑轨道安装误差，转向架一系弹簧的运动状态，列车状态，第三轨、受流器的安装状态，碳滑块磨耗量的影响。上止位太高，第三轨的端部弯头将会受到集电靴的滑靴臂撞击，导致滑靴臂在弱连接处断裂；相反，上止位高度太低，导致过度的拉弧和磨耗。下止挡是受流器与第三轨脱离断电的位置，要保证受流器带电体与第三轨和地面间的电气间隙，避免出现拉弧的现象。

集电靴止挡分为刚性止挡和橡胶止挡，刚性止挡起主要的止挡作用，橡胶止挡主要起缓冲作用。

（3）滑靴臂（摆臂）滑靴臂上有弱连接位置，当滑靴臂静止时，从侧面（水平方向）缓慢施加压力 12 kN 时，滑靴臂弱连接处就会折断，从正面（垂直方向）缓慢施加压力 4.5 kN 时，滑靴臂弱连接处就会折断，以此来保护整个受流器。

（4）拉簧压力系统用来保持集电靴升靴所需的力。

（四）手动回退装置

手动回退装置具有绝缘杆的手动回退工具插入位置，可实现集电靴手动升降。其用途是当集电靴发生故障时，保证此集电靴与带电三轨进行脱离。

（五）锁闭机构

锁闭机构用于永久安全地固定与第三轨无接触区域的集电靴摆臂。

三、集电靴的工作原理

（一）集电靴供风电磁阀

集电靴供风单元由 2 个二位五通脉冲式电磁阀集成在 1 个阀板上，二位五通脉冲式电磁阀如图 10-1-6 所示。其动作原理是：压缩气体通过进气口进入双电控电磁阀，当其中一个线圈带电，另一个线圈失电时，电磁阀的阀芯被线圈的磁力吸引，产生动作，相应位置的工作口与进气口导通，与其相应的排气口关闭。同时，另一个工作口关闭，相应的排气口导通。线圈通电方式转换后，阀芯变换移动到另一端，各气孔的导通方式随之变换。这时，电磁阀控制的气动执行机构，进入另一个工作状态。

1—进气口；2，4—工作口；3，5—排气口。

图 10-1-6　集电靴供风电磁阀

（二）过滤减压阀工作原理

压缩气体通过进气口进入过滤减压阀过滤器部分过滤，然后进入减压阀部分，上方为调整弹簧的作用力，下方为系统需用风压。当需用风压低于弹簧的压力时，调整弹簧将膜板往下压，并迫使阀杆将供气阀阀口打开，总风由此充入需用风处；同时，另一路经缩孔也进入膜板的下方处，这时，减压阀是充气状态。

当膜板的压力高于弹簧压力时，则压缩空气推动膜板上移，打开排气阀，则需用风压逐渐降低，调整弹簧又推动膜板下移，直到排气阀被阀杆关闭，需用风压减压停止，此时，减压阀呈中立状态。

（三）升降靴原理

在集电靴升降靴的过程中，脉冲电磁阀通过阀芯的动作来控制进气口与工作口的导通，从而来控制集电靴气管哪一根是进气管、哪一根是出气管。例如，升靴时，脉冲电磁阀一个线圈得电，另一个线圈失电，如图 10-1-7 所示，此时上面的气管为进气管，下面的气管为出气管，即集电靴气缸上部充气。集电靴气缸上部充气，则集电靴气缸的活塞下移，带动回退柄上移（顺时针转动），回退柄上移则集电靴臂轴将逆时针转动，从而带动集电靴悬臂向上提升，即升靴。集电靴降靴的过程相反，即集电靴气缸下部进气，集电靴气缸活塞上移，回退柄下移（逆时针转动），臂轴顺时针转动，集电靴悬臂下降，即降靴。

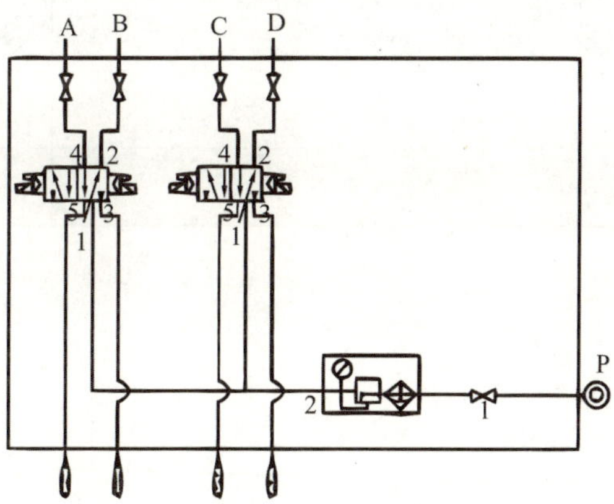

集电靴升降靴工作原理

图 10-1-7　集电靴供风单元气路原理

四、集电靴的主要技术参数

（一）集电靴

额定电压：DC 1 500 V

网线电压变化范围：DC 1 000 ~ 1 800 V

适用机车速度：≤120 km/h

降靴状态高度：（145 ± 5）mm

升靴状态高度：（250 ± 5）mm

额定静态压力：120 ×（1 ± 20%）N

升臂时间（受流臂离开止挡到最大工作高度）：≤15 s

降臂时间（最大工作高度到受流臂落到止挡位置）：≤15 s

额定工作气压：600 ~ 800 kPa

最小工作气压：450 kPa

受流器质量：约 32 kg

熔断器质量：12 kg

（二）熔断器箱

熔断器箱基本技术参数见表 10-1-1。

额定电压：DC 1 500 V，最大值 2 000 V

额定电流：600 A

使用寿命：30 年

表 10-1-1　熔断器箱基本技术参数

参数	近端	远端
电流/kA	85	25
时间常数（L/R）/ms	15	80

技能训练

一、臂轴高度测量及调整

随着车轮的磨损以及车体主挠度的变化，集电靴安装位置必须调整。因此在检修过程中需定期对集电靴臂轴高度进行测量。集电靴臂轴的高度必须高于运行轨轨顶面（183 ± 2）mm。如果高度超出，则松开安装螺母，调节调整机架的位置，上下移动一个或几个齿槽，如图 10-1-8 所示。调整齿板上共 20 个齿槽，每个齿顶距离为 4 mm，因此通过测量臂轴高，可以确定需要调整几个齿槽。

更换新的碳滑板后须对集电靴障轴高度等进行测量检查，如有超限，需进行调整。其调整步骤如下：

（1）从任何参考位置测量臂轴的高度值 X。

（2）降靴，测量集电靴碳滑板上平面的高度值 Y，$X-Y$ 必须为 35.5 ~ 39.5 mm。

（3）升靴，测量升靴高度值 Z，$Z-Y$ 必须为 76 ~ 78 mm。

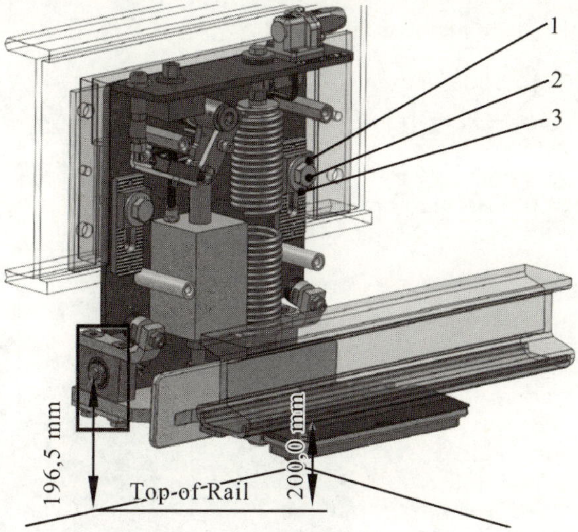

图 10-1-8　集电靴臂轴高度测量及调整

二、碳滑板厚度测量

集电靴运用过程中，集电靴碳滑板可能会出现拉弧、裂纹、破损及达到磨耗极限位置等 情况。因此，检修过程中需定期检查碳滑板的外观，看是否存在异常情况。此外，为了及时发现碳滑板是否磨耗到限并统计碳滑板的磨耗率，需定期对碳滑板厚度进行测量，如图 10-1-9 所示。集电靴碳滑板磨损比较均匀，但两端部存在少许的偏磨，因此测量时选择碳滑板最低点作为测量位置。

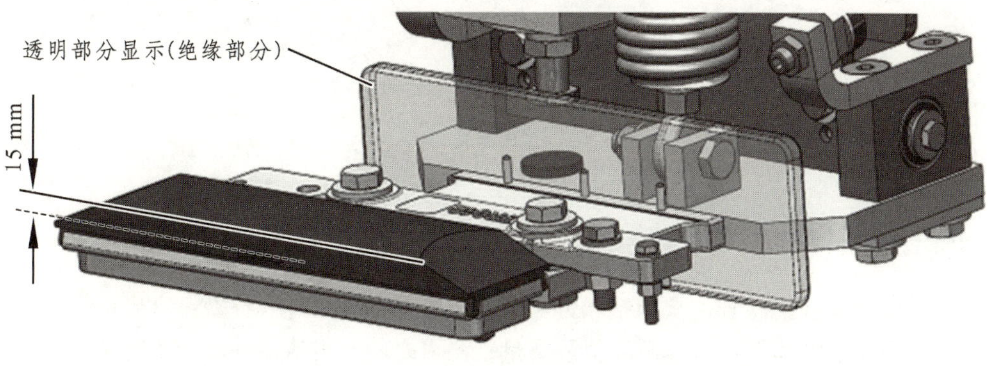

图 10-1-9　集电靴碳滑板厚度测量

三、接触力检查

集电靴拉簧系统用来保持集电靴升靴所需的力，为了保证集电靴能保持升靴状态，需定期对拉簧的接触压力进行检查，其检查的方法如下（见图 10-1-10）：

（1）进行升降靴操作 10 次。

（2）按下集电靴直到碳滑板中心达到正常工作位（200 mm），用测力计测得的读数应该为（120 ± 24）N。

（3）如果不在此范围，需更换拉簧。

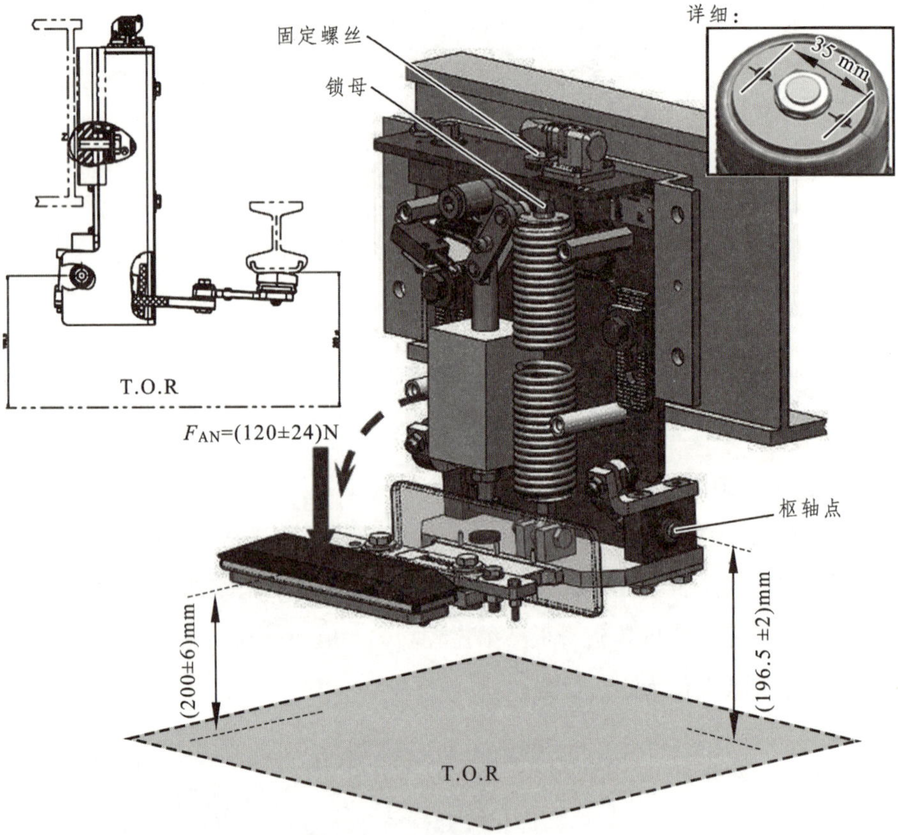

图 10-1-10　集电靴接触压力检查

四、绝缘检查

集电靴绝缘性能检查主要包括两方面：一是主要部件的外观检查，主要包括绝缘底座熔断器箱盖、电缆等；二是绝缘值的测量，测量之前，需清洁并风干集电靴，测量时在集电靴碳滑板及绝缘底座后金属底盘之间连接绝缘电阻表（见图 10-1-11），测量值需大于 10 MΩ。

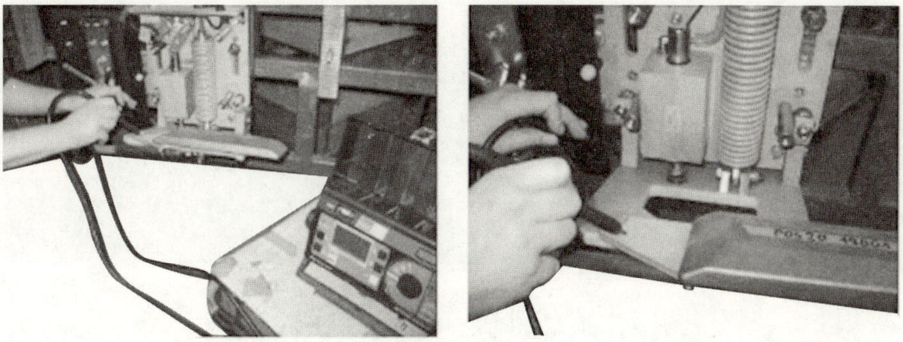

图 10-1-11　集电靴绝缘测量

思考题

1. 简述集电靴的工作原理及其作用。
2. 简述集电靴碳滑板的调整方法。
3. 集电靴的检修工艺有哪些?

任务评价

任务完成后根据表 10-1-2 所列项目由个人、组长和教师分别进行考核评价，并填入考核分数。

表 10-1-2　任务考核评价表

评价项目	子项目	个人评价（占 30%）	组长评价（占 20%）	教师评价（占 50%）
专业能力（50 分）	解答理论问题（25 分）			
	解决实际问题（25 分）			
方法能力（20 分）	获取理论与实践相关资讯（10 分）			
	完成任务后的自我总结评价（10 分）			
社会能力（30 分）	与同学和谐相处、协作完成任务（10 分）			
	遵守纪律、一丝不苟、爱岗敬业（10 分）			
	遵守安全规程（10 分）			
小计				
签名				

项目十一

司机控制器的日常维修

司机控制器是用来操纵地铁车辆运行的主令控制器，是利用控制电路的低压电器间接控制主电路的电气设备。其也适用于其他内燃机车、电力机车、动车组、城市轻轨等，用来控制机车（或动车等）的运用工况和行车速度。目前，在国内城市轨道交通车辆中配备的司机控制器种类较多，其外观、操作模式及功能存在较大差异，但应用范围最广、配备数量最多的为 S355 型、S353 型及 S354A 型司机控制器。本章主要针对 S355D 型司机控制器结构、主要参数、工作原理，以及检修进行介绍。

学习目标

【知识目标】

1. 掌握 S355D 型司机控制器结构、主要参数及其工作原理。
2. 掌握 S355D 型司机控制器日常检修内容及要求。
3. 掌握 S355D 型司机控制器的维修工艺。

【技能目标】

1. 能小组合作完成 S355D 司机控制器的日常维护。
2. 能小组合作完成 S355D 司机控制器的性能测试。
3. 能小组合作处理司机控制器的日常故障。

【素养目标】

1. 培养学生的质量意识、安全意识及工艺流程意识。

2. 培养学生"不怕苦、不怕累"、爱岗敬业、精益求精的工匠精神。
3. 培养学生爱护设备、规范操作、安全生产的职业意识。

相关知识

一、司机控制器的用途

司机控制器（简称司控器）是一种用于操纵机车车辆设备运行的主令控制电器，如图 11-1-1 所示。列车司机利用司控器的手柄来控制电路中的低压电器，从而间接控制主电路的电气设备，达到控制机车或车辆的运用工况和行车速度。为了便于双端操作，在列车Ⅰ、Ⅱ端司机室各装有一台结构及功能完全相同的司控器。

图 11-1-1　司控器位置

二、S355D 型司控器的基本结构

国内城市轨道交通车辆中配备的司控器种类较多，其外观、操作模式及功能存在较大差异，但应用范围最广、配备数量最多的为 S355D 型司控器，如图 11-1-2 所示。此设备具有结构紧凑、体积小、质量轻、高可靠、长寿命、少维修或免维修的特点，因此广泛用于地铁车辆中。

S355D 型司机控制器采用模块化设计，主要部件采用板式结构。面板上安装两种类型的控制手柄和换向手柄。警惕按钮装到控制手柄上，机械锁装到司机控制器上，其结构如图 11-1-3 所示。

图 11-1-2　S355D 型司控器实物

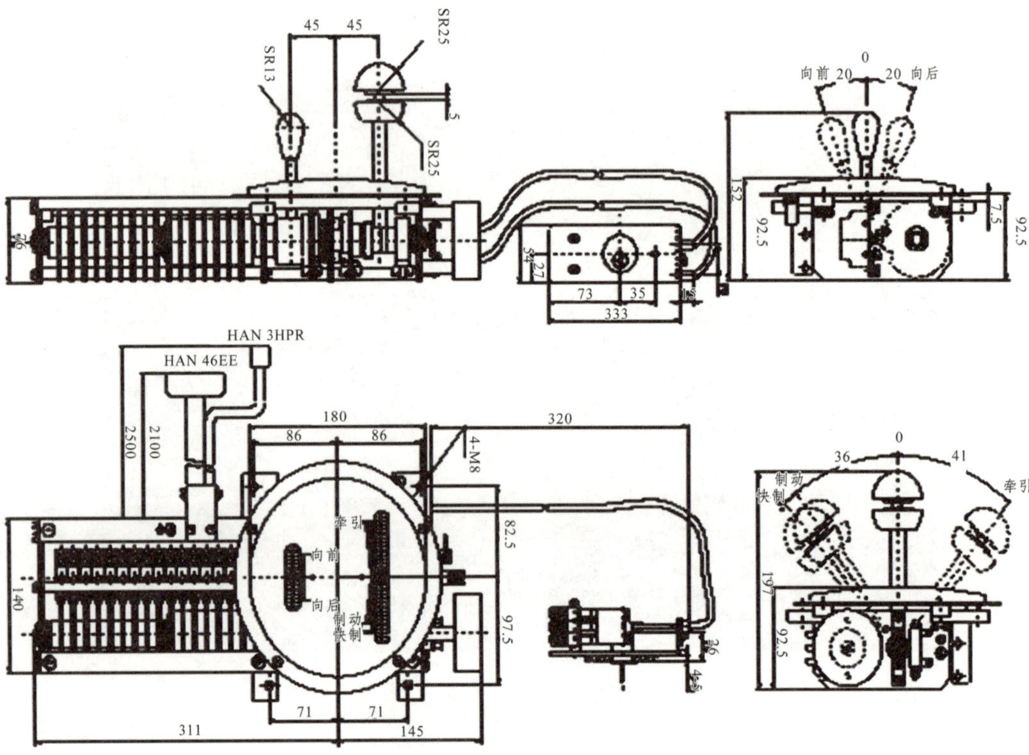

图 11-1-3　S355D 型司控器结构

S355D 型司控器主要由换向手柄、控制手柄、控制凸轮、互锁机构、减振弹簧、板刷、侧板锁、电位器、位置开关等组成。

（一）换向手柄

换向手柄有三个工位："向前""0""向后"，分别控制地铁车辆向前、停止、向后三个工况，其中换向手柄操作力为（20 ± 5）N。在"向后"工况时，车速一般不大于 10 km/h。换向手柄的结构和实物分别如图 11-1-4 和图 11-1-5 所示。

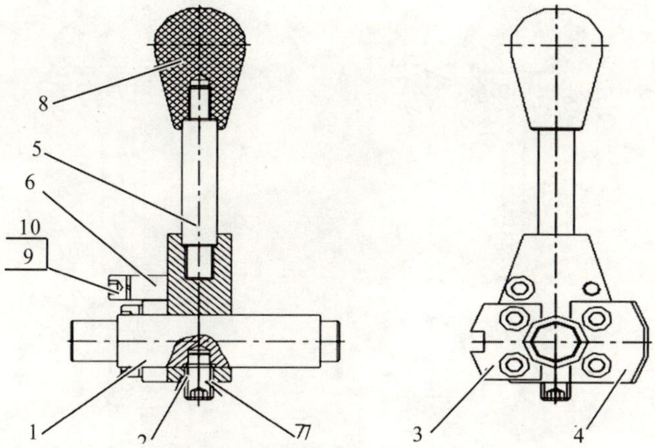

1—换向手柄轴；2—换向手柄座；3—锁板；4—换向手柄齿轮；5—换向手柄操作杆；
6—垫圈；7—锁闭螺钉；8—换向手柄；9—螺 M5×25；10—垫圈。

图 11-1-4　换向手柄的结构

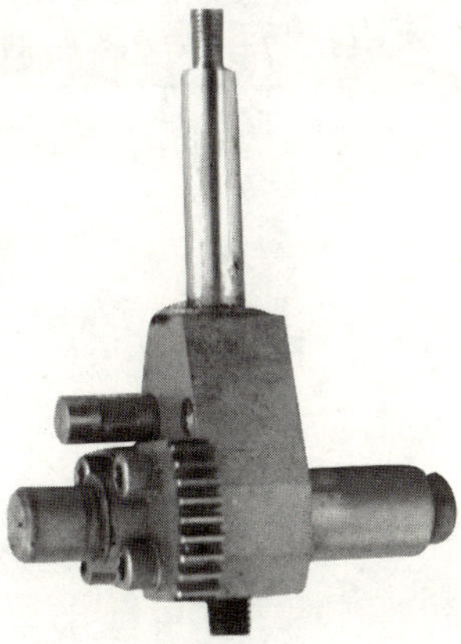

图 11-1-5　换向手柄的实物

（二）控制手柄

控制手柄分成 4 个挡位："牵引" 区、"0" 位、"制动" 区、"快速制动"。控制手柄操作力不大于 35 N，调速手柄从制动最大位转到 "快制" 位时手柄操作力为（40 ± 10）N。其结构和实物分别如图 11-1-6 和图 11-1-7 所示。

（1）"牵引" 区：控制手柄在牵引区时，地铁车辆得到牵引指令，牵引电机开始动作，车辆进入牵引工况，其中车辆的牵引力采用无级调节方式，通过转动同轴的驱动电位器来调节输入到电子柜的电压指令，从而达到调节列车牵引力。

（2）"0" 位：列车惰行。

（3）"制动" 区：控制手柄在制动区时，地铁车辆得到制动指令，列车实施制动，其中制动力的调整采用无级调节方式，通过转动同轴的驱动电位器来调节输入到电子柜的电压指令，从而达到调节列车制动力的目的。

（4）"快速制动"：短时间内列车达到 100% 的制动力，使列车迅速停下。

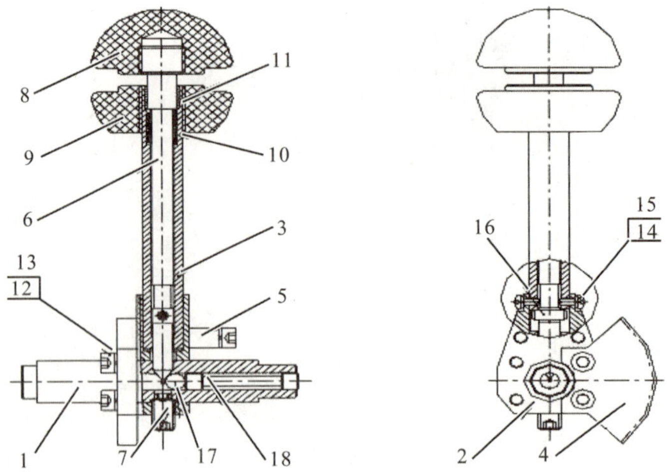

1—控制手柄轴；2—控制手柄座；3—空心轴；4—控制部分齿轮；5—限位环；6—控制手柄轴；
7—锁闭螺钉；8—控制手柄Ⅰ；9—控制手柄Ⅱ；10—弹簧；11—间隔套 10×10；
12—螺钉 M5×25；13—限位环；5，14—螺钉 M3×6；15—垫圈 3；
16—壳体 B4×12；17—钢球 7；18—滑动轴。

图 11-1-6　控制手柄的结构

图 11-1-7　控制手柄的实物

（三）控制凸轮

控制凸轮由换向轴、换向凸轮、牵引轴、牵引凸轮组成，其结构和实物如图 11-1-8 和图 11-1-9 所示。凸轮片由凸出部分和凹槽部分组成。凸轮片处于凸出位时快速动作开关处于闭合（信号触发）状态；处于凹槽位时快速动作开关处于分离（信号非触发）状态。换向轴与换向凸轮联动、牵引轴与牵引凸轮联动，牵引轴转动时带动电位器滑动触点转动。

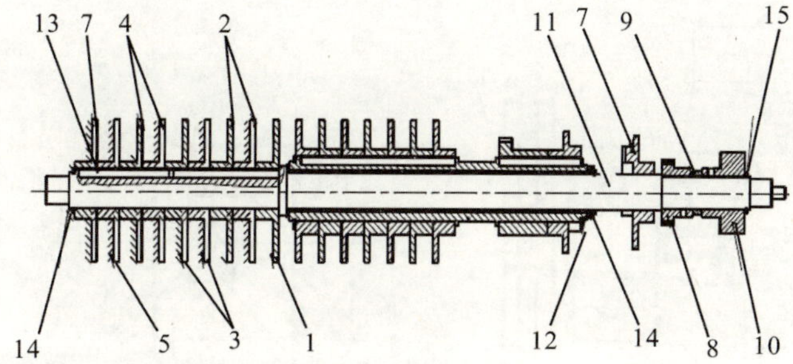

1—控制凸轮 1；2—控制凸轮 2；3—控制凸轮 3；4—控制凸轮 4；5—控制凸轮 5；6—控制凸轮 6；
7—控制联锁轮；8—控制圆齿轮；9—隔离套 1；10—阻尼滑动环；11—控制轴；
12—隔离套 2；13—楔Ⅱ；14—弹簧挡圈 18；15—弹簧挡圈 16。

图 11-1-8　控制凸轮的结构

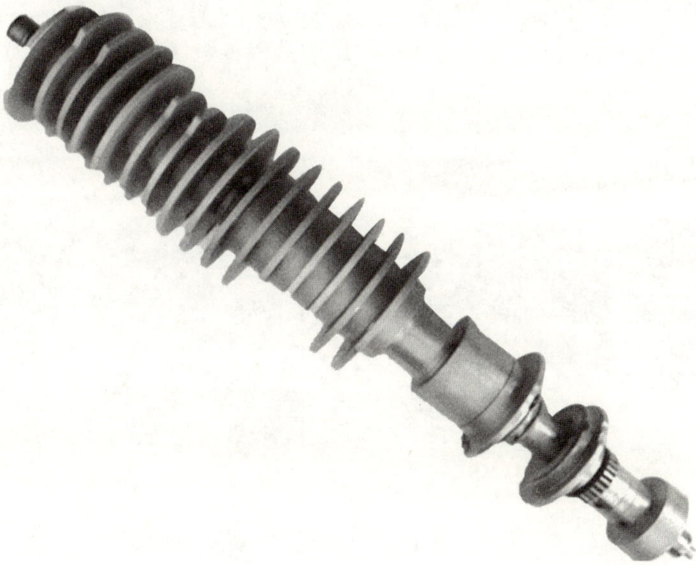

图 11-1-9　控制凸轮的实物

（四）互锁机构

互锁机构是一种司机锁与换向手柄之间的联锁机构，当打开司机锁旋转钢丝绳拉动机械联锁块，此时换向手柄解锁可以向前向后操作。其结构及实物分别如图 11-1-10 和图 11-1-11 所示。

（五）减振弹簧

减振弹簧由减振块、弹簧滚子轴、弹簧滚子组成。减振弹簧可以调整手柄推动时的作用力，手柄力偏小时增加弹簧数量，手柄力偏大时减少弹簧数量。其结构及实物分别如图 11-1-12 和图 11-1-13 所示。

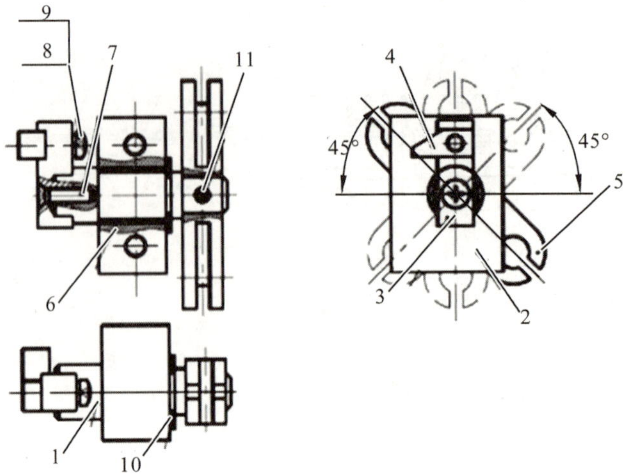

1—锁紧轴；2—锁紧底座；3—锁紧梁；4—锁紧块；5—牵拉底座；6—间隔套 5×15；7，8—螺钉 M3×12；9—垫圈 3；10—弹簧垫圈 8；11—销 3×14。

图 11-1-10　互锁机构的结构

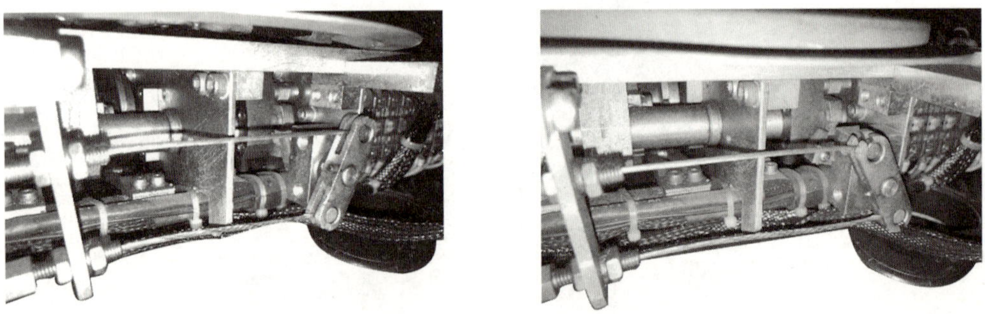

图 11-1-11　互锁机构的实物（左锁闭右解锁）

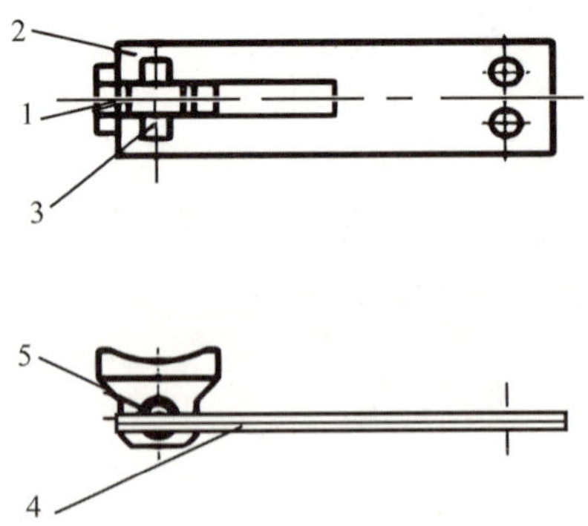

1—减振块；2—弹簧 1；3—弹簧滚子轴；4—弹簧 2；5—弹簧滚子。

图 11-1-12　减振弹簧的结构

图 11-1-13　减振弹簧的实物

（六）板　刷

板刷主要起防止灰尘掉落到控制手柄齿轮啮合处，导致油脂过快变质不能润滑齿轮的作用。其结构及实物分别如图 11-1-14 和图 11-1-15 所示。

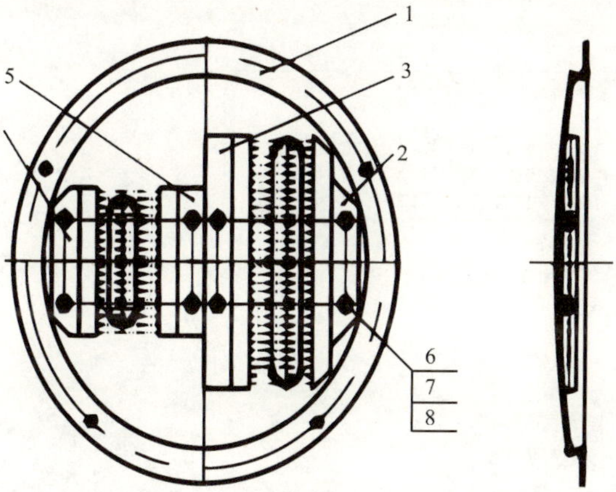

1—前板；2—刷子 1；3—刷子 2；4—刷子 3；5—刷子 4；
6—垫圈 4；7—垫圈 4；8—螺母 M4。

图 11-1-14　板刷的结构

图 11-1-15　板刷实物

（七）侧板锁

侧板由支撑板、锁件、凸轮、快速动作开关组成。在旋转锁件时，锁件带动凸轮转动导致快速动作开关闭合。凸轮与钢丝绳连接，凸轮转动时带动连接的钢丝绳运动，此时对换向手柄进行解锁。其结构及实物分别如图 11-1-16 和图 11-1-17 所示。

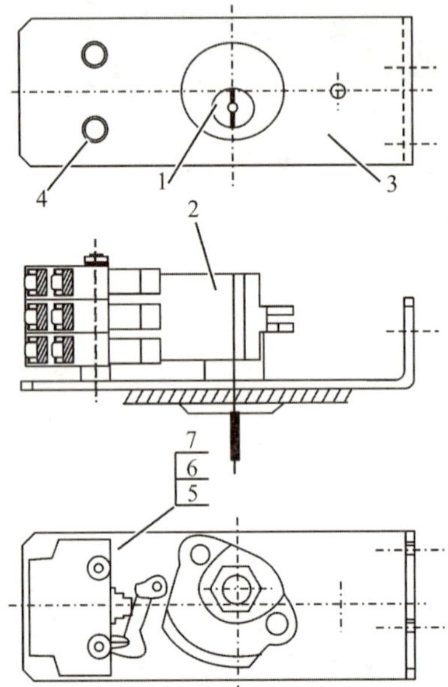

1—互锁组成；2—互锁凸轮；3—互锁支撑板；4—螺栓；5—螺母 M3；6—垫圈 2；7—垫圈 3；8—垫圈 4；9—快速启动开关。

图 11-1-16　侧板锁的结构

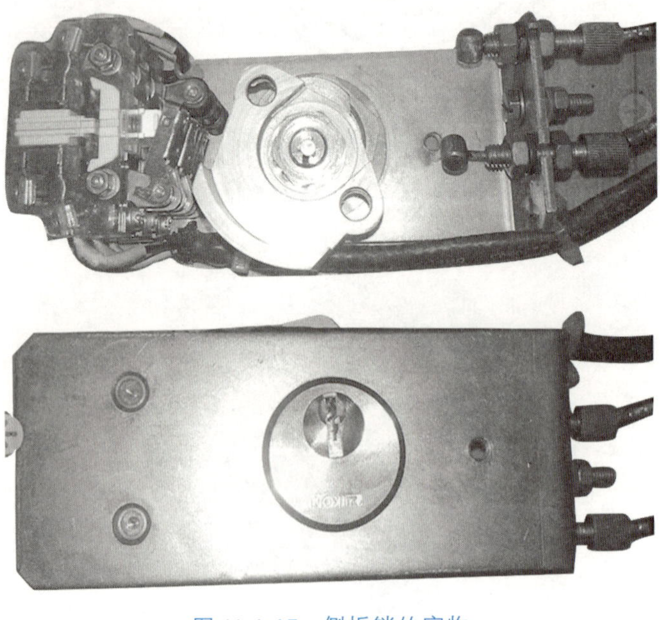

图 11-1-17　侧板锁的实物

（八）电位器

电位器由电阻体与转动或滑动系统组成，其实物如图11-1-18所示。当手柄在“牵引”区域或“制动”区域内操纵主轴转动时，电位器随主轴一起转动，通过电位器输出电压大小的改变，发出指令调节列车速度。电位器中充满了润滑绝缘油，润滑绝缘油起到润滑灭弧的作用。

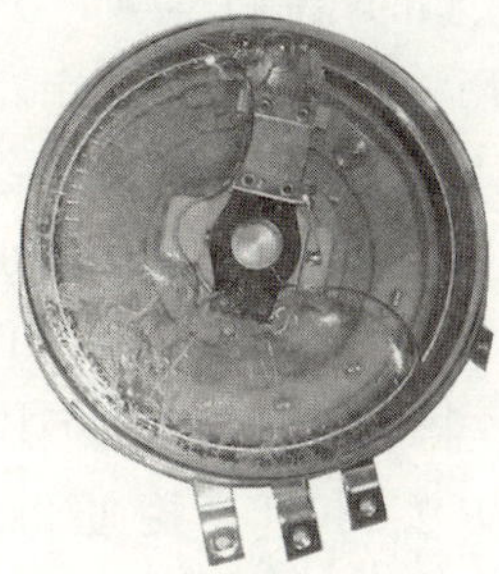

图 11-1-18　电位器的实物

（九）结点开关

结点开关其主要结构与行程开关类似，主要作用是将机械动作转变为电信号从而传递给计算机，其结构和实物如图11-1-19和图11-1-20所示。

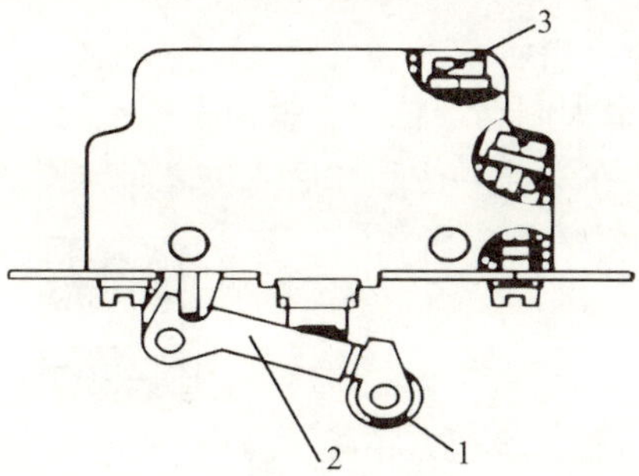

1—滚轴；2—滚轴杆；3—M3×8螺钉。

图 11-1-19　结点开关的结构

图 11-1-20　结点开关的实物

三、司控器的工作原理

（一）司机控制器的操作及使用

如图11-1-21所示，S355D司控器右侧为控制手柄。控制手柄有“牵引”区、“0”位、“制动”区、“快速制动”位四个区域，用于调节列车的速度。控制手柄在0位、牵引最大位、制动最大位、快速制动位有定位，在这些挡位之间为无级调节。左侧为换向手柄，连接换向轴，用于控制车辆的运行方式及运行方向，共有“向前”“0”“向后”三个位置，这三个位置由机械联锁装置定位。钥匙开关有0、1两个位置，用于激活驾驶员操纵台。

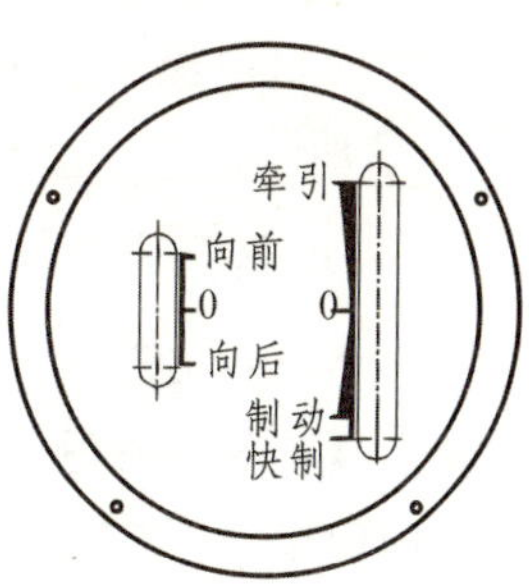

图 11-1-21　S355D型司控器控制面板

为了防止可能产生的误操作，确保列车设备及运行安全，司机控制室的控制手柄、换向手柄和机械锁之间有机械联锁。

在使用时，先由钥匙开关打开机械锁，才能对控制手柄和换向手柄进行操作。当操纵列车时，先将钥匙开关打到“1”位，再由换向手柄选定列车的行车方向，然后操作控制手柄来控制列车的速度。在行车过程中，如需要改变列车的工况时，必须先将控制手柄放回“0”位后，才可进行换向手柄的操作。司机必须将本端司控器的控制手柄置“0”位，换向手柄“0”位，钥匙开关回“0”位，锁闭机械锁，拔出钥匙，方可进行异端操作。在列车的惰行期间，如果方式换向手柄移动到其他位置，牵引控制单元中牵引指令将失效，将启动紧急制动。

S355D型司控器的钥匙开关、控制手柄和换向手柄之间的联锁关系如下：

（1）钥匙开关在“0”位时，控制手柄和换向手柄均锁定在“0”位不动；反之，只有控制手柄和换向手柄均在“0”位时，钥匙开关才可由“0”位打到“1”位。

（2）钥匙开关在“1”位，控制手柄和换向手柄可进行操作，但控制手柄和换向手柄之间还存在以下互锁关系：

① 换向手柄在“0”位，控制手柄被锁在“0”位不动。

② 换向手柄在“前”位时，控制手柄可在“牵引”和“制动”区域范围内活动。

③ 换向手柄在“后”位时，启动列车手动折返模式。

④ 控制手柄在“牵引”区、“制动”区或“最大制动”位时，换向手柄不能进行位置转换，只有控制手柄在“0”时，换向手柄才可在“前”位和“后”位之间转换。

上述机械联锁要求由机械联锁装置来实现。

（二）司机控制器的工作原理

司机控制器工作原理

司控器主要是通过手柄的位置传递电信号给主控计算机，主控计算机再将相应的指令发送给列车设备（如牵引电机、制动机、前灯等），列车设备做出相应动作，从而控制列车牵引、制动、换向。司机控制器的指令有两部分：机械和电气。机械部分主要指手柄动作时，司控器内部件做出相应跟随动作，如带动凸轮转动，凸轮转动就会触发结点开关从而发出电信号给计算机。其中司控器机械部分的动作正确与否主要参考司控器的闭合表，如图11-1-22所示。如当换向手柄推到前进位，则带动凸轮转动，凸轮触发5对结点开关：S10、S11、S12、S15、S16，使其常开触点闭合，常闭触点断开，将手柄的机械位置以电信号的方式传递给主控计算机。同理，可推导换向手柄推至向后位凸轮转动的情况，以及控制手柄动作时，凸轮转动的情况以及各结点开关的动作。

此处以司控器控制列车前进、向后回路运行为例进行讲解，司控器主控电路如图11-1-23所示。

1. 向前运行

当司机室被激活，列车控制继电器02K05吸合，方向手柄推至“向前”位，司控器的结点开关S12被触发，02A01-S12正联锁闭合，接着经过02K09常闭触点由20210线，使得向前接触器02K14线圈得电，02K14常开触点自锁。

2. 向后运行

当司机室被激活，列车控制继电器02K05吸合，方向手柄推至“向后”位，司控器的结点开关S13被触发，02A01-S12正联锁闭合，接着经过02K09常闭触点由20211线，使得向后接触器02K12线圈得电，02K12常开触点自锁。

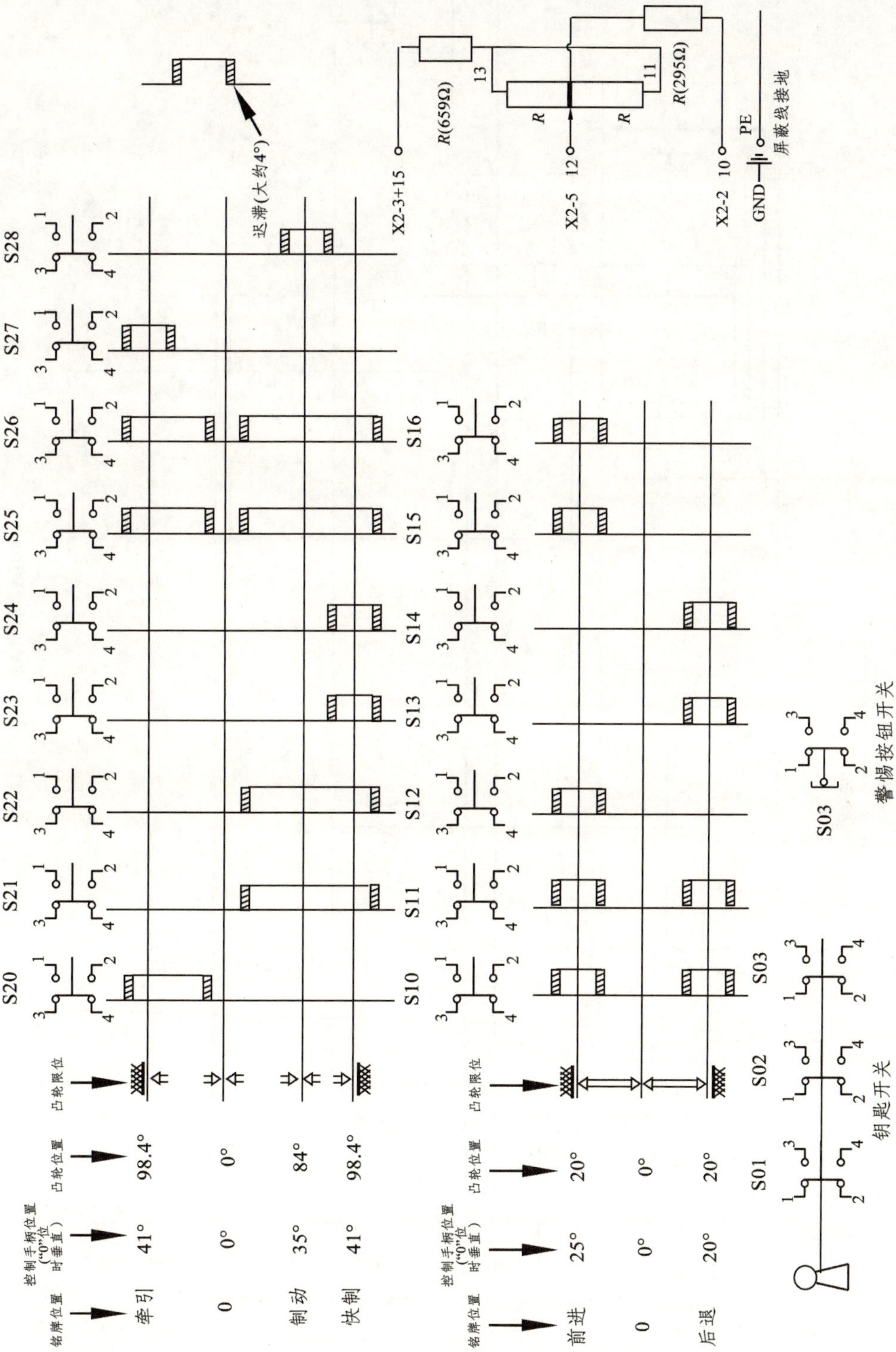

图 11-1-22　司控器的闭合表

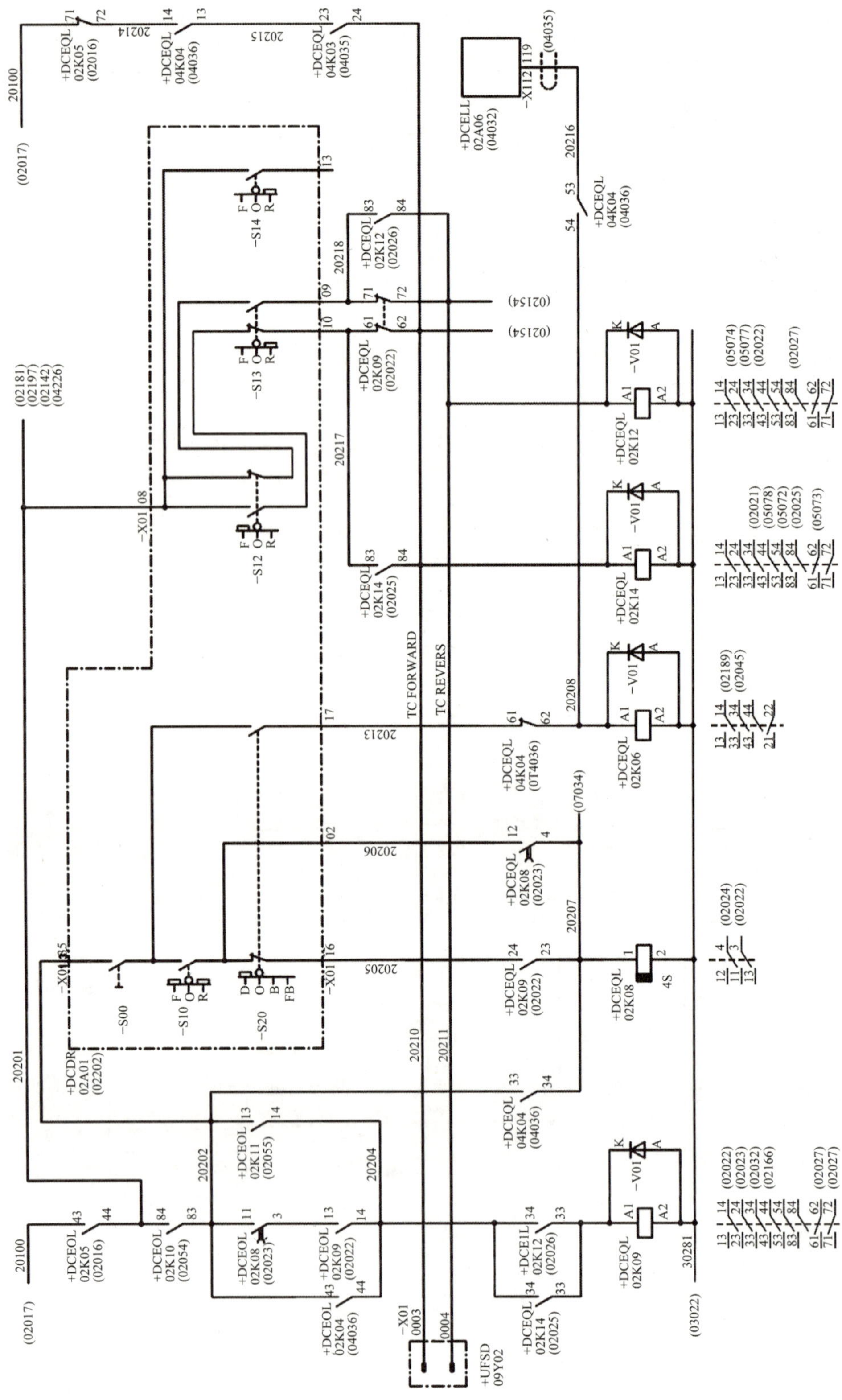

图 11-1-23 司控器主控电路

四、司机控制器日常维护内容和要求

因客流量加大，地铁企业为减少车辆的扣车率，在传统的既有修程上进行了调整，分为计划性维修和非计划性维修。计划修分成双日检、均衡修、特别修和架大修（均衡架修）；而非计划性维修指的是临时普查、临时整改和故障处理。司控器的日常检修只是进行功能性检查，发现故障才进行修理。而针对司机控制器的修程主要在均衡修中的三月检、年检中进行，会将司控器取出来进行检查、清洁、润滑等作业。具体修程见表 11-1-1。

表 11-1-1　司控器检修流程

修程	项　目				
	功能检查（联锁、制动、牵引）	取出司控器	电气连接检查	机械连接检查	清洁、润滑
双日检	√	×	×	×	×
双周检	√	×	×	×	×
三月检	√	√	√	√	√
年检	√	√	√	√	√
五年大修	√	√	√	√	√

依据司控器的检修内容要求及司控器的检修流程，主要分为不取出和取出司控器进行检修。不取出司控器只是进行司控器功能性检查，一般在双日检、双周检和三月检中；取出司控器后，对其机械与电气连接检查、部件有无破损、清洁、润滑等作业，一般在年检和大修中进行。

（一）不取出司控器检修作业

不取出司控器检修作业，也叫功能性检查，主要检查司控器是否能正常工作，一般在均衡修、计划修、特别修和架大修当中都会进行，不需要取出司控器。检修人员按照司控器的正确操作方法，操作司控器各个手柄，检查其功能是否正常，电指令是否能正常发送，机械联锁是否有效，等等。此检修作业主要按以下步骤进行：

操作钥匙开关及方向手柄，检查头灯、尾灯、运行灯功能。

（1）检查存放制动功能。

（2）检查常用制动（断高速断路器）。

① 将方向手柄拉到向前位，在 0%～100% 制动位操纵主控制手柄，观察压力指示表红色指针：0%～70% 时为（140±15）kPa，100% 时为（210±15）kPa。

② 在缓解存放制动及门关好后，按住“警惕”按钮，将主控制手柄推向牵引位，观察压力指示表红色指针应为 0 kPa，司机台气制动缓解灯亮、施加灯灭，车外侧墙红色指示灯灭、绿灯亮。

（3）检查快速制动。将手柄打到快速制动位，观察压力表红色指针应为（240±15）kPa。

（二）取出司控器检修作业

取出司控器检修作业分为两部分：司控器功能性检查和司控器部件可靠性检修，前者与不取出司控器检修作业一样，区别在后者。司控器部件可靠性检修主要按以下流程进行：

（1）从司机台中取出司控器。

（2）用干燥空气清洁主控制器。

（3）目测检查其有无不正常磨损。

（4）检查两个电缆引线安装是否正确和易移动。

（5）分别在其槽口连接、滚子和轴承、保持杆等部位加润滑油。

（6）检查司机台面下的接线端子是否松动。

（三）检修与维护的要求与注意事项

（1）司控器的铭牌及标识符号应齐全、完整、清晰、正确。

（2）司控器各部件应清扫干净，绝缘性能良好，对外连接插座连接正确，零部件齐全完整。

（3）各紧固件齐全，紧固状态良好。

（4）控制手柄在各挡之间应转动灵活，无机械卡阻，相邻两挡位之间不应出现停滞现象。

（5）换向手柄在各个挡位间应转动灵活，无机械卡阻，相邻两挡位之间不应出现停滞现象。

（6）当换向手柄在“0”位时控制手柄被锁定。当换向手柄在“向后”或者“向前”位置时，控制手柄可以在“牵引”“制动”“最大速度”和“快速制动”位移动。

（7）当换向手柄在“0”位时，机械锁应转动灵活。机械锁在锁定位置的时候钥匙方可拔出。

（8）司控器的闭合表（见图 11-1-22）和对外连接线应与图 11-1-24 中的规定相一致。

（9）在司控器的各个转动部位加注 6 号汽油机油（GB 485—72），在机械联锁处加润滑脂。在刚拉线和对外接线处加汽油和机械油。

（10）司机控制器的绝缘应符合以下要求：

① 相互绝缘的带电部分之间及对地的绝缘电阻不小于 10 MΩ（用 500 V 兆欧表测量）。

② 检修后应进行绝缘介电强度试验。司控器电位器回路带电部分对地施以 50 Hz/500 V，正弦波交流电 1 min，应无击穿、闪络现象。司控器的其余带电部分对地及相互间施以 50 Hz/1 100 V，正弦波交流电 1 min，应无击穿、闪络现象。

（11）司机控制器触头的检修应符合以下要求：

① 司控器日常检修时，应注意检查触头内部及滚轮架（包括滚轮滚动）的动作是否灵活可靠。否则，应在触头滚轮轴芯及滚轮架轴芯部分加少许稀 6 号汽油机油，以增加触头动作的灵活性。

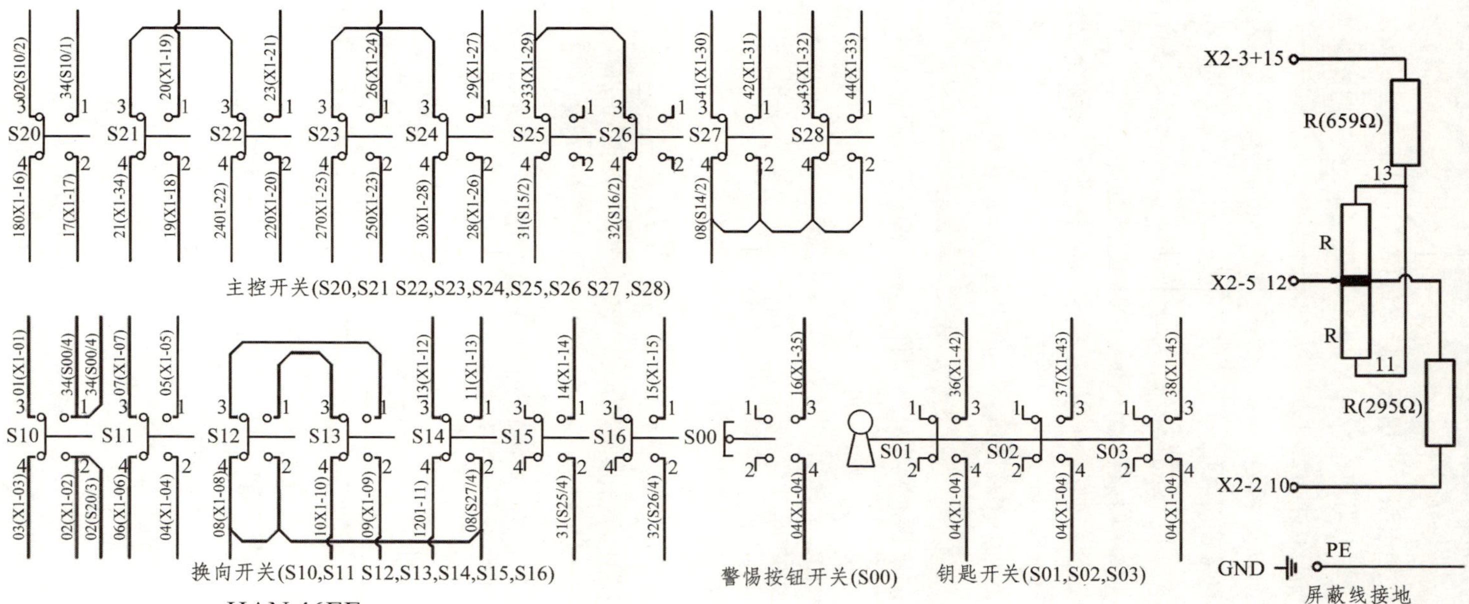

HAN 46EE

1	2	3	4	5	6	7
01(S10/3)	02(S10/2)	03(S10/4)	04(S11/2)	05(S11/1)	06(S11/4)	07(S11/3)
8	9	10	11	12	13	14
08(S12/4)	09(S13/2)	10(S13/4)	12(S14/4)	13(S14/3)	11(S14/1)	14(S15/1)
15	16	17	18	19	20	21
15(S16/1)	18(S20/4)	17(S20/2)	19(S21/2)	20(S21/1)	22(S22/2)	23(S22/1)
22	23	24	25	26	27	28
24(S22/4)	25(S23/2)	[26(S23/1)	27(S23/4)	28(S24/2)	29(S24/1)	30(S24/4)
29	30	31	32	33	34	35
33(S25/3)	41(S27/3)	42(S27/1)	43(S28/3)	44(S28/1)	21(S21/4)	16(S00/3)
36	37	38	39	40	41	42
					35(S01/4)	36(S01/3)
43	44	45	46	GND		
37(S02/3)	40(S02/4)	38(S03/3)	39(S03/4)	GND		

HAN 3HPR

1	2	3
	X2−2	X2−3
4	5	GND
	X2−5	PE

1.司控器插头为HAN 46EE，HAN 3HPR。
2.圆括号内编号为接线参考，线号为括号外数字。
3.31、32、34为司控器内部连线
4.HAN 46EE 配线长度2100,HAN 3HPR配线长度 2500。

图 11-1-24　司控器的接线

② 司控器使用的触头 S826a/L、S826c/L、S826e/L 为自净式速动开关元件，均为免维修型。如确有严重烧损和动作不灵活者，应更换该触头。更换时，注意触头型号和触头滚轮的安装方向。

③ 应定期检测触头 S826a/L 的接触电阻，采用低电阻测试仪（如固纬 GOM-801G）测量，测量电流不小于 1 A。触头的接触电阻应小于 500 mΩ，如果接触电阻较大，可按图 11-1-25 电路接线，分断 1 A 左右、时间常数 τ 为 20 ~ 50 ms 的感性电流负载，用分断弧光清除表面氧化膜，减小接触电阻。

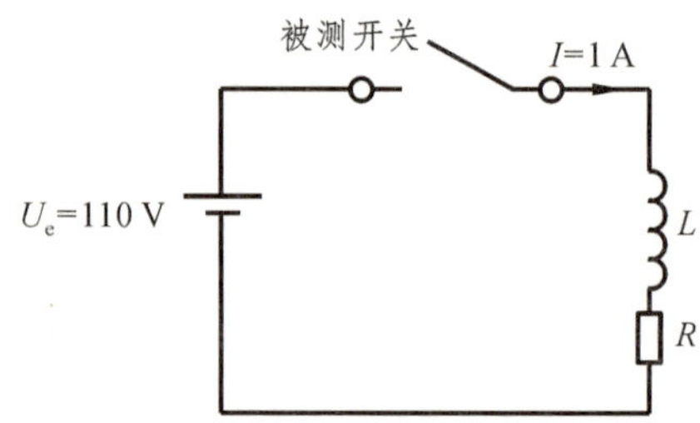

图 11-1-25　清除触头表面氧化膜电路

（12）由于司控器的控制凸轮组件和换向凸轮组件有机械联锁关系，在拆装时，应注意做好标记，必须按照闭合表进行。

① 控制侧和换向侧的弹片组件安装的倾斜程度，可调整控制手柄和换向手柄的操作力大小，在保证司控器动作可靠的情况下，两手柄操纵轻便、灵活。

② 控制侧和换向侧的凸轮是产品出厂前整定好的组件，在拆装时不要随意拆开。

③ 为了保证司控器对外的连接无误，在检修、拆装时，应注意司控器对外连接：

司控器内部为 46 孔插座 HAN 46EE，3 孔插座 HAN 3HPR，观察压力表红色指针应为（240 ± 15）kPa。

技能训练

一、司机控制器日常维修

司机控制器检修作业流程

司控器的维修主要以均衡修为主，本节以均衡修中的修程为例进行介绍。

（1）检查司机控制器方向手柄，手柄胶帽紧固良好、无变形，胶帽外观无裂纹；手柄胶帽不能相对金属杆有转动。

（2）检查主控手柄警惕按钮胶帽水平转动灵活，但不能上下窜动；目视检查橡胶块内部紧固螺母上平面与橡胶座上平面平齐，否则使用专用工具紧固。

（3）警惕按钮动作灵活无卡滞，按下时能听到明显的“滴答”声，牵引手柄不能左右晃动。

（4）主控钥匙转动灵活、无卡滞、无异响。

（5）检查司控器动作状态，控制手柄在各挡位之间应转动灵活，无机械卡阻现象。

（6）互锁状态检查：

① 当方向手柄在“0”位时牵引手柄被锁定。

② 当方向手柄在“向后”或者“向前”位置时，牵引手柄可以在“牵引”“制动”

和“快速制动”位移动。

③ 当方向手柄在“0”位时，机械锁应转动灵活；机械锁在锁定位置的时候钥匙方可拔出。

④ 当主控钥匙在断开位时，方向手柄和牵引手柄均不能动作；方向手柄在非“0”位时，主控钥匙不能拔出。

（7）用 2.5 内六角扳手拧下 DACU 面板 4 颗安装螺丝，用 3.0 内六角扳手拧下司控器面板上的 8 颗安装螺丝，先将 DACU 面板轻取出来（注意力度，DACU 面板底部有连接插头），再将司控器面板取起，检查盖板外观无破损，检查方向手柄/牵引手柄小盖板上的单边毛刷缺失不超过 1/3，如图 11-1-26 所示。

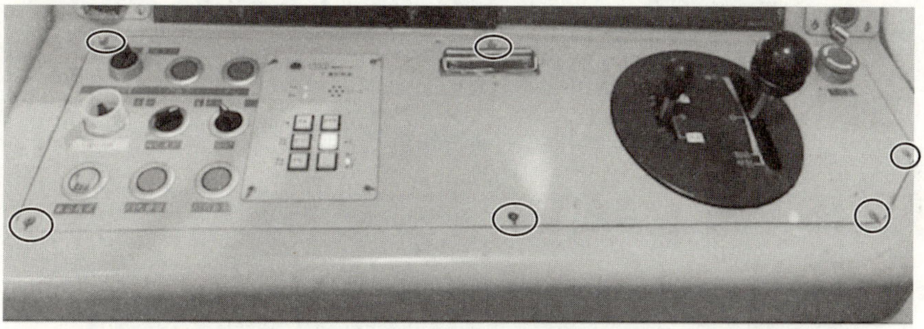

图 11-1-26　司控器安装螺丝位置

（8）用十字螺丝刀检查所有按钮各接线紧固，检查电缆线外观无破损，无毛刺外漏。

（9）检查司控器的零部件，无变形、松动，电气连接可靠、无过热痕迹，电线无破损，钢丝绳无断股，钢丝绳锁紧螺母紧固，滑线变阻器外观良好，接线紧固。

（10）检查司机控制器所有的连接螺栓，要求螺栓安装紧固。

（11）使用十字螺丝刀拆开主控钥匙模块（4 颗螺钉）。

（12）主控钥匙行程开关检查，要求无变形，接线牢固，动作灵活。

（13）轻晃司控器总成，检查司控器安装座与主司机台黏胶处无脱胶，否则用 AB 胶重新对安装座进行黏结。

（14）对司控器进行清洁，用干净的抹布清洁司控器各零部件表面灰尘，清洁司控器箱，要求无异物。

（15）用干净的抹布清洁啮合的齿轮、滚轮弹片组件及定位板油脂润滑，如图 11-1-27 所示。

（16）用 RS251-3722 型润滑脂润滑换向齿轮、控制齿轮及阻尼弹簧片，如图 11-1-28 所示。

（17）用三合一型润滑油润滑传动部位、钢丝绳与外套、滚轮轴芯及滚轮架轴芯处，如图 11-1-29 所示。

（18）安装司控器面板、DACU 面板、主控钥匙模块。

（19）检查司机台面板上各开关旋钮触块及接线紧固状态良好，恢复司机台面板（安装面板时防止出现线缆破皮）。

图 11-1-27　涂抹润滑脂的位置

图 11-1-28　用 RS251-3722 型润滑脂润滑位置

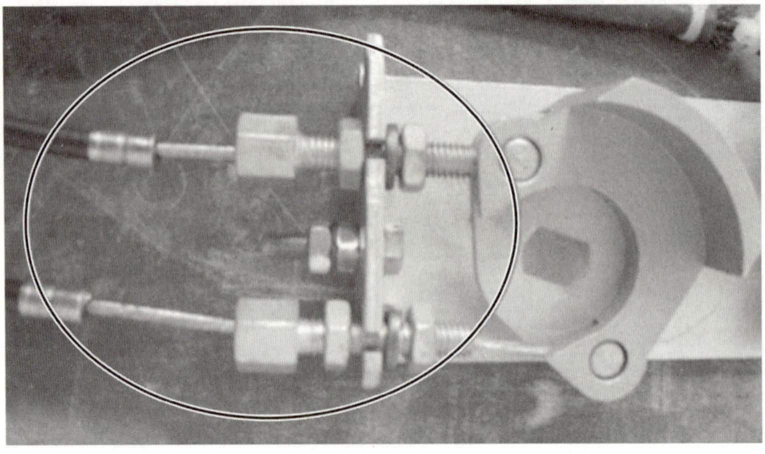

图 11-1-29　用三合一型润滑油润滑位置

思考题

1. 简述司机控制器的机械联锁工作原理。
2. 简述警惕开关的作用。
3. 简述司机控制器的运维方法。
4. 简述司机控制器的作业准则。

任务评价

任务完成后根据表 11-1-2 所列项目由个人、组长和教师分别进行考核评价，并填入考核分数。

表 11-1-2　任务考核评价表

评价项目	子项目	个人评价（占 30%）	组长评价（占 20%）	教师评价（占 50%）
专业能力（50 分）	解答理论问题（25 分）			
	解决实际问题（25 分）			
方法能力（20 分）	获取理论与实践相关资讯（10 分）			
	完成任务后的自我总结评价（10 分）			
社会能力（30 分）	与同学和谐相处、协作完成任务（10 分）			
	遵守纪律、一丝不苟、爱岗敬业（10 分）			
	遵守安全规程（10 分）			
小计				
签名				

参考文献

[1] 汤蕴璆. 电机学[M]. 北京：机械工业出版社，2015.

[2] 张龙，李晓艳，华彤天. 电力机车电器[M]. 成都：西南交通大学出版社，2018.

[3] 陈燕萍，童巧新，王志亮. 电力机车电器的检修与维护[M]. 成都：西南交通大学出版社，2016.

[4] 未文胜，冯晓云. 电力牵引交流传动控制与调制技术[M]. 北京：科学出版社，2014.

[5] 李瑞荣，童巧新. 城市轨道交通车辆电气故障分析与处理[M]. 2 版. 北京：中国铁道出版社，2017.

[6] 赵丽，张庆玲. 城市轨道交通车辆电气控制[M]. 北京：电子工业出版社，2016.

[7] 昆明地铁运营有限公司. 电客列车检修[M]. 成都：西南交通大学出版社，2015.

[8] 陈廷风，廖海峰. 城市轨道交通车辆电器[M]. 2 版. 成都：西南交通大学出版社，2016.

[9] 秦娟兰. 城市轨道交通车辆电机[M]. 3 版. 成都：西南交通大学出版社，2016.

[10] 张秀平. 轨道交通车辆电机检修与维护[M]. 北京：北京交通大学出版社，2012.

[11] 唐宋，陈晓亮，庄厚腾. 广州地铁直线电机高度调整装置结构优化和运用维护建议[J]. 铁道机车车辆：2019，39（1）：109-113.

[12] 徐海峰. 地铁车辆直线电机气隙在线检测系统结构[J]. 铁道技术监督：2009，37（5）：13-15.